一切都可以变
除了信仰

百年品牌启示录

修订版
REVISED EDITION

林伟宸 ◎ 编著

中国华侨出版社

图书在版编目(CIP)数据

一切都可以变,除了信仰:百年品牌启示录 / 林伟宸编著.—北京:中国华侨出版社,2012.3(2015.7重印)

ISBN 978-7-5113-2165-7-01

Ⅰ.①一⋯ Ⅱ.①林⋯ Ⅲ.①企业管理-经验 Ⅳ.①F270

中国版本图书馆 CIP 数据核字(2012)第 015128 号

一切都可以变,除了信仰:百年品牌启示录

编　　著 / 林伟宸
责任编辑 / 立　羽
责任校对 / 李江亭
经　　销 / 新华书店
开　　本 / 787×1092 毫米　1/16 开　印张/17　字数/273 千字
印　　刷 / 北京建泰印刷有限公司
版　　次 / 2012 年 4 月第 1 版　2015 年 7 月第 2 次印刷
书　　号 / ISBN 978-7-5113-2165-7-01
定　　价 / 30.80 元

中国华侨出版社　北京市朝阳区静安里 26 号通成达大厦 3 层　邮编:100028
法律顾问:陈鹰律师事务所
编辑部:(010)64443056　64443979
发行部:(010)64443051　传真:(010)64439708
网址:www.oveaschin.com
E-mail:oveaschin@sina.com

前言 QIANYAN

在这个世界上,大大小小的公司有成千上万家。然而,细数起来,拥有百年以上历史的公司却屈指可数。如果把这个商业世界比作一个花园的话,很显然,这些百年名企便是里面最耀眼的奇葩。

它们是各个行业里的佼佼者,在过去一百多年的时间里,都取得了令人瞩目的成就。如果翻看一下世界500强名录的话,我们会发现,这些公司多少年来几乎都榜上有名。商场如战场,对于任何一家公司来说,要想在这个瞬息万变的世界市场上赢得一席之地已实属不易,就更别谈什么开疆拓土,做大做强了。

然而,这些百年名企不但在你死我活的商战中存活了下来,而且还创造了神话,成就了辉煌。那么,它们到底是如何做到屹立百年而不倒的呢?它们到底凭借着什么呢?如今,这些公司早已凭借着自己独特的优势成为了行业里的标杆,它们占据着世界商界的高地,它们是世界经济的引领者。是什么造就了它们如此令人艳美的成就呢?一句话,是它们对信念的坚持,对文化的敬仰。

如果仔细研究一下这些企业的话,我们不难发现,这些企业都有一个共性,那就是它们都拥有着自己独特的企业文化。而这种企业文化往往要经过多年的积累和沉淀才能形成。可以想象,对于这些企业来说,如果没有一个明确的目标,没有一个坚定的信念的话,它们是很难形成自己独特的优势的。

独特的优势是一个企业得以在商场上生存和立足的根基,是一个企业强大竞争力的来源。这种优势来源于哪里?来源于它们对梦想的追求,对信念的坚守。无疑,任何一个伟大的公司都有着自己的信念,这种信念就像是一盏明灯,为它们照亮了前进的路,更为它们照亮了未来。

"制造快乐,传播快乐"是迪士尼公司的信念,正是对于这一信念的坚守,使得迪士尼公司在一百多年的经营过程中,能够尽一切努力为顾客提供满意的服务。在他们眼里,顾客就是上帝,为顾客提供快乐,是所有迪士尼人毕生的追求。

"品质至上,坚持手工制作"这是爱马仕的信念,一百年来,这已经成为了爱马仕公司的传统,这一传统使得爱马仕公司能够在这个瞬息万变的时尚界里一直占据着"奢侈品贵族"的称号。对于任何一个品牌来说,在商品化日益严重的趋势下,始终保持高品质无疑是一个巨大的挑战。在商品化浪潮大肆席卷之下,很多曾经风光无限的品牌都成了它的手下败将,爱马仕却是一个例外。原因就在于爱马仕一直在坚守着自己磨练了一百多年的精湛手工艺技术。在所有爱马仕人看来,无论外界的时尚如何变迁,主力商品如何更换,他们都要坚持自己百余年的手工打造传统。从1837年在巴黎开设马鞍马具作坊的第一代创始人蒂埃里·爱马仕到第五代传人让·路易·杜迈,坚持手工制作从来都是他们不变的使命。

"顾客至上,微笑服务"是希尔顿的信念,它的创始人康纳·希尔顿曾说:"无论旅店本身遭受的困难如何,希尔顿旅馆服务员脸上的微笑,永远是属于旅客的阳光。"希尔顿人十分清楚,良好的声誉,企业立足市场的基础。所以,在每一个希尔顿人眼里声誉代表一切,拥有它,酒店就可以名留青史;失去它,酒店就会倒闭。正因为如此,他们始终坚守着"顾客至上,微笑服务"这一信念,事实上,他们也因为这样的坚守,为自己赢得了巨大的回报。

"对员工负责,对社会负责"是杜邦公司的信念,回顾杜邦公司的历史,它是世界500强中历史最悠久的公司。两百多年来,责任一直被杜邦人看成是自己的信念,所以他们成为了世界化工领域的霸主,直到现在,它依然在享受着全世界人们的崇拜。

一个著名企业家曾说:"伟大是'熬'出来的。"这是对这些百年名企奋斗历程的最佳写照。"长盛不衰"是每一个公司的梦想,如何能够做到长盛不衰则是每一个人都应该思考的问题。

目 录   MULU

第1章 壳牌公司
——视责任高于一切,成就世界石油巨头

　　壳牌公司成立于1890年,总部位于荷兰海牙。经过一百多年的发展,如今的壳牌公司已成为了世界最大的石油公司。壳牌公司的业务十分广泛,包括石油天然气的勘探开采,石油产品和化工产品的生产营销,煤炭及天然气的生产、加工、营销、发电业务,以及可再生能源。

"壳牌"的由来 ·· 2
难以效仿的"壳牌模式" ·· 8
员工的安全至关重要 ·· 10
对社会负责是一种承诺 ·· 13

第2章 花旗银行
——用关怀凝聚人心,用服务赢得顾客

　　花旗银行成立于成立1812年,总部位于美国纽约派克大道399号。它是当今世界资产规模最大、利润最多、全球连锁性最高、业务门类最齐全的金融服务集团。在长达两百年的漫长发展史中,花旗银行一直以优质的服务享誉全世界。

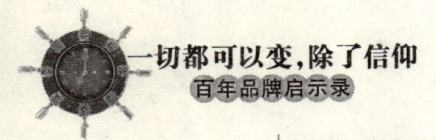

花旗的发展史 ……………………………………………………	18
用服务赢得客户 ……………………………………………………	21
事业留人、待遇留人、感情留人 ……………………………………	24

第3章　雀巢公司
——以质为重，以人为本

　　雀巢公司由亨利·内斯特莱在1867年创建于瑞士日内瓦湖畔的沃韦。它是目前是世界上最大的食品制造商之一。从一个生产婴儿食品的乡村作坊到今天领先世界的食品公司，雀巢已经走过了一百多年的发展历程。公司以生产巧克力棒和速溶咖啡闻名遐迩。

出了名的"慢性子" …………………………………………………	34
独具特色的质量管理 ………………………………………………	37
雀巢的历史 …………………………………………………………	39

第4章　西门子公司
——只有创新，才会改变世界

　　西门子公司是世界上最大的机电类公司之一，1847年由维尔纳·冯·西门子创立，总部位于德国慕尼黑。在长达150多年的漫长历程中，西门子公司就像是一个时刻充满激情的战马，奔驰在国际电气界的无限疆土之上。创新的血液始终在它的身体里奔腾流淌，因为有了这种精神的支撑，西门子公司才得以时刻站在时代的前沿，引领时代潮流。可以说，西门子公司的成功根源就在于它的创新精神。它不仅因此迎来了辉煌，也为世界作出了巨大贡献。

西门子先生的传奇一生 ……………………………………………	44

创新的血液在流淌 ···································· 48
管理创新 ·· 52
技术创新 ·· 54
观念上的创新 ···································· 55

第5章 宝洁公司
——对品牌价值的不懈追求

宝洁公司简称P&G,是目前全球最大的日用品公司之一。总部位于美国俄亥俄州辛辛那堤,全球员工总数多达近110000人。公司成立于1837年,在漫长的发展历史中,宝洁公司始终致力于打造自己的品牌价值。如今,宝洁公司已经成为了当今世界日化领域名副其实的领导者,它的品牌也成为了全世界知名度最高的品牌之一。

"宝洁"的由来 ···································· 62
价值为王 ·· 63
强烈的品牌意识 ·································· 65
"象牙香皂"的诞生 ································ 67
品牌是一种承诺 ·································· 68

第6章 波音公司
——技术创新,质量第一,成就"航空霸主"

波音公司前首席执行官桑顿·威尔森曾说:"质量是飞机的生命,质量不合格就意味着致人死命。"正如威尔森所说,作为特殊的空中运输工具,飞机上的任何一点疏漏都可能会造成无法估量的损失。对此,波音公司十分清楚,质量是制约创新成果推广的关键。在全世界所有飞机制造商里,波音公司的飞机无疑是质量最过硬的一

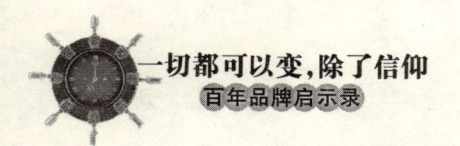

个，从某种程度上来说，它已经成为了飞机制造质量的标杆。

"空军一号"——"空中的白宫" ……………………………… 74
波音的历史 …………………………………………………… 75
力求技术创新 ………………………………………………… 77
航天领域里的奇葩 …………………………………………… 80
质量是飞机的生命 …………………………………………… 88

第7章 迪士尼公司

——制造快乐，传播快乐

　　每当提起"娱乐"这两个字，大多数人都会在第一时间想到迪士尼公司。这便是迪士尼公司巨大的影响力。近百年来，迪士尼公司始终坚持着自己的理念——制造快乐，传播快乐，从而为全世界各国人民带去了幸福和欢乐。那个聪明可爱的米老鼠，那个漂亮美丽的白雪公主，一直以来都是最受各国孩子欢迎的"好朋友"。

它是真正的"欢乐巨人" ……………………………………… 96
快乐是最大的财富 …………………………………………… 97
迪士尼的传奇 ………………………………………………… 100
东京迪士尼 …………………………………………………… 103
迪士尼的员工哲学 …………………………………………… 105

第8章　可口可乐公司

——品牌营销，打造天下第一品牌

　　可口可乐公司成立于1892年，总部设在美国亚特兰大，它是目前全球最大的饮料公司，拥有全球48%市场占有率。公司遍及世界200多个国家，共有160多种饮料品牌。其中可口可乐、芬达、雪碧、健怡可乐是其最具竞争力的品牌。

"可口可乐"的诞生　…………………………………　112
轰轰烈烈的品牌营销　………………………………　115
要让全世界的人都喝可口可乐　……………………　117
不遗余力的品牌推广　………………………………　119
质量是一种资本　……………………………………　122

第9章　飞利浦公司

——以客为尊，人尽其才，价值创新

　　飞利浦公司从成立到现在已经走过了一百多年的风风雨雨，在这一百多年的时间里，飞利浦公司始终走在世界电子领域的前列，创造着一个又一个令人艳羡的奇迹。那么，它是怎么做到的呢？它的竞争力到底来源于哪里呢？

以客为尊　……………………………………………　126
人尽其才　……………………………………………　130
价值创新　……………………………………………　135
"电子产业鼻祖"的百年历程　………………………　139

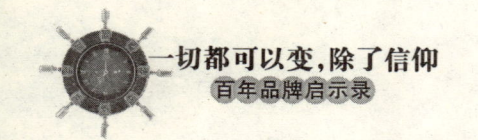

第10章 杜邦公司

——对员工负责,对社会负责

杜邦公司成立于1802年,距今已有两百多年的历史。在当今世界,杜邦公司是名副其实的老牌企业。多年来,杜邦公司始终致力于帮助全世界的人们生活得更美好、更安全和更健康。如今,杜邦以广泛的创新产品和服务涉及农业与食品、楼宇与建筑、通讯和交通等众多领域。

责任重于一切 ··· 144
安全,安全,还是安全 ····································· 146
对社会负责 ··· 150

第11章 欧莱雅公司

——以人为本,难以超越的竞争力

欧莱雅是当今世界上知名度最高、历史最悠久的化妆品品牌之一,主要生产染发护发、彩妆及护肤产品,其出众的品质一直倍受全球爱美女性的青睐。对于大多数公司来说,"以人为本"只是他们经常挂在嘴边的口号而已,他们根本没有意识到"以人为本"的重要性;相反,对于欧莱雅公司来说,他们不仅认识到了,还做到了,并且将这一管理理念延续了上百年。

以人为本 ··· 156
只有在水中才能学会游泳 ································· 160
人才的运用与管理 ··· 163

第12章　米其林公司

——以科技为引擎,以创新为旗帜

米其林公司是全球轮胎领域的领导者,它成立于1889年,总部位于法国克莱蒙费朗。在漫长的历程中,米其林坚持"以科技为引擎,以创新为旗帜"为自己的经营理念。如今,公司在全球共有十万多名员工,产品行销世界各地,无疑,它已经成为了世界轮胎业的绝对霸主。

世界轮胎业的领导者 …………………………………… 170
科技是引擎,创新是旗帜 ………………………………… 172
米其林的故事 …………………………………………… 177

第13章　爱马仕公司

——品质至上,缔造手工神话

爱马仕公司成立于1837年,起初它只是一家以制造和分销马具用品法国高级马具店。经过多年的发展,如今的爱马仕公司已经成为了当今世界时尚界十大奢侈品牌之一。因其始终坚守传统的手工制作工艺,而受到全球各界名流的追捧。

声名赫赫的"凯莉包" …………………………………… 186
对手工制作的坚守 ……………………………………… 188
令人赞叹不已的"柏金包" ……………………………… 190
久负盛名的丝巾 ………………………………………… 191
关于爱马仕的故事 ……………………………………… 194

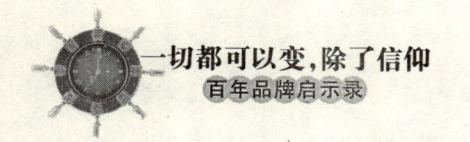

第14章　欧米茄公司

——卓越品质，缔造钟表业的传奇

　　欧米茄是希腊文的第二十四个，也是最后一个字母。它象征着事物的伊始与终极，第一与最后，代表了"完美、极致、卓越、成就"的非凡品质。追寻"卓越品质"便是对欧米茄公司多年经营理念的最好诠释。在国际钟表界，欧米茄是一个有着一百多年悠久历史的老牌钟表企业。在这长达一百多年的时间里，欧米茄凭借其先进的科技和精湛的制表艺术，一直稳稳占据着表坛的领导地位。

他们拿什么证明自己 ………………………………… 200
和奥运会结缘 ……………………………………… 202
欧米茄的太空之旅 ………………………………… 205
欧米茄的创立 ……………………………………… 212

第15章　马狮公司

——"以人为本"，成就百年老店

　　马狮集团是一家特色鲜明的百货集团，它所销售的所有商品都使用的是自有品牌——"圣米高"牌，多少年来，在这独具魅力的品牌形象之下，已经聚集了数量庞大的忠实用户。特别是在英国的普通大众心里，马狮集团更是他们生活中的陪伴者。和其他百货集团不同的是，马狮集团所销售的商品都是自己和供销商共同参与生产的商品，它也因此被称为是世界上最大的"没有工厂的制造商"。

马狮的历史 ………………………………………… 216
"以人为本"的经营观 ……………………………… 218

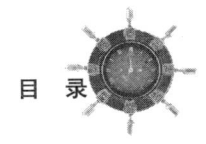

与供销商同谋共事 …………………………………… 222
员工是公司的财富 …………………………………… 223

第16章 奔驰公司

——一流的质量,一流的服务

在当今世界汽车领域里,奔驰公司是一个响当当的名字。公司自成立以来,以其完美的技术水平、过硬的质量标准、层出不穷的创新能力令人称道。而它的三叉星标志也已经成为了当今世界上最著名的品牌标志之一。

奔驰的前世今生 …………………………………… 230
一流的质量 ………………………………………… 234
一流的服务 ………………………………………… 238

第17章 希尔顿酒店

——顾客至上,微笑服务

一百多年来,希尔顿饭店生意如此之好,财富增长如此之快,其成功的秘诀就是其始终如一地坚持贯彻着"顾客至上,微笑服务"的服务理念,并把这一理念贯彻到了每一个员工的思想和行为之中。

今天你微笑了吗 …………………………………… 244
康纳·希尔顿传奇的一生 …………………………… 246
顾客至上,微笑服务 ………………………………… 252

第1章 壳牌公司
——视责任高于一切,成就世界石油巨头

壳牌公司成立于1890年,总部位于荷兰海牙。经过一百多年的发展,如今的壳牌公司已成为了世界最大的石油公司。壳牌公司的业务十分广泛,包括石油天然气的勘探开采,石油产品和化工产品的生产营销,煤炭及天然气的生产、加工、营销、发电业务,以及可再生能源。

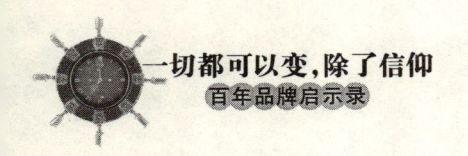

"壳牌"的由来

每年七月,当世界500强排行榜出炉时,都会引起人们一片热议,而热议的焦点往往都是"这些公司是如何成功的",而对于稳居前三的壳牌公司,人们对它更是多了几分好奇。这是一个什么样的公司呢?它到底是因为什么获得成功的呢?

世界上所有伟大的公司,他们之所以成功都是因为他们有着自己独特的企业文化,这种文化是经过多年的沉淀和积累之后,便形成了公司的核心竞争力。而这种强大的核心竞争力则是企业持久经营的关键。

壳牌公司的企业文化就是"视责任高于一切"。虽然只有简短的几个字,但壳牌公司正是在这几个字的指引下,一步步走向成功的。壳牌公司是一个有着一百多年悠久历史的老牌公司,那么,它在这长达一百多年的时间里,是如何发展的呢?想要了解一个公司的文化,就必须要了解一下公司的发展历史。

众所周知,今天的壳牌公司起初并不是一家公司,而是由两个来自不同国家的两家公司合并而成的。其中一家是英国的壳牌运输与贸易公司,另一家是荷兰的皇家石油公司。

英国壳牌运输与贸易公司在刚开始时是一家位于伦敦泰晤士河码头上的小古董店,店主的名字叫塞缪尔,他是一个犹太人。塞缪尔是一个很有想法的商人,在1833年这一年,他打算将自己的生意扩大,他把目光盯向了船员手中的贝壳。于是,他开始从船员手中收购贝壳,然后到远东地区做贝壳生意。

伦敦是当时世界上最兴旺、最繁忙的港口,凭借精致的饰品及多样的品种,塞缪尔生意做得十分红火,很快就积累了第一桶金。

此时的英国因为工业革命的催化,已经成为了一个世界最大的贸易出口国,一股强烈的海外贸易风开始兴起了。这对于头脑精明的塞缪尔来说是一个不可

第1章 壳牌公司
——视责任高于一切，成就世界石油巨头

错过的商机，他决定将日本作为他拓展海外业务的突破口。

1870年，塞缪尔去世，他的两个儿子马库斯·塞缪尔二世和萨姆·塞缪尔。开始接替父业，继续打理生意。此后，马库斯·塞缪尔二世在伦敦设立了马库斯·塞缪尔公司，弟弟萨姆则长期居住在日本，并在日本横滨开设了萨姆·塞缪尔贸易公司。

他们把英国的机器卖到日本换回贝壳、珍珠、涂料、雕刻品等饰品，再把这些饰品运到英国贩卖。就这样，经过精心地经营，塞缪尔家族的生意不断壮大，贸易范围也逐渐扩展到了泰国、新加坡、中国香港等地。

由于当时的运输条件有限，所有海外贸易只能通过货轮运输。然而，海上运输是一个充满危险的方式，而且货轮往返一趟往往得耗费很长时间，再加上运输过程中商品的损失，这使得运输成本非常高昂。

对于这个问题，塞缪尔家族很早就意识到了，于是，他们就以日本为基地，把日本三井的煤贩卖到亚洲各地，这样就没有必要从欧洲把煤运到亚洲来卖。

随着公司的不断发展，塞缪尔家族已经拥有了一只数量很多的船队，他们甚至还把船出租或者包给伦敦的掮客以此赚取利润。

正是在这个过程中，他们结识了一位名叫雷恩的人。他是专门为罗斯柴尔德家族代办石油业务的掮客，这是在这样的机缘巧合之下，塞缪尔家族得到了进军石油业的机会。

1878年，他们正式开始行动了。虽然这是一个利润巨大的行业，但他们却不得不面对洛克菲勒的标准石油公司这个当时石油业的"巨头"。

创立于1870年的标准石油公司是当时世界上最大的石油公司，在全球石油市场上具有垄断性优势。1873年，俄国沙皇批准高加索地区的石油对外国人开放，于是，当时富甲一方的另一个家族——诺贝尔家族迅速进入，很快就控制了俄国石油业。燃料油是当时在俄国最受欢迎的石油产品，它可以被用于取暖、运输及工业方面。而煤油在当时的俄罗斯只是一种副产品，因此它的市场潜力很小。然而，在当时的亚洲，它却是一种十分重要的商品，因为人们可以用它来进行照明。于是，煤油出口就开始渐渐兴盛起来。

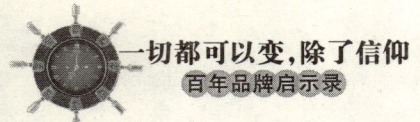

当时，俄国的巴库地区是世界上最重要的石油产地之一，为了方便巴库石油的运输，俄国在1880年特地铺设了一条贯穿高加索的铁路，而这些建铁路的钱全都是跟当时欧洲最著名的金融世家罗斯柴尔德家族借的，根据双方协议，罗斯柴尔德家族拥有所有俄国石油出口的销售权。

当俄国的煤油源源不断地涌入巴库市场时，如何处置这些过剩的煤油便成了一个急需解决的问题。由于当时标准石油公司已经控制了亚洲地区煤油的销售，其他公司要想进入是很难的。但罗氏家族并不吃那一套，他们认为东方的潜在市场是相当大的，于是，他们便开始琢磨如何绕过标准石油公司，把煤油运过去。

此时，雷恩便把马库斯·塞缪尔二世介绍给了罗氏家族，想让他帮忙代理运输。精明的马库斯·塞缪尔二世意识到这是一次千载难逢的机会，二话没说便与罗氏家族签署了协议。从1891年开始，塞缪尔二世变获得了独家经营里海和黑海地区的煤油的权利，这也拉开了其与标准石油战争的序幕。

标准石油公司财大气粗，为了打垮竞争对手，时常会大幅削价，这种方法让当时的很多竞争对手吃不消，而不得不歇业。

年轻的马库斯·塞缪尔二世认识要想摆脱标准石油公司的威胁，就必须扩大战线，在各个市场上与其竞争，并且还要尽量降低运输成本才行。当时各个公司普遍采用一种容量为五加仑的铁皮罐儿装载煤油，这种方式虽然方便了用户，但它的运输成本却非常高。面对这种现状，塞缪尔二世产生了一个想法："既然用这种方式无法和标准石油公司竞争。那么，为何不可以用油轮，然后采取批卖的方式呢？这样的话，成本就会大大降低。"

想到这里，塞缪尔便专门拜访了一个造船专家，让其研究一种耐热的油轮。1892年，骨螺号油轮正式问世了，此油轮载重5010吨，在油轮的最顶端悬挂着塞缪尔的壳牌标志。塞缪尔的梦想之帆正式起航了。到1895年底，塞缪尔兄弟已经控制了65条从苏伊士运河通过的油轮。

由于新航道的开辟，壳牌的运输成本大幅降低，很快，塞缪尔兄弟就控制了整个亚洲地区的煤油销售。1897年10月18日两兄弟为了进一步与标准石油公

第1章 壳牌公司
——视责任高于一切，成就世界石油巨头

司争夺市场，正式成立了壳牌运输与贸易公司。

就在塞缪尔兄弟的壳牌运输与贸易公司与标准石油公司争得如火如荼时，在遥远的东印度的一家荷兰公司也正在进行着一场激烈的竞争。

1880年，荷兰人安昆·邵克在印尼苏门答腊地区发现了石油，此前他就听说过有关美国宾夕法尼亚石油以及洛克菲勒的故事，他萌生了做石油生意的心思，于是，便向政府申请开采权。在得到政府的批准后，安昆·邵克建立了苏门答腊石油公司，并以其股权做抵押，向东印度公司银行贷款。

当安昆·邵克开始开采石油之后不久，贷款就花完了，他不得不回到荷兰海牙继续筹款。但不久他就无功而返了，无奈之下，他只好向当地银行求援。直到1885年，安昆·邵克的公司才终于开采出了石油，但日产量仅有5桶。安昆·邵克在苦撑了整整两年之后，才看到了希望，此时油井的日产量为140桶。

可就在此时，荷兰政府却横加干预，不准他再继续开采了。屡遭失败的安昆·邵克不得不失望地回到了荷兰。可就在他回国的途中，他在船上认识了爪哇银行的Kessler，Kessler对他的石油公司表示出了极大的兴趣，愿意为他提供贷款。于是，在1890年6月16日荷兰皇家石油公司正式诞生了，1890年12月邵克去世，Kessler接替了他的位子。

此时的公司仍然被资金短缺和技术匮乏所困扰着，而随后发生的产量危机更使公司陷入了困境。在这样走投无路的情况下，公司负责人派出了两个地质考察组前去勘探石油资源。结果，他们发现了很多油田，这让已经步入死局的荷兰皇家石油公司起死回生了。

随着公司的实力的迅速上升，很快它就与壳牌和标准石油公司，形成了三足鼎立的局面。为了争夺巨大的利润，这三家公司展开了激烈的争夺，这样的状况整整持续了16年。当时壳牌拥有着自己的船队、雄厚的资本以及广阔的市场，实力要强于皇家石油公司，而这两家公司与标准石油公司相比还是存在着很大的差距。

随着1886年卡尔·奔驰发明汽车，和1896年福特制造出了汽车，石油业的

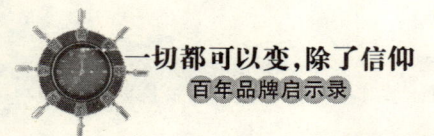

春天到来了。这便意味着壳牌、荷兰皇家石油及标准石油之间的竞争将继续升级。

对于壳牌公司来说，要想赢得与标准石油的竞争，光拥有强大的运输队伍是远远不够的，必须要拥有丰富的石油储备才行。为了找到更多的油田，塞缪尔二世派人到荷兰属地婆罗洲行考察。结果麦克以高价钱买下了婆罗洲的巴厘巴极。于是，塞缪尔二世便将采油重心由巴库地区转移到了巴厘巴极。然而，由于婆罗洲的"油矿"为重油，这让塞缪尔二世陷入了万丈深渊。因为重油是很难销售的，无论怎样精炼，都无法变成灯油。这一重大失误把壳牌公司推到了倒闭的边缘。

就在塞缪尔二世无力回天之际，转机在1899年出现了。在这一年，德国从土耳其手中夺得了巴格达铁路的建设权，而美国和西班牙又爆发了战争。这便为塞缪尔的重油提供了销路，壳牌石油公司因此恢复了元气。

然而到了1900年，由于俄罗斯出现了大规模的经济萧条，壳牌公司的煤油销售不断下滑，又一次陷入了危机。此时，一直对壳牌公司虎视眈眈的标准石油公司打算以4000万美元的价格收购壳牌公司。然而却遭到塞缪尔二世的拒绝。此时，一直在静观其变的荷兰皇家石油公司的董事长德特丁觉得和壳牌公司合作的机会已经成熟了，于是便和塞缪尔二世进行了一次历史性的磋商，就这样，在1902年的6月，双方成立了一家联合体"亚细亚石油公司"。

然而，就在塞缪尔二世绝处逢生之后，他对于公司的经营变得三心二意起来，他开始对从政产生了兴趣，便当选了伦敦市长。就在他在市长位子上春风得意之时，他的两个长期的竞争对手——标准石油公司和皇家荷兰石油公司开始向他伸出了"毒手"，他们趁机抢占了壳牌公司的产品和市场。壳牌公司经过这两个对手的一阵血洗之后，已经变成了一个"空壳"。

到了1907年，壳牌公司已经到了命悬一线的地步，无计可施的塞缪尔二世被迫接受了德特丁的提议：德特丁的皇家荷兰石油公司拥有新公司的60%股份，而塞缪尔的壳牌运输贸易公司只拥有剩下的40%。两家公司合并成为"皇家

第1章 壳牌公司
——视责任高于一切,成就世界石油巨头

荷兰壳牌公司"(简称"壳牌")。此后的壳牌公司经过历届经营者的苦心经营,渐渐发展成为了一个在全世界赫赫有名的石油巨头。

1919年6月14日下午4时,英国空军飞机驾驶员阿尔科克上尉和布朗中尉驾机开始飞越大西洋。飞机从加拿大纽芬兰的圣约翰斯起飞,向东飞向大西洋。次日上午8点左右,两人顺利地在英国境内的一块沼泽地降落。这一成功着陆标志着人类驾驶飞机首次飞越大西洋的航行获得了成功。

如今,阿尔科克和布朗所驾驶的那架飞机仍被陈列在伦敦科学博物馆里,他们也因此成为了近代航空史上的著名人物。当时他们所使用的燃料便是由壳牌公司生产的,因为这次具有重大意义的飞行,壳牌公司从此名声大振。美好的明天正在向壳牌公司招手。

1920年,壳牌公司原油日产量达10万桶,占世界石油总产量的5.3%。1922年,壳牌公司在阿根廷获得了采油特许权,在文莱、英属的博尼欧获得了关于石油的各项权利。此时的壳牌公司就像是一个急速飞驰的赛车,快速驶进了它的轨道。

1922~1929年壳牌公司分别在加拿大、美国、伊拉克及马来亚成立子公司,并在印度和远东各地扩建了销售网。1929年,壳牌公司取得了伊拉克石油公司的23.5%的股权,并同参加这一公司的各外国石油公司达成了"红线协定",即在中东地图上划出红线的范围内不得单独行动攫取石油利益的《卡特尔协议》。

同时,壳牌公司还与标准石油公司和英国—伊朗石油公司签订了《阿克那卡里协定》,这是一项瓜分世界石油销售市场、控制石油生产和价格的秘密协议。到了1938年,壳牌公司原油日产量已经高达58万桶,比1920年增长了整整4.8倍,占当年世界原油总产量的10%。

虽然此后发生的第二次世界大战让壳牌公司损失惨重,但战争结束后,由于世界石油市场对石油需求的日益膨胀,这使得壳牌公司得到了迅速恢复和再次发展的良机。由于此时公司原有的运输与冶炼设施已经无法满足庞大的市场需要,于是,壳牌公司一面寻找新油田,一面开始大规模兴建新的炼油厂,与此

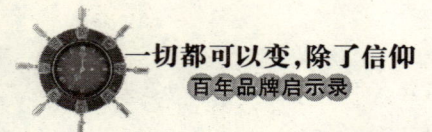

同时,开始迅速扩充自己的炼油生产能力。壳牌公司开始向更广阔的世界市场迈进了。

到了20世纪50年代至70年代,由于世界资本主义国家经济增长速度加快,当时,壳牌公司所提供的石油产品几乎占了世界石油生产总量的1/7。随后,壳牌公司便把目光投向了中东,并于1954年从美国控制的伊朗石油的国际财团中获得了14%的股权,而在中东其他国家和西欧、北美、非洲、远东等地,壳牌公司也同样加快了扩张的步伐。

1959年,壳牌公司的下属公司NAM发现了世界上最大的天然气田,于1963年开始正式生产,到70年代初期,壳牌公司的天然气已能满足欧洲50%的市场需求。1970年,壳牌公司的原油日产量达420万桶,比1938年增长了6.2倍,占当年世界原油总产量的11%。与此同时,壳牌公司除积极参加在北海以及在美国、加拿大东海岸油气田的开发与生产外,也开始向金属冶炼、核能开发、煤的综合利用等多样化经营方向发展了。

难以效仿的"壳牌模式"

作为全球500强中最受人注目的企业之一,壳牌公司一直被称为是"世界上最赚钱的公司"。如此高的公众认可度正是来源于壳牌公司一百多年来始终奉行和坚持的经营理念——视责任高于一切。因为这样的坚守,壳牌公司得到了世界各国企业家、经济学家的一致推崇,被誉为是别人难以模仿的"壳牌模式"。

早在1976年,壳牌公司就制定了象征公司行为规范的"商业原则",在这一商业原则中,壳牌公司着重强调了公司的责任问题。原则里是这样规定的:公司必须遵守业务所在国家的法律法规,本着对社会负责的态度行事,追求正当的商业目标。不得向政党、政治组织或其代表支付款项、不参与任何党派政治。若员工有意以个人身份参与社区活动,包括竞选公职,只要此类活动符合当地国

第1章 壳牌公司
——视责任高于一切,成就世界石油巨头

情,他们就将得到参与的机会。要对健康、安全、保安与环保采取系统的管理措施,以求不断改善这些方面的表现。为实现这一目标,壳牌像管理关键业务活动一样来管理这类事务:确定改善标准和目标,并对实际表现进行外部检测、评估和报告。此外,公司将不断寻求办法,来降低业务活动、产品和服务给环境带来的影响。公司要不断改善为业务所在社区直接或间接造福的方式,努力成为社区的好邻居。要审慎处理自身业务活动带来的社会影响,同时还要与其他方面加强合作,以期共同为当地社区增加福利,并尽量减轻业务活动所造成的负面影响。"壳牌公司规定,旗下所有子公司都必须严格遵守。

那么,公司到底是如何履行这一原则的呢?他们把这些责任归结为以下几个方面,即对客户的责任、对员工的责任以及对社会的责任。

壳牌公司认为只有对客户负责,才能得到客户的认可和支持,而想要赢得客户的好评,唯一的办法就是为其提供有价值的产品。有价值的产品从哪里来呢?提高公司的科技研发是其唯一的来源。鉴于此,壳牌公司始终认为强大的科研实力将是提高产品竞争力、开拓新市场、增加利润的重要手段。

公司清醒地意识到:如今石油业的科学技术已经得到了大幅提高,之前的自然风险已经大大减少,而环境污染却替代自然风险成为了所有石油企业不得不面临的尖锐问题。为此,壳牌公司把安全和环境保护当成了自己的科研重点。对于这方面的投入,他们从来都是不遗余力的。

据统计,1979年,壳牌公司在这方面的投入为5.64亿英镑,到了1990年,就达到了15亿英镑以上。1991年,壳牌公司在世界各地的研究机构已达16个,大约有6900名科研人员。

多年以来,壳牌集团已经在科技研发方面取得了很多新成果,其中最重要的便是开发生产了种类繁多的性能优良、对环境污染较小的石油产品,消费者在使用这些产品时,不仅更加清洁,而且大大节省了燃油量。

目前,壳牌集团已经研制出了世界上最优良的系列工业润滑油;而新一代催化剂的商品化则使壳牌集团在氢化裂解领域处于世界领先地位。这种先进的

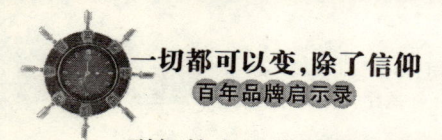

裂解技术可使较重的烃进行裂化处理。在对石蜡进行催化分炼中，壳牌集团采用了一种新型的催化剂，从而提高了更低烯烃的产量。

在基础性研究领域，壳牌集团也同样取得了很多开拓性的成果。他们采用水压及酸裂法开采含量低的油气储体，用氢裂化法处理矿井遗留物，开发苯乙烯的新催化剂及开采钨、钼矿的新分离法等。而在单体和聚合物生产中，由于采用了重大的技术改进措施，使得产品不仅水分减少，产量还增加了。他们对树脂采取了先进的技术处理，使得产品中几乎不含任何有毒成分，这大大避免了对环境的污染。为了满足市场和环境保护的需要，壳牌集团发明了以水为基础的燃油处理系统以代替有机溶剂，此外还开发了一种杀真菌剂，这种新奇的配方能够更加有效的保护农作物不受到细菌的伤害。

可以说，壳牌集团之所以能够在业界独树一帜，脱颖而出，其中一个重要原因，就是他们对于科研工作的重视。他们就是这样凭借着强大的科研实力，为广大消费者源源不断地提供着品质优良、价格合理和符合安全与环保标准的产品和服务的。

员工的安全至关重要

和对客户负责一样，壳牌公司对于自己的员工安全也十分关注。为了给公司所有员工创造一个安全的工作环境，壳牌公司一直以来都在努力创建一种强有力的安全文化。2009年，公司面对全世界所有员工推出了12条"救命"规则。这些"救命"规则规定任何一个员工和承包商都必须了解并且做到。比如：员工在驾车时务必系上安全带，不要超速或使用手机，即使免提电话也不可以。如果违反规定，员工将受到纪律处分，甚至被解雇，同时，可现场解除违规的承包商人员的职务，并禁止其参与壳牌公司以后的相关工作。

"零伤亡"是壳牌集团在安全领域所要追求的最高境界。为了实现这个具有

第1章 壳牌公司
——视责任高于一切，成就世界石油巨头

重大意义的"零伤亡"，壳牌公司制定了严格的安全标准，并且还专门安排有关人员负责具体的贯彻和实施。

可以说，壳牌公司对于安全的管理是十分系统的。这种安全理念源自公司对HSSE（健康、安全、保安、环境）和社会业绩（SP）的系统管理。

壳牌公司在全球的员工每年需驱车总里程达15亿公里。由于工作需要，他们有的要在极端艰苦的条件下建新工厂，有的需要在海上作业，还有的要常年在炼油厂和化工厂工作。在公司看来，员工的工作是十分辛苦的，安全问题自然就成了他们关注的焦点。为此，公司一直以来都在为给员工提供安全的工作环境而不断努力着。

公司还规定所有的壳牌公司、承包商和由壳牌公司控制运营的合资公司，都必须按照关于HSSE与SP的政策和承诺、当地法律和有关许可来管理HSSE与SP。

为了使兑现这一承诺，将这一政策付诸实践，壳牌公司于2009年推出了HSSE与SP控制框架。该框架包括一整套强制性标准和手册，内容涉及控制温室气体排放、对生物多样性的影响、道路安全和保安等各个方面。它们不但要确定与业务活动相关的HSSE风险，而且还要试图通过相关的控制措施，努力把这些风险降到最低。

通常情况下，壳牌公司业务经理的主要工作便是负责确定HSSE风险，并对它的潜在影响作出评估，同时还要利用公司的各项控制与恢复措施，降低或消除风险。公司要求所有业务部门和职能部门的负责人每年都要向首席执行官汇报他们的工作情况。比如，他们是如何应用业务原则和标准的，以及所采用控制措施的具体成效。为了确保这些信息的可靠性，壳牌公司特地设立了一个审计机构，该机构的主要工作是专门负责对作假、合规及其他控制事故进行调查。此外，壳牌公司还会定期举办面向员工和承包商人员的全球年度安全日活动，公司期望能够通过这样的活动提高所有员工的安全意识。

对壳牌公司而言，工艺安全意味着确保工厂要精心设计、安全运营，并进行

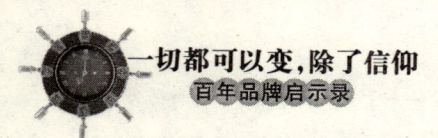

适当检查和维护。为了防止发生可能致使员工、临近社区、环境或设施处于危险之中的工艺安全事故,壳牌公司一直都在努力着。

目前,壳牌公司所拥有的设计工程惯例多达350多种,同时公司在勘探、钻井、生产、加工、运输或存放危险物质或能源方面,拥有着强制性设计和建设技术标准。为了确保所有工厂在工艺方面的安全,壳牌公司要对所有新工厂和工厂的改造进行审核。同时,他们还要对所有现有工厂进行定期审核,评估这些工厂所做的变更。

一直以来,壳牌公司的管理层都在避免发生工艺安全事故方面发挥着重要作用。在工厂寿命周期的每个阶段,壳牌公司的经理们都要对工艺安全管理负全责。公司规定,所有经理都必须要具备职位所需的技术与专业素质和经验。这些经理通常都对工厂存在的危险和降低工艺安全风险的措施了如指掌。他们要与员工定期沟通,以确保明确工艺安全预期和责任。而他们的另一项工作则是要对所有事故进行调查,进而拟定行之有效的处理方案。

人才被壳牌公司认为是最重要的资产。所以,公司自创立之初,就特别对重视对人才的挖掘、培养和使用。如今,一百多年过去了,壳牌公司在人才管理方面已经形成了一套固定的壳牌模式。正如公司的一位负责人所说:"重视人才,合理使用人才,吸引最有才华、最有能力的人才,充分发挥他们的潜能,使他们为公司作出最大的贡献,是壳牌集团人才策略的精髓,这是我们对员工负责人的表现。"

壳牌公司的人才策略是十分"国际化"的。公司认为,不管是哪个国家的人,只要他可以胜任工作,并愿意为壳牌工作,公司就会为其敞开大门。公司鼓励不同教育背景的人员加入公司,成为公司的一员。所以在壳牌公司,经常可以看见很多不同专业的人,他们因为各自不同的教育背景,往往能够展开丰富的交流。壳牌公司十分鼓励人员的跨国交流,他们认为,让这些来自不同国家,不同文化背景的员工进行交流,可以激发出更多的创意火花,而这正是壳牌公司最期望得到的。

为员工提供良好和安全的工作条件,使他们在工作中免除受伤的忧虑是壳牌公司人事管理的最重要的原则。为了最大限度地发挥人才的潜能,公司会定期对每人的工作目标和长期实现的可能性进行检查。在壳牌集团的人力资源的运作中,绩效评估和绩效提高占据非常重要的位置。绩效评估主要包括工作表现和能力增长,经理会听取员工个人对未来发展有何要求及愿望,然后一起协商下一个年度的增长趋势,包括应该达到的能力目标和业务发展目标。公司各部门每年都要做一个全部门的业绩衡量,在个人完成业务的基础上,在员工相互之间进行横向比较,帮助员工认识在过去一年中到底表现如何,应做何种评价。这关系到该员工在下一年度的工资增长和奖金区分。机会均等是壳牌公司对所有员工的承诺。公司规定,无论员工的国籍、性别、宗教信仰或政治态度如何,在工作和奖励方面都将拥有平等的机会和权利。

壳牌公司经常对员工进行发展潜力的评估,旨在预测未来若干年内员工的发展速度和最终可能达到的程度,对非常有潜力成为高层管理者的员工,公司将给予特别的关心和培养。为此,公司专门组织了一个评估发展中心,员工可以在这里接受业务方面的强化培训。培训的方法十分特别,比如给出一个实战案例让受训者分析,或者和大家在一起讨论,公司里最有经验的经理们则在旁边观察和辅导,在这个过程中他们会不断提出有价值的建议:哪些方面做得好,在哪些方面还有提高的余地,应该怎样更好地发挥自己的优势等,从而帮助员工得到最好的发展。

对社会负责是一种承诺

对社会负责是壳牌公司多年来对于社会的另一个承诺。公司规定,公司在开展业务时,当以负责任的"企业公民"态度行事。

在壳牌集团的企业文化中,首先体现了对股东负责任的精神,确保在任何情况下都能坚持企业的"三大经营目标":有效率,负责任,有盈利。这是公司的必须要努力达到的基本要求之一。

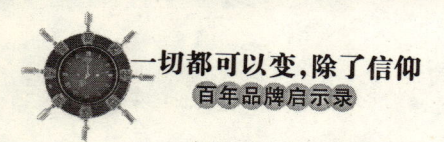

壳牌集团股东约有90万户，其中英国籍占44%，荷兰籍占19%，美国籍占15%。英国壳牌贸易与运输公司的股东98%是英国籍，大部分为金融团体所有；而皇家荷兰石油公司股东中荷兰籍占33%，美国、瑞士各占24%及21%。

石油工业是世界上最具风险的行业之一，战争和将要发生战争的传闻是石油工业公司最常遇到的、难于对付的危机。壳牌集团为了应对各种风险，采用了三种重要的策略：地理上分散，产品合理多样化，迅速适应变化。

壳牌集团在大约50多个国家里勘探、开采石油和天然气，在34个国家里提炼石油，在150多个国家里销售石油，成为地理上高度分散的全球性石油工业企业。因此，当某国、某地发生政治或经济动乱，只是局部的经营发生波动，对整个集团的其他部分不会有多大影响。同时针对具体情况还要采取紧急措施，如在风险大的国家里不能赚到丰厚的利润，壳牌集团便会马上撤走。在政治气候特别微妙的国家里，壳牌集团通常通过在该国市场取得垄断或近乎垄断的地位，以确保自己获得极高的利益。

追求利润最大化是每一个公司的本质所在。然而，在壳牌公司看来，公司要想获得长远持续健康的发展，就必须和周围的环境紧密联系起来，进而建立一种相互促进、相互协调的合作关系。壳牌公司深知，自己作为世界上最大跨国能源巨头，自己的一举一动，都会对社会造成巨大的影响，为了维护好自身的形象，公司给自己提出了严苛的要求。

一次，公司在初期平整土地的过程中，发现一片灌木丛的一个鸟窝里有几个白鹭的蛋。由于白鹭属于当地的国家二级保护动物，为此，壳牌公司特意请了专业人士，研究孵鸟蛋的时间，而此处的工程也因此耽搁了将近两个月。

当记者问及耽搁可能带来的损失时，公司表示："我们从来没有为所做的一些环保工作而去计算它的经济损失，因为这本来就是壳牌可持续发展的原则。"

在壳牌公司一直有这样一个共识：对社会责任不仅仅是一种投入，从长远来看，它更是为了公司的可持续发展。

2005年11月初，英国企业社会责任网络咨询公司对美国《财富》杂志评出

第1章 壳牌公司
——视责任高于一切，成就世界石油巨头

的全球百强企业进行了一次社会责任评估，在这次评估中，壳牌石油名列第三。

壳牌公司副总裁卡斯柏·雷德利在接受记者采访时说："我的主要任务就是维护公司的总原则，社会责任是我关注最多的一个部分。对于'可持续发展'这个概念，我们早在30年前就认识到了，于是，我们当时便制定了"壳牌商业原则"。正是这些原则是我们公司所有人的处事准则，任何人都不得违背。基于社会责任的可持续性发展是壳牌的商业原则之一，我们坚信，主动推进负责任的企业公民形象是有价值的。"

在他看来，企业的一个最大的责任就是要对社会负责。在今后几十年的经济发展中，石油和天然气仍将是满足全球能源需求所不可或缺的资源。他继续说："我们的任务就是以对环境和社会负责任的方式盈利地开发和提供这些资源。"

2003年2月，中海壳牌在进行码头海底生态调查发现，海上作业区域附近是珊瑚密集生长区，如果在这里进行施工的话，一些健康生长的珊瑚很可能受到破坏。为此，公司专门花了80多万元请来专家为这400平方米的珊瑚搬家，搬家之后，公司还专门派人对这些珊瑚进行定期监测，从而了保证了这些珊瑚95%的存活率。

卡斯柏·雷德利说："社会责任对企业而言，就相当于DNA对生命的重要，控制了所有的新陈代谢。所以我们需要平衡短期与长期的利益，公司的任何一个人，在业务决策过程中，都必须综合考虑经济、环境和社会的各方面因素，都要考虑壳牌的可持续发展，这个概念是壳牌商业原则的重要组成部分。"

对于壳牌公司来说，责任就是未来的利润。鉴于此，公司一直都在致力于对清洁高效能源的研发。公司的可持续发展是取得长远经济效益的保障。一直以来，壳牌在清洁能源领域居全球领先地位。

作为世界上第三大石油上市公司，石油开采带来的污染正是公司关注的重点。针对壳牌所产生的社会和环境问题，公司于2000年6月成立了壳牌基金，该基金旨在寻找各种解决方案。

这是一个和其他企业基金不一样的基金。壳牌基金主要是致力于解决能源

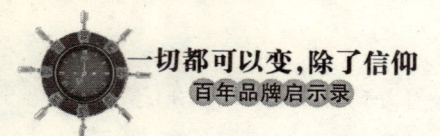

与贫穷、能源与环境以及全球化政策对弱势群体的影响。并且试图给予那些能源短缺、小企业融资困难的发展中国家帮助。其中,规模最大的是500万美元的乌干达能源基金和800万美元的南非能源基金。据统计,到现在为止,世界上已经有345家困难企业获得了壳牌基金的帮助。

　　无疑,壳牌公司是一个伟大的公司,它的伟大源于它在长达一百多年的时间里,始终用自己的实际行动履行着自己对员工,对社会的责任。在壳牌公司眼里,责任和利润是相辅相成,紧密相连的。只有对员工负责,才能得到员工的忠诚和信任,只有对社会负责,才能树立一个良好的企业形象。而这些则是公司获得长远发展的基本保证。如今,壳牌公司已经走过了一百多年的历程,它已经是一个名副其实的老牌企业,然而,虽然它已年过百岁,但它依旧充满了活力。不得不说,这是一个奇迹。

第2章　花旗银行

——用关怀凝聚人心,用服务赢得顾客

花旗银行成立于成立1812年,总部位于美国纽约派克大道399号。它是当今世界资产规模最大、利润最多、全球连锁性最高、业务门类最齐全的金融服务集团。在长达两百年的漫长发展史中,花旗银行一直以优质的服务享誉全世界。

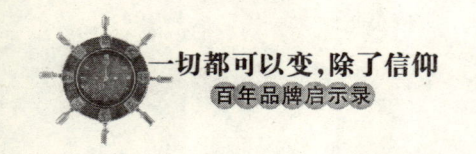

花旗的发展史

在美国有这样一家银行，当你进去办理完业务准备离开时，总会有一个西装笔挺的工作人员走上前来，礼貌地对你说："请问，能否请您填个调查表？"

他所说的调查表就在门口旁边的一台电脑里，表格里的问题如下：您觉得刚才为您服务的工作人员表现怎么样？这个银行分理处工作效率如何？您觉得有哪些需要改善的地方？

这个请你填写表格的人的身份是业务经理。询问顾客的情况是这位业务经理每天都必须要做的事。因为他需要及时掌握顾客的信息，以便和相关工作人员进行及时的沟通，从而及时发现问题并且解决问题。当然，这个电脑只有他一人有进入密码，因为只有他本人有查阅的权力。

这种口头询问顾客意见的方式和很多银行的询问方式不同，他们大部分采用的都是机器叫号的方式。

两相对比，不难看出，美国的这家银行在对待顾客的服务态度上似乎显得更加人性化一些。这家银行就是如今在世界金融领域里大名鼎鼎的花旗银行。

花旗银行规定，所有分行的业务经理都每天都必须要对顾客的信息进行询问，这是他们的一项日常工作。

作为美国规模最大的一家银行，花旗银行的服务态度也是一流的。基本上，所有花旗的客户，不论大小，都会接到花旗公司的问询电话，征求他们对花旗服务的满意程度，并及时回答客户提出的问题。

花旗银行要求所有工作人员必须礼貌服务，绝对不能对顾客有任何的不敬。如果工作人员发现等待服务的客户排起了长队，他们就会在第一时间采取应急措施。

这时，银行所有其他岗位的员工包括业务经理都必须主动向客户提供服务。

第2章 花旗银行
——用关怀凝聚人心，用服务赢得顾客

通常，一些简单的取款业务，他们会引导顾客使用自动取款机；如果人数过多的话，他们就会跟队伍后面的顾客约另一个时间。如果在下班时，忽然来了很多客人的话，他们的原则是：如果是在下班时间前进入分理处的客户，那么，工作人员就有义务为这些顾客办理完相关事情后再下班，如果客户是在下班之后进来的，他们则会请这些人明天再来。当然，紧急情况除外。

在当今世界金融界，花旗银行称得上是一个声名显赫的金融巨头。这样一家银行，究竟有着怎样的发展历史呢？

花旗银行的历史最早要追溯到两百多年前的1812年。在这一年的6月16日，花旗银行经纽约州政府特许成立，9月14日，在华尔街52号正式开业办理业务。此时的花旗银行主要是为纽约的一些商户提供服务。它的总裁是军人出身的塞缪尔·奥斯古德上校。此人和美国国父华盛顿曾是战友。

1822年，美国第一家股份制信托公司——农业火险及贷款公司成立。1835年，该公司改名为农业贷款及信托公司，1929年与花旗银行合并。1856年，摩西·泰勒担任总裁，任职长达26年。1861年，美国爆发了轰轰烈烈的南北战争，当时因战争需要，时任美国总统的林肯恳请纽约各银行为联邦政府筹款15000万美元充当经费，此时，花旗银行以黄金认购了7000万美元。

1865年，花旗银行加入新组建的美国国民银行系统。1893年，花旗银行的存款及资产名列纽约市各银行之首。

1897年，花旗银行率先设立了外汇部，开始从事外汇买卖业务。1902年，在伦敦、上海、香港、横滨、马尼拉、新加坡及旧金山开设分行。1904年，花旗银行推出旅行支票。1908年，花旗银行将总部迁到了位于华尔街55号的前美国海关大楼。

1914年，花旗银行在阿根廷首都布宜诺斯艾利斯设立分行，这是成为美国国民银行在该国的第一家分行。

1921年12月，花旗银行成为美国首家按复利计算储蓄账户利息的银行。1928年5月3日，花旗银行又向储户推出了一项最新的业务：无担保个人放款。

到了1929年，花旗银行已经成为了全世界最大的商业银行。20世纪30年

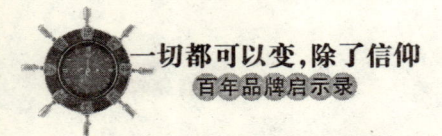

代末，花旗又相继在世界上23个国家开设了100个办事机构，成为了当时最大的国际性银行。第二次世界大战时期，由于受战争影响，花旗银行被迫终止了其在欧洲及亚洲的许多业务。

战后，随着美国经济的复苏，居民消费水平不断提高，这为花旗银行创造了复兴的条件。1956年，花旗银行在商业贷款部安装了首台计算机。

1961年，花旗银行创立了可转让定期存单。并在海外新成立了投资公司。1968年，花旗银行又成立了针对一家银行的控股公司，这是花旗银行提供的一种新型服务。1974年，为更好地适应其全球性业务，该控股公司更名为花旗集团。同年，花旗集团将浮动利率债券引入美国金融市场。1975年，花旗银行成为了在欧洲共同市场9国设有分行的唯一一家美资银行。

1977年，花旗银行设立花旗卡业务中心，从此开始为顾客提供"24小时服务"，这一项服务的推出被称为是美国银行业的一场巨大变革。

到了80年代，花旗银行开始注重发展消费者银行业务。为促进信用卡业务的发展，花旗银行先后在而达科他州及特拉华州开设了分行。1985年，花旗银行将客户的私人计算机与其系统相连，从而方便了客户直接办理银行业务。

1992年，花旗银行成为美国最大的银行。此时，花旗银行这个名称已经成为了独具创意的银行业务的象征。它的分支机构及办事处遍及世界90多个国家，成为了一家名副其实的国际性银行。

1993年，花旗银行成为世界上最大的信用卡及消费卡的发卡行和服务行。同年，花旗银行兼并了80年代成立的数家储蓄银行，贯以统一的名称Citibank, FSB。1994年，花旗银行在俄罗斯开办了第一家外国独资商业银行。1996年，花旗银行开始在亚洲发行信用卡。2011年《财富》杂志世界500强排行榜出炉，花旗银行以111055万美元，名列第39位。

作为唯一一家推行全球业务战略的银行，花旗银行不单为遍及56个国家的5000万消费者提供服务，也在近100个国家为跨国、跨区及当地的企业客户服务。如今，花旗银行已成为了金融服务的世界品牌。它的主要业务范围包括：

电子银行业务。花旗银行通过计算机、自动柜员机以及电话银行,能够在一年 365 天,一天 24 小时内为顾客提供所有安全而便捷的服务。

信用卡业务。花旗银行的信用卡客户可以在全世界范围内,通过银行发行的信用卡,或银行与其他知名机构共同发行的信用卡进行各种消费。

私人银行业务。花旗银行在 32 个国家中从事私人银行业务的员工可通过银行的人才、产品及策略网络,令客户获得全球投资组合的第一手资料,此外,花旗银行还可以协助其寻求投资机会以及对投资风险进行识别。

新兴市场业务。花旗银行的新兴市场业务已经有 100 多年的历史了,在这一百多年中,该项业务获得了长足的发展。花旗银行因为对当地市场十分了解,再加上跨区域性的优势,使得它可以向各国客户提供世界水平的金融服务。

企业银行业务。目前,花旗银行在 100 多个国家与全球性、区域性和地方性的公司客户都有合作关系。对于所有与花旗银行有合作关系的公司来说,无论是在国内,还是在世界上任何地方,均可以得到花旗银行优质的服务和专业的建议。

跨国公司业务。如今的花旗银行和世界上许多著名的跨国公司都有着密切的合作。这些公司在向海外发展过程中,往往会得到花旗银行的大力支持。

成立于 1812 年的花旗银行,在经过长达两个世纪的漫长发展之后,已经成为了当今世界规模最大、声誉最响的全能金融集团。

用服务赢得客户

为什么花旗银行能够历经 200 多年的发展,而依然长盛不衰呢?是什么造就了花旗这一世界金融界传奇的呢?这与花旗银行独特的企业文化是分不开的。

"用服务赢得客户"花旗银行一个最重要的经营理念。这一理念在银行长达 200 多年的发展史中,始终占据着重要地位。在花旗银行看来,顾客是银行得以长远发展的保证,没有了顾客的信任和支持,花旗银行便不会走到今天。

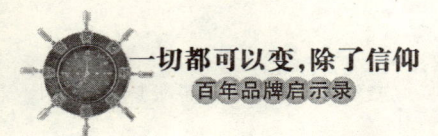

一切都可以变，除了信仰
百年品牌启示录

在进入21世纪的今天，花旗银行的资产规模已高达9022亿美元，一级资本545亿美元，它因此被被誉为金融界的至尊。如今，花旗银行已经在世界100多个国家和地区建立了4000多个分支机构，在非洲、中东，花旗银行更是外资银行抢滩的先锋。这些令人垂涎三尺的业绩和它多年来一直坚持的"用服务赢得顾客"的理念是分不开的。

花旗银行为什么能够在世界金融领域里脱颖而出，成为世界银行界的先锋呢？这要归功于它的独特的金融服务。正是这种独具特色的服务使得花旗银行得到了广大顾客的信任和认可。

和大多数银行家只强调产品的盈利性与安全性不同的是，自20世纪70年代花旗银行率先开创了银行服务营销理念。它不断地将银行服务寓于新的金融产品创新之中。现在，花旗银行的金融服务多达500种。这些服务可以为银行所有客户提供所有的服务。

在20世纪90年代的几次品牌评比中，花旗都以它卓越的金融服务位列金融业的榜首。随着全球金融市场竞争地不断加剧，为了能够继续保持自己在金融界的领导地位，花旗银行更加大了它的银行服务营销力度，同时还将其服务标准与当地的文化进行了有效的结合。这样的结合不仅加强了花旗银行在各个国家顾客心中的品牌形象，还使得它成为了行业内国际化的典范。

花旗银行十分清楚，金融产品往往都是可以被复制的，任何一种金融产品都很具有长期的竞争优势，鉴于此，花旗银行便开始致力于推出具有个性化的金融服务。为此，花旗银行提出了"以客户为中心，服务客户"的银行服务营销理念。他们的目的只有一个，那就是在营销技术和手段上不断推陈出新，进而提升花旗的服务水平。

一直以来，花旗银行以其幽雅的服务环境、和谐的服务氛围、便利的服务流程、人性化的设施、快捷的网络速度以及积极健康的人员形象在业内享有着极高的声誉。这些细节化的服务时时刻刻都在传达着花旗银行的服务特色和它的服务信息。

第 2 章　花旗银行
——用关怀凝聚人心，用服务赢得顾客

在银行服务营销策略中，花旗银行鼓励员工与顾客接触，甚至是上门服务。这样一来，顾客就可以充分参与到服务生产系统中来。同时，花旗还赋予了员工充分的自主服务权，这就可以保证员工在互动过程中能够为客户提供更好的服务。

花旗银行要求工作人员在引导客户预期方面绝不可作过高或过多的承诺，而一旦向顾客承诺了，就必须按质按量地完成。他们规定电话铃响 10 秒之内必须有人接听，客户来信必须在两天内作出答复。

为了能够为顾客提供更全面的服务，花旗银行还专门创新了数据库——CRAVI 软件系统。这是一个庞大的信息库，被称为是花旗银行的"百宝囊"。在这里面记载的全都是客户的信息。比如姓名、性别、职业、职位、偏好、交易行为、什么时候使用了花旗银行的产品、交易时间有多久等。统计分析资料，包括客户对银行的态度和评价、信用情况、潜在需求特征等。银行投入记录，包括银行与客户联系的方式、地点、时间，客户使用产品的情况等。

可以说，对于任何一个顾客来说，当你在花旗银行存下第一笔款时，你就已经成为了花旗银行的一名客户。对于你的一举一动，他们都了如指掌。比如你刷卡了、刷了多少次、取钱了、取了多少钱、贷款了、贷款做什么用了，甚至你三个月后想买什么，花旗银行的 CRM 都一清二楚。

这是一个功能异常庞大的系统，它可以了解到每一个顾客的消费习惯，之后，它可以根据你的一点点蛛丝马迹，分析预测出你将来的消费倾向，以便及时跟进营销活动，选择合适的产品推荐给你。

比如，如果你马上就要还掉你的最后一笔购车贷款时，花旗银行的业务员就可以根据你的消费模式预测出你很可能在六个月之内再购买一辆汽车。于是，他们就会在第一时间让你知道，银行会有特别优惠的汽车贷款利率给你。之后，他们会立即给你寄出一份购买汽车分期付款的宣传品。

总之，花旗银行总会在顾客想到时或想到之前，为顾客想到一些事情。可以说，顾客受到的监控越多，就表明他获得的服务越多，你的生活质量就会越高，你获得的精神满足就越多。

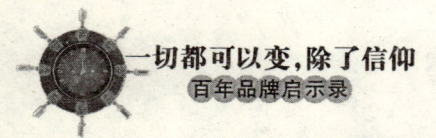

客户关系服务网络是花旗不可估量的一种资源，正如它前任总裁桑迪·维尔所说："这个网络是我们唯一拥有的真正有竞争力的优势，不管你到世界任何一个地方，你都可能找到一家花旗银行的机构为你提供服务。"

没有人会拒绝别人提供的服务，花旗银行深谙其理。如今，"客户至上"已经成为了花旗银行企业文化的灵魂。这是花旗银行两百多年来，苦苦坚守的结果。这样的坚守，为花旗银行带来了前所未有的成功。目前，花旗银行的业务市场覆盖全球100多个国家的1亿多客户，服务品牌享誉世界，在众多客户眼里，"花旗"两字代表了一种世界级的金融服务标准。

事业留人、待遇留人、感情留人

在花旗银行领导者心里，员工和客户具有着同样重要的地位。在漫长的发展历史中，花旗银行十分注重对人才的培养与使用。

"事业留人、待遇留人、感情留人"是其一贯的宗旨。让每一个员工在花旗有"成就感"、"家园感"是每一位花旗领导者都渴望做到的事。

一直以来，花旗银行希望能成为金融服务的领导者，在每项主要业务上都要能够取得市场领导者地位。那么，其实力和影响力从何而来？与花旗同在一块土地上，同处一个时代，同在一样的社会经济环境和法律框架内的商业银行在美国有上万家，花旗何以能脱颖而出？很关键的一条就是"人"，花旗银行一直认为人才是保持自身领先地位的关键。

员工在花旗领导层眼里是最最宝贵的财富，为员工提供良好的环境一直以来都是花旗领导者关注的重点。为此，花旗银行作出了如此规定：1.反对官僚作风，鼓励企业精神，通过"开门"式管理简化决策程序；2.倡导多元化，特别着眼于花旗银行的全球性特质；3.员工所想所为皆采取主人的态度，因为他们就是主人；4.容许出错、承认错误、纠正错误，以免成为难以解决的问题；5.唯才是用，不论

第2章 花旗银行
——用关怀凝聚人心,用服务赢得顾客

资排辈,根据员工个人职权范围内的业绩给予奖赏;6.相互尊重,以礼相待;7.让员工真正感觉到:无论企业发展到多大,他们每个人都能发挥作用。

花旗银行对于员工的关怀是"润物细无声"的,他们的终极目标就是要让每一个员工感觉到自己受到了关怀和尊重。

有没有自己的员工哲学是判断一个公司人力资源管理成熟程度的标志,在任何一个公司里,管理层的"员工观"往往决定了其对待员工的态度和方式。而公司对待员工的态度和方式又决定了员工对待公司的态度和方式,后者在一定程度上则决定了公司的命运。

花旗银行自建立以来,就一直信奉"没有快乐的员工就不会有满意度高的员工,就无法提供令客户满意的服务。把员工看成上帝,员工才会把顾客看作上帝"的员工哲学。

花旗银行每年年报的首页都有一个专门部分,叫"花旗所看重的员工",这是花旗银行员工哲学的集中体现。花旗银行认为,无论是过去、现在还是将来,无论对客户而言还是对股东而言,员工都是银行最重要的资产。为此,花旗银行力求做到,无论是文化氛围、工作满意度还是机会与福利都要尽最大可能做到最好,这样才能够吸引全世界最优秀的人才,并且让他们甘愿为公司贡献自己的力量。

花旗还努力将员工的个人利益和银行利益结合起来,为此,花旗设计了多种股权计划,比如让员工直接持有银行股票。据统计,到2001年底,已有2/3以上员工直接持有银行股票,花旗领导层称:他们的目标是要将这一比例提高到100%。

目前,花旗的员工通过股票期权计划、限制性股票计划、股票购买计划等形式,直接持有花旗集团4.5亿股普通股。在花旗看来,这是花旗之所以能够保持多年良好运行和发展的最大动力。当员工像雇主一样思考和行动时,当他们的利益与银行利益联系的更紧密时,公司所取得的效果无疑就会更好。

花旗相信,当他们对员工给予了足够的尊重、处处将员工放在首位时,它的员工也会将客户放在第一位,通过他们卓越的工作为客户提供优质服务,为客

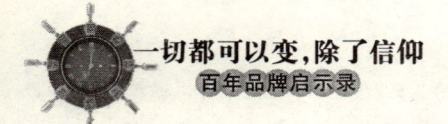

户、也为银行创造出最佳效益。

多年来,花旗银行的目标只有一个,那就是要把花旗打造成为全球最好的商业银行。而要让这个目标得以实现,人才是其最根本的保证,因此,花旗始终都在努力将优秀的人才招致麾下,为其效力。

花旗招聘员工遵循以下基本标准:人际技能和数学技能、客户服务意识、专业能力和可靠性。花旗一方面在以大学生为主体的知识群体中聘用人员,并通过自己的培养培训体系使之成为银行今后发展所需人才,花旗吸引的人大部分都是顶级大学的毕业生,它与美国排名前40名的大学都建立了固定联系,每年从这些学校招收的学生占招聘人数的67%。花旗还每年向这些学校投资1850万美元,并组织这些学校的在读大学生到银行实习。

为了吸引哈佛商学院的毕业生到花旗工作,花旗的董事长每年都要去哈佛大学做演讲,向毕业生们宣传花旗的现在和未来,向他们描绘在花旗的发展空间。另一方面,花旗也在同行乃至相关企业中公开招聘急需的人才。在这两种招聘中,花旗的高层如董事长、行长通常都会亲自参加面试,然后一起作出最后的决定。

在人才管理上,花旗一直都在奉行这样一种理念:引进人才不仅仅只是解燃眉之急,更重要的是要为未来做好人才储备。在这一点上,花旗银行十分注重长远打算。在1975年,后来任花旗银行总裁的约翰·里德认为,未来银行零售业的成功必须要借助于一种全新的手段,这种手段将以在消费者市场中合理地运用市场营销为基本方针,于是,花旗开始在从事消费者市场营销业务的公司中大量招募人才。而这种做法在当时却被看成是一种离经叛道的行为。

然而,随着市场环境的变化,到了90年代后期之后,国际银行业开始由买方市场迅速过渡到了卖方市场,这就意味着银行业务人员要迅速完成由坐商到行商的转变。于是,市场营销方面的人才就变成了当时最紧俏的资源,而花旗银行早在多年前就已经储备了大量的市场营销人才,这使得花旗在激烈的竞争中,迅速地适应了市场发展的需要,其业务模式也在最短的时间内完成了转变。在其他银行业务陷入困境时,花旗却获得了突飞猛进的发展。

第 2 章　花旗银行
——用关怀凝聚人心，用服务赢得顾客

花旗银行十分重视研究队伍的建设，早在20世纪80年代初，花旗就设置了专门的"评级分析部"，该部门专门负责风险评级工作。为了吸引和留住专家级人才，花旗实行了灵活的激励机制，按照专家职位的重要性而非行政级别确定薪金，重要职位的年薪常常超过部门总裁。在经过多年的苦心经营之后，花旗银行打造出了一支实力强大的团队，而这支团队正是花旗银行在全球金融界获得领先地位的关键。

对于任何一个公司来说，想要获得长远的发展，想要在激烈的竞争中占据领先优势，就必须要有一支高瞻远瞩、审时度势、精明强干、富有战略思维能力的领导团队。这样的领导团队就像是公司的大脑，他们掌握着公司的未来。因此，努力寻找并且着力培养一些有才能的领导者是花旗银行从始至终都在做的事。那么，他们是如何发展银行的领导力的呢？

首先，他们建立了全球人力资源库，实行了一项"接班人计划"。该计划旨在对银行有潜力的后备人员进行选拔和培养，最终将具有发展潜力的人才提供给银行最高管理层使用。花旗银行通常都是按照选拔现任领导的基本标准与程序来选拔后备人才的，在这个过程中，他们不会只将眼光盯在行业内部，他们从不拒绝从行业之外挖掘人才。如果在行内没有找到满意的人才的话，他们就会到人才市场上去寻找目标，一旦发现合格的人才，他们就会在第一时间将其据为己用。此外，花旗银行还会从大学生中招聘、培养管理人员，对于这些人的资历，花旗银行是十分注重的，一般来说，在花旗高层管理人员中，有78%以上的人都具有硕士以上学位。

在花旗银行董事长的办公室里有一间密室，里面挂有很多牌板，花旗银行高级管理人员后备人选的姓名和照片就贴在上面，专供高层领导选人时使用。据说，花旗前任董事长沃尔特·瑞斯顿在担任银行董事长时，每次遇到银行需要选拔人才时，就会和他的助手们走进这间密室进行商谈。为了能够找到合适的人才，他们不停地把牌板上的名字和照片移来移去，当最终确定了人选之后，他们就会将其安排到一个合适的位置，然后会毫无保留地发展他们的才能，让他

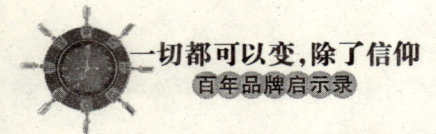

一切都可以变，除了信仰
百年品牌启示录

们能够在未来的工作中为花旗贡献力量，创造价值。

每个季度他都要抽出一天的时间，把银行高层们集中到这间房子里，一起讨论牌板上的人的升迁和移位，讨论哪些职位出现了空缺，哪些人能填补这些空缺，哪些人的位置需要挪动。这已经成了银行不成文的制度。

他们是如何选拔接班人的呢？首先，他们要从所有人中选出三人，然后把过去由首席执行官负责的职责分给他们，将他们任命为三个新的委员会的主管，这些委员会的职能范围完全超出了他们当前的权限。在这个分配中，高层为了弥补他们的不足，会故意把他们安排到他们并不擅长的职位上。比如，从未与人事打交道的，会把他分配到人事委员会做主管；从未和财务打交道的，会让他去财务委员会任职。高层们这样做的目的只有一个，那就是要尽可能挑选出一个合适的接班人，当他们最终把银行大权交给这个人时，他们将不会有任何担心和顾虑。

在这个过程中，有些人因为无法克服自身的局限，而往往表现得畏首畏尾、缩手缩脚，对于这样的人，高层们的策略是先不给他们安排高的职位，而是给他们机会，让他们有机会充分展现自己。而有些经理往往为了本部门的私利，会故意打压那些能力强的下属，这是高层们无法容忍的。为了避免出现这种情况，他们专门制订了一种特别的监督手段：把高级经理们所主管的部门能够为董事会输送人才的数量作为衡量其经营业绩的依据，即除了基本的经营业务指标之外，花旗把如何对待下属作为考评经理人员的一个重要标准。

使用人、培养人绝不能走保守路线，一旦任用，就要提供给他们充分展示自己的机会。这是花旗银行历来遵守的一个人才理念。

一般来说，花旗在选拔管理人员时，主要是以以下五个方面作为考察标准的。一是基本素质，具体包括综合分析能力、承受压力的能力、可信度、忠诚度及决策能力。二是发展潜力，特别是今后较长一段时间内的发展潜力，如果一个员工在得到提升后再提升的可能性不大的话，就会将其放弃。三是业务拓展能力，花旗认为，银行的高级管理者要有长远的眼光和较强的规划拓展能力，只有这样才能帮助银行发展壮大业务。四是业绩表现，主要参考员工平衡记分卡的实

第2章 花旗银行
——用关怀凝聚人心，用服务赢得顾客

际得分情况。五是管理和控制能力，高级管理人员应确保在其管辖范围内没有不良风险记录或欺诈行为，也就是说，花旗要确保这些人即使在远离总部的情况下，也要处于可控之中。

公平竞争是花旗银行在招聘员工和给员工晋升职务时所遵循的一个大原则。银行会把各个管理岗位的空缺情况定期公布出来，以供本行员工报考。另一方面，花旗银行很重视岗位轮换和流动。一个优秀的管理人才到银行工作的5年内最多可在15个岗位上工作，银行下属分行的副总裁或经理一般由总部派出，到一地工作3~4年，定期进行轮换，对一些在总部工作出色的员工会在适当的时候下派到分行任职锻炼。

对于员工的培训，是花旗银行管理的重中之重，他们认为"对员工的培训不仅是适应日益变化的金融发展与日益激烈的金融竞争的需要，而且对降低劳动产出比率也十分重要"。据统计，花旗银行每年平均每人接受培训要达5天以上，而培训的费用更是非常庞大。早在20世纪90年代，花旗银行用于波兰分行120人的电子银行业务一项培训费每年就高达40万美元。对此，花旗银行认为对员工的培训不是一个一蹴而就的工作，它是一项长期战略。

强大而忠诚的工作团队一直都是被花旗银行引以为傲的资本。对于任何一个企业来说，能够得到员工的忠诚都是一件值得骄傲的事。原因在于，其一，所有忠诚的员工都是因为他们受到了公司良好的待遇，才会心甘情愿为公司贡献自己的力量；其二，毋庸置疑，忠诚的员工往往能够凝聚成公司强大的竞争力。世界上所有优秀的企业，无不都是依靠其强大的团队力量才获得成功的。对此，花旗银行有着深刻的认识。所以，在对待员工的福利待遇上，花旗银行从来不曾吝啬过。

可以说，一百多年来，他们为员工提供了各种种类齐全的菜单，银行所有员工都可以根据其职级等因素，按照自己所能获取的固定金额进行组合。基本福利计划和其他福利计划是花旗银行的两项最重要的计划。其中，基本福利计划旨在减轻员工及其家属在疾病、退休、意外死亡等方面的负担，主要包括退休计

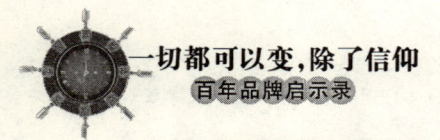

划、遗属福利计划、医疗计划三大类；后者包括加班加点的工资、伙食补贴、交通补贴、休假，等等。

而为了更好地平衡员工的工作和生活，花旗集团制定了很多行之有效的措施。一直以来，他们也因为这些充满人性化的措施而享誉全球。

首先是工作和生活计划。在花旗集团，当员工在个人问题与工作责任上遇到困难时，花旗就会在第一时间采取相关措施来平衡员工工作与生活。他们认为，只有好好平衡员工的生活和工作，才会减轻员工的负担，才会让员工能够把所有精力都投入到自己的工作中。每一个人在生活、工作中的情况都是不一样的，所以花旗从不会采用"一刀切"的方式来处理这些问题，而是要不同情况，不同对待，只有这样才能切切实实地为员工解决问题。

其次是"儿童看护计划"。花旗集团为员工设立了多种专门与备用儿童看护计划，为的是能够让员工们在工作之余把孩子照顾好。一直以来，花旗所实施的"儿童看护计划"的被员工利用率要远远高于世界上任何一家公司。据统计，到目前为止，大约有65000名员工享受到了"儿童看护计划"以及学校假期计划的服务。从地点上，专门的看护中心分布在马里兰、内华达等。这5个看护中心每天为超过1500名儿童提供服务。同时，花旗银行在各个定点儿童看护中心，还专门设置了儿童医疗、智力、社会与情绪康乐等课程。

花旗规定，所有美国的花旗员工在获得援助时，可以获得折扣。在12个州超过300处工作场所参加业务的员工，还可以得到公司补贴。备用的儿童看护中心在他们家或工作场所附近，一项调查与推举人服务将他们与儿童看护服务的提供者联系起来。许多还用定点计划补充儿童看护服务来迎合学校假期与大雪时越来越高的要求。如果员工不能获得正常的看护时，花旗还会提供"后备儿童看护计划"来帮助他们。

接下来是"毕生事业计划"。这一计划的目的在于帮助每一名花旗员工及其亲人来更好地管理每一天的生活。这些计划在美国、加拿大等国家全面面向员工、他们的工作伙伴及他们的亲人开放。计划通过一个免费的电话号码或经由

第 2 章 花旗银行
——用关怀凝聚人心，用服务赢得顾客

连续不断的网络提供服务，它提供了解信息、调查与资源的通路，也有指定的推举人帮助员工完成有实际解决方法，如养育、照顾小孩、收养、教育、管理老年人的需要，以及法律问题。

此外，员工与他们的家庭成员还可以进入到"毕生事业"网站参加网上讨论，在这里，他们能够收到他们所要关注的信息，并且还会通过其他交互式的特别专题来获得援助。

"员工援助计划"是最后一项计划。这一计划是面向世界各国的员工的。员工如果需要什么帮助的话，可以通过咨询服务获得救助。该计划的总之是要让员工更接近他们的家庭成员，关注家庭成员的健康、快乐，从而打造一个温馨、和谐的家庭环境。该计划是通过连续不断的免费电话为员工提供服务的。寻求援助的员工会得到短时间的秘密咨询服务，如果有长时间的需要，经过专业的训练的顾问与其他有资格的服务提供者，会为员工提供更长时间的咨询。咨询内容可以是私人生活、家庭和工作问题等各个方面。

员工一直被花旗银行看成是最大的财富，人的健康决定一切。所以，员工的健康状况是花旗最关心的问题。在美国、希腊、爱尔兰、日本、西班牙、英国等地，花旗集团提供或安排公司以外的医疗设施，为员工提供服务。花旗与国际SOS组织合作并协同管理，为移居国外或做国际商务旅行的员工提供连续不断的全球医疗通路和援助。

SOS服务包括一个全球免疫计划，提供随时的建议与资源，以帮助员工确保安全与健康旅行，员工任命之前与年度身体检查，推荐合适的全球医疗专家，并开设了一个专门的服务电话号码。每年，花旗的业务在几十个国家使用SOS服务。SOS还帮助花旗集团传送了数以万计的电子邮件，为公司那些离开家出差的员工提供了医学上的警报。

一直以来，花旗都是关注员工健康的典范，为了确保员工的身体健康，公司在全球建立了庞大的医疗服务体系，以及各种各样的医疗计划。这些计划所提供的服务包括评估、治疗等。公司对移居国外的员工与其配偶、伴侣进行定期的

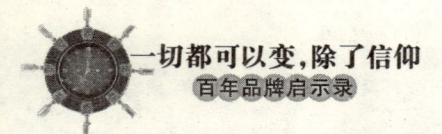

医疗测验。安排有定期的透视计划,为商务旅行的员工进行免疫,进行流感疫苗注射,接受一名员工医师的指导,实验室血液测验、过敏注射、心电图等众多医疗服务项目。据统计,每年会有数以万计的员工从这些服务中受惠,而85%以上的人能够在当天重返公司工作。

适当的锻炼计划是花旗健康与福利精神的一个重要的元素。根据调查与会员的确切反馈,福利中心的健身等各种计划非常受员工欢迎。定点的福利中心分别设在都柏林、伦敦、悉尼、美国等地,21个福利中心每个月为3000名花旗员工提供服务,超过31%的合格员工成为福利中心的会员。

花旗中国每年都要组织两次员工集体旅游,所有旅行费用都由花旗承担,甚至还为员工家属承担一部分的费用。在花旗看来,员工只有做到劳逸结合,才能够更好地投入工作,而这正是他们为员工提供的放松和休闲的机会。

花旗对于女性员工的照顾更是到了无微不至的地步。每当有女性员工生小孩时,花旗都会在网上发出消息,甚至连孩子的体重都会发布在上面。在花旗中国,花旗还按中国的传统,给每个人发鸡蛋,他们认为每一个人都可以一起分享这份快乐。而当有员工结婚时,公司会给员工发喜糖,平时,花旗更会换着花样为员工发送电影票、旅游景点的门票等福利。

可以这样说,花旗对于员工的关怀和照顾已经做到了极致。正所谓用关心凝聚人心,花旗公司多年来对所有员工始终如一的关怀和照顾,也为花旗自己赢得巨大的回报——忠诚。

世界上任何一个出类拔萃的企业,都具有自己优秀的企业文化。对于花旗银行来说,他们的企业文化可以归结为:用关怀凝聚人心,用服务赢得顾客。这还在美国乃至世界金融领域驰骋了一百多年的骏马,虽然已经历经岁月的沧桑,却依旧朝气蓬勃,充满活力。这是一个令人惊奇的神话。回顾公司的过去,他们一直在对自己的员工提供着无微不至的关怀,也一直在为全世界广大客户提供着满意的服务。无疑,这是花旗银行之所以能够走到今天,并且创造了辉煌的根源所在。

第 3 章　雀巢公司
——以质为重，以人为本

雀巢公司由亨利·内斯特莱在 1867 年创建于瑞士日内瓦湖畔的沃韦。它是目前是世界上最大的食品制造商之一。从一个生产婴儿食品的乡村作坊到今天领先世界的食品公司，雀巢已经走过了一百多年的发展历程。公司以生产巧克力棒和速溶咖啡闻名遐迩。

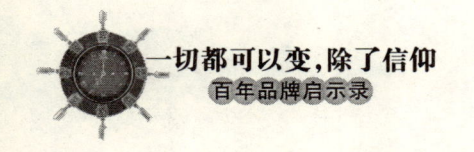

一切都可以变，除了信仰
百年品牌启示录

出了名的"慢性子"

人们通常会把一些人称为"慢性子"，因为这些人行动迟缓，做事缓慢。然而，世界上有一个公司也因为做事缓慢而被称为是"慢性子"，它就是大名鼎鼎的雀巢公司。

那么，它到底是因为什么被人扣上了"慢性子"的帽子的呢？这要从雀巢公司和我国的一次合作谈起。

早在上个世纪80年代初，雀巢就瞄准了我国市场，他们认为我国地大物博，人口众多，将是一个潜在的巨大市场。为了打开这个市场，雀巢公司向我们政府表明了态度，表示要在黑龙江双城设立一个奶制品站。然而，令人无法想象的是，雀巢公司自从着手谈判直到该项目正式投产，前后竟然用了十年的时间。于是，惊奇的人们便给雀巢带上了一个慢性子的帽子。然而，更多的人会问，雀巢公司为什么会用这么长的时间来做这个项目呢？要知道，这是一个凡事讲究速度和效率的社会，对于风云变幻的国际市场来说，激烈的竞争时刻都在上演，任何一家公司如果不能跟上这个节奏的话，轻则将会丧失发展良机，重则很可能会被市场淘汰。

作为一个国际食品业的巨头，对于这些利弊雀巢公司不会不知。雀巢公司之所以用如此长的时间来开展这个项目，仅仅出于一种考量——确保产品质量。雀巢公司是要把它作为一项系统工程来做。

质量，质量，还是质量，这是雀巢公司在过去一百多年的时间里，始终坚持的经营理念。雀巢公司认为，食品安全是关系到人类生命安全的重要因素，公司要想获得顾客的信任，就必须始终做到以质为重，以人为本。所谓以质为重，就是要把确保食品质量当成是公司运营的宗旨，而所谓以人为本，就是要把顾客的利益放在首位。

第 3 章　雀巢公司
——以质为重，以人为本

雀巢公司的慢性子还表现在它在我国东莞成立公司上。据说，雀巢公司在正式决定把公司建在东莞之前，双方的谈判整整持续了一年半。雀巢公司方面的考虑就是要在这个过程中进一步加深对东莞地区的研究。而公司在正式开始运营后，也并没有立马投入生产，而是在我国的云南省先开展了一个咖啡种植"援助计划"。

此外，雀巢公司对于水项目的考察整整用了 3 年，而雀巢冰激凌项目则把大量的时间用在研究"中国消费者的口味"上，雀巢公司对此的解释是：它要"从观念上树立真正中国化的冰淇淋"。

可以说，对于一个以追求利润为最终目的的商业企业来说，"慢"是最不值得倡导的思想。然而，雀巢公司却反其道而行之，立志把"慢"进行到底。这是一种从容、沉着的"慢"，更是一种对企业长远发展的考量。在雀巢公司，"慢"意味着智慧和细致，"慢"意味着产品的高质量和顾客的忠诚度。

雀巢公司的这种"慢"不仅是在中国，在其他国家也同样有所表现。在 1998 年金融危机席卷整个亚洲期间，其他竞争对手都因为沉不住气而撤出了俄罗斯市场，唯有雀巢公司留了下来，然而事实证明，雀巢公司的这个做法是十分明智的，因为在仅仅过了 18 个月后，雀巢公司的巧克力、咖啡和冰激凌在俄罗斯的市场份额就翻了几番。

正如雀巢公司现任首席执行官所说："雀巢不欢迎心浮气躁和急功近利，这不是我们要追求的东西，我们更愿意为数十年后的未来着想。"

工业化流程式的生产方式一直是很多跨国公司所采用的方式，但雀巢公司却并不在其列。可以说，雀巢公司在中国进行的投资就十分有特点，雀巢公司的一个负责人说："当时中国的国情与雀巢所要求的环境相差甚远，因此在中国出售牛奶盒咖啡的条件是不具备的，所以我们就要在源头上解决问题。"

当时，雀巢在黑龙江双城建立牛奶制品厂之后，所做的第一个工作就是找到合格的奶源。就当时的情况来看，工厂供奶区奶的产量不仅低，而且质量很差，为了解决奶的供应问题，雀巢专门从欧洲派来了一支专家队伍，同时还建立

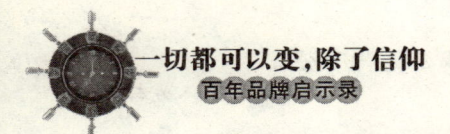

了一套鼓励奶农积极性的牛奶采集网络和收购制度,而且还向农户传授照顾奶牛的技术和采奶技术。这在当时是非常艰苦的事情,用雀巢瑞士公司的话说:这比培养一个合格的工程师还难。

1989年,在经历了长达一年半的艰苦谈判后,东莞雀巢有限公司开始制造和销售速溶咖啡及相关产品。然而在刚开始的时候,雀巢公司无法获得满意的原料,当时中国咖啡豆的种植既不得法又没销路,产量极低。为了在中国建立起咖啡豆的本地货源,雀巢便耐心地帮助中国农民种植咖啡,他们不仅保证每年收购咖啡豆的总吨数,明文规定了咖啡豆收购的质量标准、基价、付款方式和将产品运往工厂的方法,还同意帮助农民支付咖啡种植贷款的利息,并且还派资深的农艺师亲手传授农民种植技术。

这种费时费力的做法,在当时曾受到了很多批评,尽管如此,雀巢公司仍然坚持着自己的想法。他们认为虽然这项工作看起来既费时又费力,但却是雀巢今后收益的基础。

早在1994年,雀巢就将水源定在了天津蓟县盘山,然而公司在三年之后才将水厂建成。那么,公司在这三年的时间里都做了什么呢?他们一直在对水源进行考察。他们认为,稳定、可靠的水源是占领市场的有力武器,所以他们宁可多花一些时间来夯实基础,也不愿意盲目行动。事后的事实证明,雀巢公司的这种做法是非常明智的。雀巢公司认为这样的长期投入,使得自己在中国区的业绩获得了近两位数的增长。

现在,黑龙江双城区被中国奶业协会认定为中国牛奶生产第一县。2011年7月5日,雀巢公司向来自全国各地的媒体记者敞开大门,展示了他们的质量管理体系和安全风险控制体系。

雀巢奶品业务总监苏博说:"1867年亨利?雀巢先生在瑞士的日内瓦湖畔创立了这家公司,我们在140多年的漫长发展过程中,产品质量和食品安全是最重要的,质量保证是每一任总裁和CEO都非常重视的。"

第3章 雀巢公司
——以质为重，以人为本

独具特色的质量管理

作为老牌食品企业，雀巢公司的质量管理体系独具特色。雀巢公司的每一家工厂都设有质量管理团队，而在全球，雀巢公司共有25个区域质量保障中心，亚太区为10个。

为了获得质量优良的奶源，从奶牛的选择、优质饲料、喂养技术到疾病预防、挤奶、存储和运输，雀巢公司一直以来都在对双城奶农场进行着各种支持和帮助，比如提供一系列培训、技术和技能发展。

雀巢公司把自己的质量管理体现比喻为"从农田到餐桌"的全过程管理。因此，雀巢从来都是直接从农户手中采购原料奶，而不通过中间商，这是公司与众不同的地方。为了确保奶源的新鲜度，雀巢公司要求所有奶站的位置距离奶农都不得超过1小时的路程，而所有奶站都必须由雀巢所培训的工作人员负责管理。如此精心的管理，使得雀巢公司从源头上确保了牛奶生产的高质量。

把原料奶送到奶站这仅仅是第一步，雀巢公司规定，原料奶从进厂到喷粉再到包装都必须要先通过一系列严格的质量检测，而最终生产出来的产品也必须要接受检测。

此外，雀巢下了非常大的功夫来帮助奶农提高质量意识。他们的策略是帮助农民获得生产优质牛奶所需的知识和工具，积极持续地为他们提供卫生和食物安全方面的免费培训，派农业服务和卫生专家定期检查他们的牛场卫生，教育奶农如何提高奶牛喂养水平。此外，雀巢的质量保证人员每天要用先进的分析仪器仔细检查所收集的鲜奶质量。

为了保证高质量的奶品生产，在工厂的加工环节上，雀巢有着一套严格的管理体系，同时有先进的生产设备和加工工艺做保障。作为乳品生产厂，主设备干燥塔的设计直接关系到奶粉的质量。双城雀巢采用全套不锈钢生产设备，雀

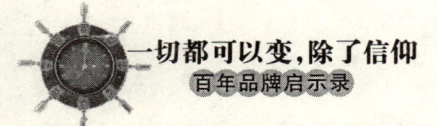

巢独有的生产加工专利技术，远远领先于行业水平。在工艺上雀巢还拥有两项专利技术：侧喷雾奶粉生产技术和物理干燥处理过程。这种生产技术在充分提高生产效率的同时，保证了鲜奶中营养素不被破坏，确保了奶粉的高品质。

140年来，雀巢在确保其食品质量与安全的领导地位的同时和营养专家的形象也已深入人心。雀巢公司创始人亨利?雀巢先生曾说："雀巢不仅要确保食品安全，而且要保留事物中原有的营养。"

双城的工作人员说："每一罐产品有多达100多项的检测，数据全部实现联网。双城放行出的每一个产品，我在北京或是瑞士都马上能知道国内的检测项目"。如今，在雀巢公司的严格管理下，雀巢双城工厂已经成为了雀巢在世界上技术最先进和规模最大的工厂之一。

那么，雀巢公司到底拥有着怎样与众不同的质量管理体系呢？对此，苏博说："经过一百四十多年的发展，如今，产品质量和食品安全意识已经成为了我们公司的一种企业文化，它已经融入到了我们每个员工的血液里。同时，我们有一个非常完善的健全的系统，落实到每个生产工厂，从原料的采购到生产加工环节，我们每个环节都非常重视，对于质量体系，对于制度的建设也是如此。另外，我们的产品不单单保证在生产过程中质量的稳定和安全，同时在整个分销环节和消费环节，我们也会做很多的工作，确保消费者在消费时得到高质量产品。对此我们会做很多的检测。在成品放行的时候，我们经过一百多项检测，最后完全合格后才放行到市场。同时在货架期上，我们也会定期把样品拿回来去做检测分析，确保整个货架期结束时产品的品质还能够得到有效的保证"。

而为了确保食品安全，雀巢公司在每个研发中心都有专业的质量保证的团队，在每个市场、每个国家、每个工厂都有专业的质量保证队伍。

雀巢公司大中华区董事长穆立在接受采访时说："雀巢对质量和安全是不能讨价还价的。牛奶供应链的高效管理是雀巢成功经验的一个关键因素。每天我们都要多次地采集鲜奶，对质量控制而言从鲜奶采集到工厂生产之间的时间长短是十分重要的，所以我们尽可能地缩短这一时间。"

第3章 雀巢公司
——以质为重，以人为本

经过140多年的发展壮大，如今的雀巢公司已经凭借丰富多样的食品、饮料以及深入人心的"优质食品、美好生活"理念荣登全球食品第一的宝座。之所以能够取得今天的成就，除了雀巢成功的企业发展策略，可以说它那独特的质量管理体系功不可没。

雀巢的质量管理体系集公司愿景、价值观、研发、生产流程及创造共享价值于一身。正是在这种理念的指导下，使得雀巢公司成功地走过了140多年，并且还在不断地发展、壮大着。

如今，雀巢公司在全球81个国家有479家工厂，拥有22.5万名员工，有8500种食品、饮料和医药用品均使用雀巢这一品牌，加上各种不同的包装、规格，雀巢的产品种类已多达2.2万余种。雀巢产品在国际上一向是领导品牌，从耳熟能详的雀巢营养品、雀巢咖啡、柠檬茶、到矿泉水系列及宠物食品等，都在全球销售上独占鳌头。雀巢咖啡公司是雀巢公司的子公司，从咖啡的单一品牌来说雀巢占据了世界咖啡市场的最大份额。

2011年，雀巢在《财富》全球500强中排名第42位。可以说，雀巢公司不论在销售还是知名度上，都已经是排名全球第一的大食品企业集团。

雀巢的历史

如此一个国际食品行业的龙头老大有着怎样的发展历史呢？1867年，移居瑞士的德国人、学者型食品技术人员亨利·内斯特尔在瑞士日内瓦湖畔的韦维城创建了雀巢公司。

雀巢公司最初的宗旨是为那些无法用母乳喂养婴儿的母亲们和不习惯喝牛奶的婴儿开发一种低成本、营养丰富的婴儿配方奶粉，以促进婴儿健康成长。亨利·内斯特尔以他的名字"Nestle"作为其产品的品牌名称。"Nestle"英文的含义是"舒适安顿下来"和"依偎"，并以鸟巢图案为商标图形，会使人们联想到慈

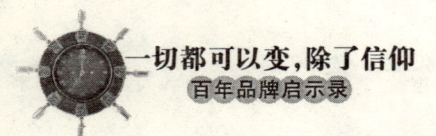

爱的母亲哺育婴儿的情景,以表达母子"依偎"之意。英文"Nest"与他的名字为同一词根,所以中文一并译为"雀巢"。这一译名与其商标鸟巢图案极其吻合,因而一直沿用至今。

当时,"雀巢"育儿奶粉在推向市场后十分受欢迎,销路很好。19世纪60年代是雀巢公司的黄金时期。1905年,育儿奶粉公司与美国人办的英瑞炼乳公司合并,取名为"雀巢英瑞炼乳公司"。第一次世界大战期间,由于牛奶供应紧缺,这使得以生产牛奶和巧克力起家的雀巢公司得以迅速成长。1929年,雀巢实现了多种经营,为了扩大公司规模,公司把瑞士的彼得?凯勒?柯勒巧克力公司收为己有。1936年,公司改名为"雀巢——英瑞持股有限责任公司"。1938年,雀巢公司所研制的速溶咖啡大获成功,于是,雀巢公司趁势开始了其向外扩张的步伐。很快他们就将市场扩展到了欧洲、北美和拉美各国,从而一举占领了世界咖啡饮料市场。

第二次世界大战对于雀巢公司来说,又是一个绝好的发展机会。四年战争期间,雀巢公司获得了巨大的发展,进一步确定了自己在世界市场的领先优势。随着战争的结束,在战争中大发横财的雀巢公司更加身强力壮起来,于是,他们以迅雷不及掩耳之势在世界各地吞并了数十家外国食品和其他企业,此时,雀巢公司的分支机构遍布于美国国内许多地方以及从日本到德国的许多国家,正式成为了全世界规模最大的食品制造商。

1947年,"雀巢--英瑞持股有限责任公司"为瑞士公司所购进,取名为"雀巢食品公司"。此时的雀巢公司在加强新产品的研究和开发的基础上,相继收购了西欧和北美等国的一些企业。在这期间,雀巢公司开始尝试发展多种经营,试图以其优势产品如速溶咖啡、饮料、奶制品和巧克力糖在发展中国家开拓市场。

1980年底,雀巢正式设立了北美经理部,统管在北美和加拿大的子公司,其目标是要在美国市场扩大自己的影响。1991年,据美国兰通公司的调查结果显示,雀巢咖啡被列为世界10大著名品牌之一。1994年,雀巢公司被美国《金融世界》杂志评选为全球第三大价值最高的品牌,价值高达115.49亿美元。2000年,

第3章 雀巢公司
——以质为重，以人为本

在全球最有价值品牌50强的评选中,雀巢咖啡排名第22位。2001年,雀巢公司以103亿美元的价格将美国第二大宠物食品制造商——罗尔斯顿普瑞纳公司收归旗下,从而扩大了公司在北美市场的占有率。

产品质量不能保证,品牌就会慢慢衰退。任何一个优秀的品牌都不是一天两天就可以建成的,非得需要长期的精心经营才行。雀巢公司正是这样做的,在过去一百多年的时间里,他们始终都在坚守着"以质为重,以人为本"的经营理念。可以说,雀巢公司今天的成功,正是其多年坚守的结果。

如今,雀巢公司的产品已经到了无人不知,无人不晓的地步。可以说,在世界上每一个角落,人们都可以看到雀巢的身影,甚至在很多地方,人们对雀巢品牌的熟悉度已经跨越了整整三代人。许多中年人从小就是在雀巢的陪伴下长大的。从婴儿奶粉、炼乳到速溶咖啡,从巧克力、冰淇淋、酸奶再到调味汤料,雀巢产品就像是空气一样,渗透到了全世界人们生活的每一个角落。

2001年,雀巢以847亿瑞士法郎的总销售额成为全球最大的食品生产商。按2001年底进行的换算即为504亿美元或572亿欧元。这家跨国公司在世界上的84个国家开设了468家工厂,全球员工达到23万多人。无疑,雀巢公司在当今世界食品业是一个名副其实的巨人。它是瑞士销售额最高的企业,2001年,它在西欧最大的工业和服务业排行榜上,位居戴姆勒-克莱斯勒、皇家荷兰壳牌、英国石油公司、达尔菲纳埃尔夫公司、大众、西门子、易?昂和菲亚特之后,名列第九位。无论从销售额还是从员工数量上来看,雀巢都跻身全球五十强的企业行列。

雀巢公司的产品和品牌无所不包,每天在世界上都会有新的品牌、产品或者变形产品投放市场。作为全球消费量最大的咖啡品牌,每一秒,世界上就会有3000多杯雀巢咖啡被喝掉。而在巧克力和麦芽饮料领域,雀巢也是世界第一。

总之,雀巢公司在世界食品行业中的影响力是无人能及,无人可比的。一百多年以来,雀巢公司始终把"通过提供优质的食品,为人类的健康生活做出贡献"当成是自己的信念。他们认为,经营食品最重要的就是产品的质量,从原料

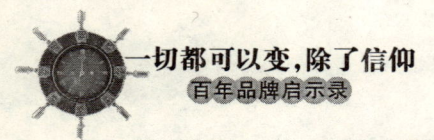

采购到生产、流通，各个环节都必须建立万无一失的保障制度。

正是因为这种理念，这样的坚持，使得雀巢公司终于在百年之后，获得了回报——它成为了真正风行世界的品牌。雀巢的所有员工都是质量的监督者与实施者，他们坚信，要想取得消费者的长久支持，就必须保证产品质量。

以质为上，才能以质取胜，这是雀巢公司的信念，也是它的哲学。

第 4 章　西门子公司

——只有创新,才会改变世界

西门子公司是世界上最大的机电类公司之一,1847 年由维尔纳·冯·西门子创立,总部位于德国慕尼黑。在长达 150 多年的漫长历程中,西门子公司就像是一个时刻充满激情的战马,奔驰在国际电气界的无限疆土之上。创新的血液始终在它的身体里奔腾流淌,因为有了这种精神的支撑,西门子公司才得以时刻站在时代的前沿,引领时代潮流。可以说,西门子公司的成功根源就在于它的创新精神。它不仅因此迎来了辉煌,也为世界作出了巨大贡献。

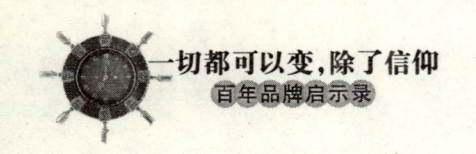

西门子先生的传奇一生

也许我们更应该去探寻一下维尔纳·冯·西门子先生的传奇,一个能够创造出如此不朽传奇公司的人,他本身也一定是一个传奇。

维尔纳·冯·西门子1816年生于德国汉诺威一个普通的农民家庭。18岁时,西门子只身前往柏林,想当一名军人。1834年的11月份,是西门子一生最难熬的一段日子,他刚刚参加完普鲁士炮兵工程学院的考试,成绩十分不错,数学、历史、地理及德语4门功课的总分是所有考生中的第一名。可是,西门子却没有一点高兴的意思,因为他不是普鲁士邦的居民,如果没有国王的指令,他纵使成绩再好也不能入校读书。他期盼上帝能够给他一些帮助,最终他进入了普鲁士的军队,成了第三炮兵团的一名新兵。

西门子的兴趣在于自然科学,那么他为什么会选择进入炮兵学院呢?其实,西门子这是在曲线求学。西门子的父亲克里斯蒂安·斐迪南·西门子早年曾接受过高等教育,年轻时也是一个热衷政治的热血青年,而且还参加过统一德国的战争。

19世纪的上半叶,对于整个欧洲大陆来说,是一个战争不断的混乱时期。那时,德国还没有统一,而是一个由许多邦国组成的德意志邦联,其中包括普鲁士、奥地利等邦国。西门子的家乡汉诺威虽然是在德意志联邦内,却被英国政府控制着。对于所有居住在汉诺威的德国居民来说,虽然是生活在自己的土地上,但实际上,连最根本的人身自由都无法拥有。西门子一家对此深有体会。

在汉诺威,有一个奇特的狩猎区法律,法律规定,英国王室狩猎用的鹿和野猪是受法律保护的,任何如果伤害到狩猎区的野兽的话,就会遭到严惩。一天,一群鹿跑进了西门子的家里,西门子害怕受到英政府的严惩,就一面将鹿群赶进牲口栏内喂养,一面派人去汉诺威王室狩猎局报告此事。随后,狩猎局派了一个调查组,调查了好几天。最后认定,西门子将鹿群赶进栏内的行为违背了鹿的意愿,是对鹿的压迫与虐待,于是对西门子处以了巨额罚款。

通过这件事,使得西门子意识到,汉诺威不是一个安全的地方,于是他们一家搬到了梅克伦堡定居了下来。维尔纳·冯·西门子的童年就是在这里开始的。

在西门子很小的时候,他的外祖父和外祖母一起教他读书写字,而他的父亲则教了他很多世界史纲和民俗学的知识。由于父亲所讲的内容新奇、独特,知识丰富,西门子的兴趣很快就被调动了起来,这也培养了他后来的世界意识。

1832年,西门子在家人的安排下,来到吕贝克文科中学学习。此时,他对于自然科学的兴趣开始变得浓厚起来。和其他孩子不同的是,西门子总是自学很多东西,甚至到了废寝忘食的地步,这时的西门子已经显示出了与其他孩子不同的特质。而这种热衷自学,勇于钻研的精神正是他后来成就事业所不可或缺的条件。

西门子的兄弟姐妹有很多,家里的生活十分艰苦。这都被懂事的西门子看在眼里,于是,那时的他就在心里打算将来要学习一门技术,这样可以靠手艺赚钱,为父母分忧解难。

就这样,西门子进入了建筑学院选择了建筑专业,在当时,建筑是唯一的技术专业。可是,建筑学院的学费很贵,西门子又不想给父母增加负担。后来,他的一个老师给他出了一个主意,让他进入普鲁士部队。因为在军队中,他也可以学到建筑学院中同样的科目,而在军队里生活,什么都是免费的。

于是,就如开头所讲,在1834年的夏天,18岁的西门子投考了炮兵工程学院。可是西门子发现,炮兵工程学院里已经有很多候补士兵在等待入学,要进入工程学院,起码还要等四五年的时间。于是,他听从了一个亲戚的建议,先参加了炮兵部队,经过6个月的训练之后,晋升为一名上等兵。到了1835年的秋天,他便进入了柏林联合炮兵学院学习。西门子的学习生涯就此开始了。

对于西门子来说,此后的3年,是他一生中最难忘的幸福时光。他不仅顺利地当上了军官,更重要的是,他可以有大把的时间进行他的科学研究了。

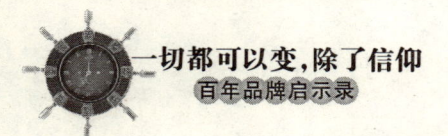

一切都可以变，除了信仰
百年品牌启示录

在西门子公司，每一个刚进入公司的员工都要集体观看一部以科幻形式展示西门子创业史的电影。影片中有这样一幕：1840年，低级军官维尔纳·西门子先生因参与一次决斗被关押。虽然是被关在冰冷潮湿的牢房里，但西门子却并不感到多么痛苦不堪，因为他正在如痴如醉地思考他的小发明。就是在这样的环境下，他竟然发明了电镀镀银和镀金技术。后来，他起草了一份专利申请书，并获得了为期5年的普鲁士专利。

1839年和1840年，西门子的母亲和父亲双双离世。作为长兄，西门子承担起了照顾弟妹的重任。而军人做生意要受到许多限制，于是，没有任何资本的他决定利用自己的技术专利赚钱养家。

三年后，西门子被派往柏林的炮兵工厂，在那里，西门子和一个锌白钢厂签订了合同，该厂用他的专利技术建立了一个镀金镀银部，这是德国第一家镀金镀银制造部门。后来，西门子的弟弟威廉成了他的帮手，并且把镀金镀银的英国专利卖了出去，西门子因此获得了一定的资金。此时的西门子，一心扑在自己的发明研究上，似乎只有这些东西才能让他看到自己的未来。他就像是一个不知疲倦的永动机，发明完这个，发明那个，他满脑子想的都是"创新、创新、创新"。

1846年，西门子把自己的研究兴趣放在了研究电报上，他的事业也因此有了一个新起点。

1847年，为了找到一种耐久的绝缘材料，西门子用热的树胶把铜线包裹起来，制成了绝缘电线。同年，世界上出现的第一条长距离地下电报线，就是用这种电线铺设的，这为西门子在1947年建立的电报设备厂奠定了基础。

1847年10月1日，西门子和合伙人约翰·乔治·哈尔斯克在柏林创建了西门子－哈尔斯克电报机制造厂，这是当时欧洲的第一家电报机制造厂。西门子公司从此便踏上了充满辉煌的征程。

西门子公司在刚开始成立时，一直陷入资金缺乏的窘境，这让西门子感到有些力不从心。而第三个人的到来，却为西门子公司带来了希望。这个人就是西门子的堂兄约翰·乔治·西门子，后来德意志银行的创办人。

第4章 西门子公司
——只有创新，才会改变世界

在堂兄的帮助下，西门子获得了 6840 塔勒的启动资金。由于制造电报机不需要特别昂贵的机器，所以，西门子只买了些比较好用而又便宜的工具。直到 1863 年，西门子才买了第一台蒸汽机。

西门子的第一个大发明就是惠斯登指针发报机，这个设备虽然很快就被由莫尔斯设计的电报机取代，但西门子和哈尔斯克却同样成功地对其进行了改造。不久，他们也开始生产首批用于无缝分离电导体和马来树胶的压力机，由于这两种机器的发明，水下铺设线路就成为了可能。

到了 1847 年底的时候，西门子公司才只有 10 名工人，而为了供养年幼的弟妹，西门子还必须在普鲁士军队里服役。尽管如此，西门子还是没有忘记自己心中的梦想，他要用自己的头脑和双手为自己和家族争得了荣誉。

他曾经这样写道："我更狂热地想要成立一家像福格那样的世界公司，它不仅要为我、而且也要为我的后代赢得权力和声望。赚钱不是我的首要目的，我创建的这个公司对我来说更是一个王国。"

西门子公司在建立之初，业务单一，经营风险大，在经历了几次失败挫折之后，西门子认识到只有走产品和服务多元化的路子，公司才有可能持续地发展下去。就这样，在西门子细心经营下，西门子公司开始步入了正轨。

到了 19 世纪 60 年代，随着哈尔斯克的退出，西门子的兄弟开始参与到了公司的管理中来，西门子公司从此成为了一家家族企业。

西门子虽然是一个靠技术起家的人，但对于公司的管理，他也有一套自己的方法。为了让员工有一个愉快的工作环境，西门子进行了一次重大的人事制度方面的创新。他引进了许多超前的社会福利制度。1872 年，他在公司实施了养老抚恤基金制度，这是"养老金制度"的鼻祖，甚至远远早于俾斯麦引进国家立法的保险制度；在当时普遍工作时间为 10-12 小时的情况下，西门子却实行 9 小时的工作制；此外在 1866 年，西门子还实行了利润分享的方案，即所谓的"股权分红"。这些在当时都堪称是史无前例的创新之举。西门子骨子里的创新精神由此可见一斑。

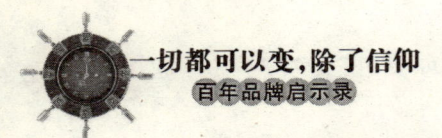

而在公司的发展战略上，西门子更是把创新发挥到了极致。他始终都把打造多元化的公司当成是自己的目标，而这种多元化的战略方针靠的正是一个又一个引领潮流的产品作为支撑的。西门子在成功研制了直流发电机后，认为："工程领域现在具有了廉价而方便的、能产生无穷能量的电流，这对整个工程领域的各个方面都有重大的意义。"正是他这种敢为天下的创新精神使得人类由此进入了电气时代，西门子也因此成了电气工程的同义词。

从 1877 年开始，西门子开始把目标定在了研发电话机上。在西门子的领导下，他们对格雷厄姆·贝尔发明的电话机进行了改良，然后推向了市场，结果刚一面世，就引起了一阵购买热，在仅仅 3 年的时间了，销量就达到了 1 万台。在取得了电话机的成功之后，西门子又将视线转移到了电梯上。

1880 年，电梯正式上了西门子的产品线。紧接着，便是有轨电车、无轨电车、地下铁道、电动轮船、电动汽车等领域的研发。西门子以他无人可比的创新精神已经带领着自己的公司昂首阔步地走在了时代的最前沿。

在这些发明中，影响最大的，就是西门子公司在 1870 年搭建的一条电报线路，这是一条贯通加尔各答和伦敦的电报线路，全线长达 8000 公里。

创新的血液在流淌

在长达 150 多年的漫长历程中，西门子公司就像是一个时刻充满激情的战马，奔驰在国际电气界的无限疆土之上。创新的血液始终在它的身体里奔腾流淌，因为有了这种精神的支撑，西门子公司才得以时刻站在时代的前沿，引领时代潮流。可以说，西门子公司的成功根源就在于它的创新精神。它不仅因此迎来了辉煌，也为世界作出了巨大贡献。

如今的西门子早已稳稳占据了国际机电业领头羊的位置，并在世界 190 多个国家设有分公司，员工人数高达几十万人，是一个名副其实的庞大帝国，它从

第4章 西门子公司
——只有创新，才会改变世界

一个多世纪前的欧洲走来，现在正在以充满激情地创新精神走向未来的深处。任何都有理由相信，在未来的道路上，它定会走得更稳，走得更远。成功有成功的理由，伟大有伟大的来源。从西门子公司一路走来的历史上，我们发现了它成功的奥秘——创新，那么对于现在的西门子，他们又是如何做到创新制胜的呢？

如今的时代是一个充满无限变革的时代，在这个科学技术日新月异的时代里，西门子公司堪称是一个伟大的、不可复制的奇迹。在很多致力于企业研究的专家学者看来，一般企业的衰老期为10年，而在20世纪20年代，公司的平均生存期为65年。无疑，拥有195年悠久历史的西门子公司的确是个让人吃惊的例外。

作为公司的创始人，西门子先生是个创造发明家，也是一位优秀的企业家。这正是西门子帝国得以基业长青的两块基石。而他不断进行技术创造发明的精神则是西门子屹立不倒的秘诀。

而继西门子之后的历代掌门人，也将创新奉为经营企业的圣经。他们在接过前任的接力棒时，就开始意识到要把创新作为管理公司的宗旨，公司的所有事业都要以创新为前提。

作为一个企业，西门子在它长达近两个世纪的发展过程中，可以说，为世界作出了很多具有历史性的贡献，从而推动了人类文明的进程。对于一个以赢利为目的的企业来说，无疑，这是一个值得向所有人夸耀的荣誉。

作为公司创始人的西门子先生本人的两项发明就被认为是为人类文明的进步作出贡献的杰作。其一是1847年，他发明的指针式电报机和远程电报线路通信。正是这一发明推进了电信时代的来临，随后，像电话、传真、移动通信、多媒体技术、国际互联网、信息高速公路等信息技术发展才开始崭露头角。可以做一个假设，假设西门子没有研究出这个发明的话，那么，人类对于电话、传真等技术的应用也许还会推迟很多年。

他的另一项贡献是，在1866年发明的自激式发电机。这一发明被称为是强电领域的明珠。它照亮了电气时代的曙光，从而成为了今天发电站、高速传动系

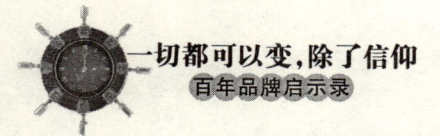

统、电气化交通技术广泛应用于工商业和日常生活领域的电气设备的源头。

这是无人能与之匹敌的成就,因此,很多研究科学史的学者将西门子发明直流发电机和建立西门子公司,看作是与贝尔发明电话和建立贝尔电话公司、爱迪生发明电灯和建立爱迪生电气照明公司齐名的重大事件。他们认为正是这三大发明和三大公司的诞生彻底改变了世界的面貌,加速了人类文明的发展。

此外,西门子公司在20世纪30年代还研发成功了半导体;在70年代研制了计算机断层扫描技术以及技术延伸到了医疗领域;到了80年代,又相继研制了高速电气列车、城市电气轻轨等象征着交通运输革新的重大技术。

西门子公司的一位CEO(首席执行官)曾这样说道:"西门子从事的是技术领域内的工作,所以,成功的要义就是要最快地找到解决问题的方案并凭借新技术获得竞争优势。"如果为这句话做一个解读的话,那就是西门子必须要以创新来确保自己的领先优势。西门子公司始终坚信:唯有创新,才能改变世界。

对于任何一个公司来说,难题是永远的,但挑战也是永远的。唯有不怕艰难,勇于挑战和创新的公司才能在激烈的竞争中保持不败,创造辉煌。因此,西门子公司一直都把提高员工的创新精神和勇于挑战的激情放在首位。

如今,全球化分工愈加迅速和明显,这必然会加剧各个企业之间的竞争。面对如此激烈的竞争,西门子公司清醒地认识到,要想在世界市场立足,就必须加快创新速度,引领时代潮流才行。所以,他们一直鼓励员工要向更高难度的研发发起挑战。

西门子公司的另一个CEO曾说:"人类发展的需要是什么,西门子的战略就是什么。"如此的豪言壮语,正好充分展示了西门子公司试图以创新引领世界潮流的雄心。

基于目前人类所面临的老龄化、城市化、气候变化和全球化所凸显出来的问题,西门子公司早已经率先一步,开始了有针对性的研究,目的是要为自己打造一个可持续发展的市场,从而让自己在阳光业务领域拥有无人能及的领先优势。

面对如今环境气候变化对于人类赖以生存的环境及商业环境所造成的巨

第4章 西门子公司
——只有创新，才会改变世界

大冲击，西门子人再一次捕捉到了商机。

当联合国政府间气候变化专门委员会的评估报告指出了当前气候变化问题的严重性的时候，二氧化碳排放问题已经成为了一个全世界都普遍关注的问题。于是，世界各国开始大打环境能源牌，全球资本开始纷纷投入节能和新能源开发潮流之中。在这一潮流中，走在最前面的，就当属西门子公司。

他们在研究了目前情况之后，适时推出了"与环保相关业务组合"。对于一个有着一百多年历史的公司来说，这是一场全新的变革，西门子从其当前全线业务组合中选取了部分产品和解决方案，形成"西门子与环保相关业务组合"，从而为客户通过采用该组合中的产品实现二氧化碳减排提供量化统计依据。

如果对西门子公司的研发项目方案做一个统计的话，就会发现，西门子公司的环保产品可谓是门类众多，它涵盖了整个能源转换链——从发电、输电，到能源节约和应用、节能服务、医疗、楼宇建筑及照明等业务领域的所有节能方案。

据统计，西门子在全球总共拥有大约 30000 项环境和气候相关解决方案的专利，每年为相关研发活动投入 20 多亿欧元。

这一系列的例证，只证明了一点，那就是西门子公司对于创新的坚守和追求。

回溯西门子的百年发展史，我们可以看到，在近代的各个时期，西门子在全球 190 个国家和地区市场，一直都在追求着"合作伙伴"的角色。当人们想迅速地向远方的人传递信息时、当人们想用影像观察自身内部生理构造时、当人们意识到该让大气层恢复千年之初的明净时，西门子公司都在第一时间推出了一个又一个解决方案。

当一个公司能够把创新精神发挥到向西门子公司这样的地步时，不成功都很难。

由于西门子公司从创立到现在始终都在坚持创新的经营理念，所以它才会拥有今天这样独一无二的核心竞争力。很多人在谈到创新这个词时，也许都会不约而同地想到技术创新。其实，如果把视野扩大一些的话，创新其实包括很多

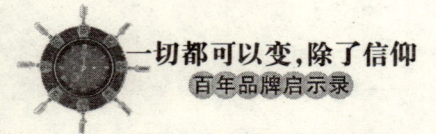

内容，除了技术创新以外，还包括管理创新和制度创新。

何谓一个公司的核心竞争力呢？有这样一个恰当的比喻：公司好比一棵大树，树干和几个主要枝杈是核心产品，较纤细的树枝则是业务单元，叶、花与果实则属于最终产品。而为大树提供养分和起支撑固定作用的根系便是公司的核心竞争力。

管理创新

对于西门子公司来说，它的管理创新正是为它这棵大树提供养分和起支撑固定作用的根系。西门子公司十分注重对公司创新活动的管理，一般来说，它会从创新技术、创新产品、创新人才等方面入手。

对于一个公司来说，市场需求是其永远关注的对象，而对利润的追逐更是公司的本质所决定的。西门子公司在长达一个半世纪的经营中，一直都把市场需求作为自己持续经营的标杆，正因为如此，所以他们才能够长盛不衰，其他公司难以望其项背。可以说，市场需求始终是西门子公司创新的主要源泉。人类社会是在不断进步的，消费者的需求更是呈现出日新月异的多变之势。在这个过程中，作为一个公司来说，谁能够在第一时间意识到这种变化，并且能够适时推出符合广大消费者喜好的新产品，谁就可以在业内独占鳌头，独领风骚。而在很多公司眼里，西门子公司总是和超前紧密相连。很多人一想到超前这个，就会联想到西门子公司的产品。为了引领市场潮流，西门子公司一直以来都在作着巨大的努力。他们生产出来的产品，一直都在带动和影响着消费者新的消费习惯、消费文化以及相适应的新的市场政策和市场购买力，从而形成建立"市场需求预测→技术创新和产品创新→新消费方式和市场适应力→新市场需求→新的创新构思"的良性循环。

对于创新，西门子公司的历届领导者都认为要想在业内占据一席之地，就

第4章 西门子公司
——只有创新,才会改变世界

必须要根据客观需要,把已有的生产要素、已有的条件、技术组合起来从而产生一个新的飞跃,这样就可以提高生产效率,创新产品价值,最终为客户带来的可感知价值作出贡献。在这种状态下生产出来的产品,是其他竞争对手难以模仿的,而这正是企业拥有核心竞争力的表现。西门子公司就是在持续不断的创新循环中,保持了强大的活力,虽历时百年而永葆青春。

西门子的核心竞争力是其在长期经营中形成的、独特的、动态的能力资源,它已经成为西门子公司巨大优势的来源,在一个公司的核心竞争力中,最重要的一个点就是对于技术的创新。西门子公司认为,只有不断地进行技术创新,才能够增强公司研究和开发的能力。而这种能力正是企业发展的源泉和取得长期竞争优势的基本保证。企业研发能力主要包括:R&D(即研究与试验发展)资源获取与利用能力、开发能力、R&D成果转换能力等。面对激烈的市场竞争,西门子公司清醒地认识到,任何产品都是有生命周期的,它们都会经历产生、发展、衰败的过程。对于一个公司来说也是如此,它也同样会经历创业时期、上升时期、鼎盛时期、衰败时期和破产灭亡的历程。

西门子人认为,公司生命周期长短取决于其在经过创业时期之后,如何加速其上升时期,延长其鼎盛时期,推迟其衰败时期的到来。而要想达到这一目的,公司就必须源源不断地注入新的资源,并持续地提高自己的市场运作能力和企业管理能力。

产品是企业的生命元素,但产品的生命周期却十分短暂,所以,只有持续不断地开发新的产品,才能够确保自己在激烈的市场竞争中保持不败。可以说,创新为西门子公司持续不断地注入了生命活力。在长达一个半多世纪的漫漫历程中,西门子公司就是这样不断创新、不断开发、不断推出创新产品,从而使得公司成为了业界翘楚,保持了企业的长盛不衰。

若是给所有产品更新换代的速度做一个排行的话,无疑,西门子公司的产品一定会排在前面。1980年,西门子公司创新不超过5年的产品占48%,到1998年已上升到74%,到2003年,西门子公司90%以上的产品是含高技术软

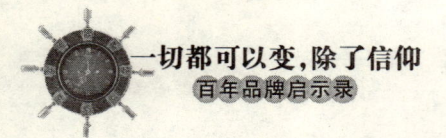

件在内的创新产品。在西门子公司的 10 余万种产品中，问世不到 4 年的占 92%。这就是西门子公司"长寿"的奥秘所在。

西门子公司认识到："在高技术不断发展的年代，一切都将很快成为过去，只有把握未来，才有希望。"为确保在新技术产业中牢牢占据主动地位，西门子公司把人工智能、核聚变、空间技术、超高速列车、太阳能利用、光通信技术等课题作为科研攻关重点，力争尽快取得新的突破。

技术创新

西门子的技术创新，是从决策、技术开发、资金投入、成果转化以及承担风险等几方面入手的。一直以来，西门子公司拥有庞大的科研团队，对于科技创新的投入，他们从来都是不遗余力的。同时，他们十分注重技术的积累，具有着强劲的创新研究和技术开发实力。目前，西门子公司在全球共有 4.8 万名专业人员从事研究开发。在柏林、爱尔兰根和慕尼黑设有大规模的研究开发中心。每年的科研经费开支占公司经营总额的 10% 以上，约占德国电气工业全部科研经费的 1/3 左右。西门子公司就是这样保证了自己在新科技领域的领先地位的。

第二次世界大战期间，西门子公司遭受了巨大损失，但西门子公司的创新开发却从未间断过。1951 年，西门子公司共进行了大约 2100 个发明登记，取得了 700 个专利，并在国外获得了 900 个专利。1955 年，在盟国最终放弃了对德国科学研究的监控以后，西门子公司才得以重新与国际科研接轨，并在慕尼黑设立了实验室。1965 年，设立爱尔兰根研究中心。以后又陆续在柏林和普林斯顿设立研究实验室。

此外，西门子公司还在美国、奥地利和英国设立了重要的研究基地。1969 年，西门子公司对科研开发机构进行了调整，组建中央技术处。1988 年，中央研究和开发部的职能得到进一步强化。1996 年，西门子将中央技术部和开发中心合并到了一起。申请专利的数量在逐年提高。西门子公司 1995—1996 年度在德国专利局申请了 2920 项专利和使用样品登记，并在欧洲专利局另外进行了 80 项首次登记。在德国专利局申请专利数量较上一年度上升了 18%。在这一年里，西门子公司共取得了 5200 项发明登记，与 1989—1990 年相比增长了 125%。1995—1996 年度结束时，西门子公司在全球大约有 7.3 万项保护权，其中 44% 为颁发的专利和登记的使用样式。

组织创新是技术创新的保证，对于一个公司来说，如果没有一个强大的创新组织，技术创新是很难做到的。鉴于此，西门子公司一直以来也十分注重对于组织管理的创新。

创新组织管理就是通过对人力、物力与财力的有效配置，形成新的共同目的认同，并使原组织认同体对其成员责、权、利关系重构，其目的在于取得对创新目标的进一步共识。西门子公司通过积极实施的创新组织管理，使企业的各种资源利用更加合理，整个企业系统运行更加和谐高效，生产能力得到更有效地发挥，从而为公司的技术创新提供了坚实的保障和可靠的基础。

观念上的创新

在西门子公司看来，观念创新是创新组织管理的基础。只有首先做到观念创新，才能够在具体生产实践中不断创新，因此企业要有创新实践就必须首先创新观念。可以说，观念创新是西门子公司得以辉煌百年的一个重要原因。

创始人西门子先生曾说："我所选择的研究总是以大众的利益为前提。"人类社会在不断地发展，企业要"有益于人类社会"，就必须在观念上紧紧追随发展的社会。在世界进入新经济时代，西门子公司在企业经营理念上强调"以市场为导向，以满足人类需要，保护、改善环境和开发全球一流技术为追求目标"，形成了适应时代发展要求的创新理念。以满足用户需求的市场观念进行技术创

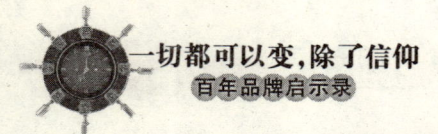

新,因而实现了创造良好经济效益的目标。

也正因为如此,才使西门子公司形成了"我从事发明创造,首先是考虑这些产品是否有益于社会,我选择的创新技术总是以用户利益为前提,但最后总是有益于我自己"的创新理念。

1998年,西门子公司推出了"TOP+"战略,这是其创新组织管理的代表作,它有力地推动了西门子公司的技术创新和产品质量的提高。

"TOP+"是"整体最优化过程"的缩写。西门子公司的成功与其实施"TOP+"战略有直接的关系。实施"TOP+"战略改变了企业文化,减少了不良运作部门的数量,提高了公司的经济增加值,改善了公司在市场上的地位,同时通过奖罚分明的措施使公司成为一个能够更有效地适应不断变化的外在条件的企业。

为了激发员工的创造力,发掘员工的创新能力,"TOP+"特地设立了商务奖、团队奖和业务价值奖。商务奖的竞赛内容是看谁有最佳的"TOP+"整体方案。团队奖下设降低成本、提高销售额、资产管理、质量和合理化建议5个竞赛项目。业务价值奖的评奖内容是看谁取得的业务价值最高。在年末召开的颁奖大会上,由公司最高董事会主席和负责"TOP+"活动的公司最高董事会成员为获奖者颁奖,给予获奖者最大的鼓励和荣誉。迄今为止,"TOP+"战略在西门子公司的2/3的部门得到应用,相关员工大约有40万人,其中40%在德国。

随着新经济浪潮的到来,知识管理正以其不同于传统管理方式且更可以快速创造企业新竞争价值的特质,引起企业的极大关注。以传统思维与传统方法需要5-8年才能完成的事情,在数字时代的资源整合与工具下,可以在半年左右完成;一个以传统行销策略与执行方法需要数十人的推广工作,在电子行销与信息科技辅助下,仅需2-3人便可完成。网络与通讯科技带来的前所未有的速度与竞争,在改变人类的生活状态与商业经营模式的同时,也产生更大的数字落差与知识落差。

企业通过知识管理策略及网络平台的支持,可以以较之以前数十倍或上百倍的速度,对创新的方案进行分析和决策。在网络平台上,最佳的解决方案可以

第4章 西门子公司
——只有创新，才会改变世界

立即由单个的业务部门传送到决策层或专家顾问群。与此同时，企业还可以在网上进行培训或召开各种网络会议等，大大节省公司内部消耗，避免不必要的时间浪费，提升各部门的工作效率，产生新的企业竞争价值，提升企业核心竞争力。

西门子公司在对知识管理的认识以及具体的实施方面，也走在了其他企业的前头。西门子公司试图通过对有效的知识管理，来提升企业在各个业务领域的业务价值，并以此作为创新管理的基础。通过加速知识流和知识整合缩短产品上市时间；通过感知和获取遍布全球的知识和信息，并对之实现有效共享和管理，以便及早获得战略机遇；通过实施实践社区，以之来管理企业核心能力并加速知识创新；通过建立面向客户的虚拟社区来改善客户忠诚度；通过组织知识座谈、知识咖啡馆等方式加速各种创新实践在组织中的传播。成功的知识管理系统绝不仅仅与技术相关，而是同企业战略、价值观、组织、人员技术等各个方面都有紧密联系。

任何一种创新都是靠人来完成的，所以，想要创新，就必须要有勇于创新的人才才行。在西门子公司看来，人才是创新的源泉，没有强大的人才资源作保障，任何创新观念都只是空谈。

所以，西门子公司在长达百年的经营过程中，一直都重视对人才的管理。作为公司的创始人西门子先生不仅在技术领域取得了巨大成就，在人才管理方面，也同样是一个先驱式的人物。自从公司创立之初，他就十分注重对员工的培养，他认为员工的积极性是公司成功的基础。所以，公司在培养人才方面，从来都是倾尽全力、不遗余力的。他们的人才管理理念是：要根据每名员工的实际情况，为其精心设计综合的发展计划，用长避短，精心培育，赋予重任，帮助每一位员工实现他们自身的价值。

一直以来，西门子公司都致力于在世界范围内寻找自强不息、志向高远的人才加入他们的团队。这些人才在加入西门子公司之后，潜力都得到了最大限度的挖掘，能力都得到了最大限度的展示。同时，他们对于西门子公司的归属感

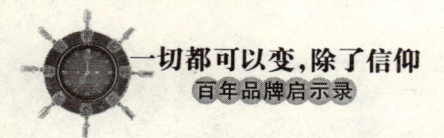

也变得浓厚起来,正是在这些人才的推动下,西门子公司才得以成为人类历史上电气工程时代、电子工程时代以及即将来临的光电技术时代的领袖。

西门子公司的企业文化非常显著,公司的每一个人都视工作为自己的责任,他们做事方式简单,表达直率,拒绝浮华,重视结果。西门子公司在对待员工工作与生活的平衡方面也同样认真而活泼,严谨而不失人情味。

首先,西门子公司认为关心员工的事业发展就是关心员工的最好方式,基于此,他们一直致力于为公司员工提供一个良好的工作环境,从而让员工们能够愉快地工作。为了确保每位员工都拥有公平的发展机会,公司每年都要对员工进行一次员工发展评估,人力资源部门致力于根据员工兴趣与特长为员工设计工作岗位与职业生涯,给每一名员工良好的职业发展前景。

在公司内部设有"管理人员培训部",它主要负责对工作人员进行观察,并且定期同他们及其上司谈话,最后提出对工作人员继续使用的建议。公司规定,选拔业务管理主管必须具有1至3年的国外工作经验,而且把外语以及对所在国家文化状况的了解作为重要条件,以确保把西门子公司的发展融入所在国的经济发展之中。

在管理创新方面,西门子公司还特别强调管理者的领导能力,所谓"领导力"具体由三个方面构成,一是领导力产生的结果,包括财务表现、员工发展状况、客户满意程度和流程操作情况;二是领导力的主要因素,包括驾驭力、关注能力、指导能力和影响能力;三是领导力产生的流程,包括制定远景目标、制定计划、实施和回顾。

发展领导力重要的部分是CPD(Comprehensive Personnel Development)流程,它由圆桌会议和员工对话两部分组成。CPD圆桌会议每年举行一次,参加人员是公司管理人员:中高级经理和人力资源管理顾问。参与者对公司团队和重点员工的潜能进行预测,回顾过去一年的业绩,提出改进后的与业绩挂钩的薪酬体系,制定具体的管理本地化和全球化有效融合的措施,并为员工提供发展渠道,制订充分预测潜能的培育计划。计划包含青年管理项目、技术培训、管理培训以及与之相协调的工作岗位轮调、项目任命、薪酬调整等。

公司规定员工对话在一年中要随时进行，由经理人员和员工直接开展，并在年终填写"CPD员工对话表格"。这些表格将是圆桌会议的重要参考资料。员工对话的内容涉及员工职能及责任范围、业绩回顾及未达到预期结果的原因分析、潜能预测、未来任务及目标设定、员工完成目前职能要求及未来任务的能力评估、员工本人对职业发展的看法、双方共同商定的发展措施等。

此外，西门子公司为员工提供了具有竞争优势的薪酬待遇，同时从关心员工工作与事业的角度去关心员工生活：他们为员工提供补充住房公积金、补充医疗保险，为员工的小孩支付许多相关费用，为员工提供班车，公司设有游泳、网球、羽毛球、足球等众多俱乐部，每年还会组织员工出游。如果哪一个员工遇到了经济困难，比如买房困难，或亲属患病，公司常常会慷慨解囊，帮助员工渡过难关。

西门子公司十分尊重和信任自己的员工，任何一个人只要成为了西门子的员工，都会受到良好的培养和长期任用。据统计，公司每年用于培训的费用近8亿马克，占其利润比例高达20%左右。西门子公司的人才培训计划从新员工培训、大学精英培训到员工再培训，涵盖业务技能、交流能力和管理能力的综合培训。多级培训制使西门子公司长年保持员工的高素质，这是西门子强大竞争力的重要来源。西门子公司在全球拥有60多个培训场所，如在公司总部慕尼黑设有维尔纳·冯·西门子学院，在爱尔兰根设有技术助理学院，都配备了最先进的设备。西门子公司之所以会竭尽全力做这一切，目的只有一个那就是为他们的创新工作作准备，很显然，对于一个以创新为标志的公司来说，想要做到技术创新，就必须要在管理上创新，只有有了适合创新的人才，技术创新才会得以实现。

1892年，维尔纳·冯·西门子先生逝世。临终前，他在给子孙们的遗言中写了这样一句话："要坚持做到一年两万项发明革新，坚持重视开拓新的技术领域和创新发展。"

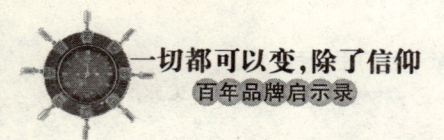

一切都可以变，除了信仰
百年品牌启示录

1936年，西门子公司为世界奥运会制造了第一台有线电视。1938年，西门子公司建造了世界上第一架影像电话机和电子显微镜。1953年，西门子公司成功开发了超纯度硅工艺从而引起了整个世界电子技术和电气技术的革命。20世纪70年代初期，西门子公司研制成功了传送电话讯号系统，为通讯事业的现代化作出了贡献，用一条同轴电话线可以同时传送1.08万个电话讯号，使电话通讯网走上了全部自动化的道路。此后，西门子公司又研制出了运用传统的照相平板印刷术来制造微型集成电路板，达到了当时世界的领先水平。

创新对于西门子公司来说，就像是流淌在身体里的血液，多少年来，西门子一直都走在创新的前列，他们是创新的先锋，他们是技术创新的开拓者。在西门子公司的发明册上，我们可以看到一系列欧洲和世界第一：第一部电话自动交换机、第一部长途电话机、第一台发电机、第一辆电力机车、第一台电子显微镜、第一部电传机……据统计，在德国电气技术方面的全部专利中，西门子公司竟占到1/4以上。

这一串串数字代表了西门子公司一个个辉煌的成就。而在这些辉煌成就的背后，是西门子公司对于创新的执著追求。因为他们始终相信，只有创新才会改变世界。

第 5 章　宝洁公司
——对品牌价值的不懈追求

宝洁公司简称 P&G，是目前全球最大的日用品公司之一。总部位于美国俄亥俄州辛辛那堤，全球员工总数多达近 110000 人。公司成立于 1837 年，在漫长的发展历史中，宝洁公司始终致力于打造自己的品牌价值。如今，宝洁公司已经成为了当今世界日化领域名副其实的领导者，它的品牌也成为了全世界知名度最高的品牌之一。

"宝洁"的由来

在世界日化产品市场里，有一个名字经常被人提起，它就是宝洁。可以说，人们对它的熟悉程度已经到了无以复加的地步。对于每一个人来说，洗脸、刷牙是每天必须要做的事，而人们在洗脸、刷牙时所使用的用品其中绝大部分都出自于宝洁公司。只要随便打开一户人家的洗漱柜，就一定会发现由宝洁公司生产的产品。可以说，对于世界各地人们的日常生活来说，宝洁已经"无孔不入"了。

人们在享受宝洁产品的便利之时，不禁会想：宝洁到底是靠什么成功的呢？了解宝洁公司的人都知道，宝洁是一个有着一百七十余年历史的老公司。任何一个公司的发展壮大都是要经过漫长的磨炼的，宝洁也同样如此。有谁能想到如今这个日化帝国的王者，当初只是一个小小的作坊呢？

作为当今世界日化帝国的龙头老大，人们在感叹它辉煌的同时，更应该去思考它成功的奥秘。

宝洁的传奇是从一个"烙印"开始的。

在19世纪中期的时候，当时的传媒业还十分落后，这便导致信息传播的速度和范围受到了限制。所以，当时的市场竞争远不如今天这样激烈。由于竞争不激烈，所以没有哪个商家会想到为自己的商品弄一个独特的商标。在每一个人眼里，所有肥皂都是一样的，买谁家的都一样。

每天，众多商贩都聚集在辛辛那堤热闹的街头摆摊做生意。所有货物都被堆放在一起，等待客户前来挑选。对于这样的卖货方式，大多人都习以为常了，可"宝洁"却对这种方式感到无法接受。他们总在想，所有的产品从质量到包装都千篇一律，顾客如何会注意到自己的产品呢？

想来想去，宝洁想出了一个方法，就是在每个包装盒上印上一个标志，以此和其他厂家的产品区分开来。这个独特的标志就像是万花丛中的那点绿一样，吸引了众多顾客的眼球。随着顾客蜂拥而至，宝洁的产品很快就销售一空了。

价值为王

商品卖得如此之快，让宝洁在睁大了眼睛的同时，不禁问道："这是为什么呢？"正是因为宝洁有这个疑问，所以，他们要比其他生产商更加关注"商标"的作用。随着生产规模不断扩大，宝洁公司的品牌管理思想开始慢慢孵化出来了。可以说，这是宝洁关于"品牌管理"的一次伟大的探索。而品牌管理的精髓，本质上其实就是对商品价值的追求。

何为商品价值呢？简单来说就是公司的核心竞争力。凡是可以用物质度量的成就，都不是什么大成就。

一个真正强大的公司是一个具有核心竞争力的公司，宝洁公司深谙此理，所以，他们从始至终都十分注重自己对品牌价值的塑造。也正因为这样，宝洁公司才能够在一百七十多年的时间里，确保自己在世界日化市场上屹立不倒。

对于任何一个公司来说，只要品牌的活力存在，它就会长久不衰地运营下去，否则，哪怕全世界人都需要的商品，也不会平均分配需求给所有的制造商。

在宝洁公司看来，"品牌"两个字并不只是印刷在包装盒上的图标，或者是供消费者区分、辨别同类产品的工具。"品牌"在很大程度上，是一个企业在消费者心中的形象。任何一个企业要想做大做强，就必须要得到消费者的认可和青睐。从某种程度上说，消费者也是企业的老板。

宝洁公司深知只有好的品牌价值才能为自己带来丰厚的利益。

2000年6月，宝洁进行了一次重大的人事调整，宝洁历史上最具传奇色彩的CEO雷富礼上任了。他所接手的是一个业绩下滑，股价正在下跌的宝洁。面对当时的困境，很多人都在怀疑雷富礼是否有妙手回春的能力。在这种内忧外

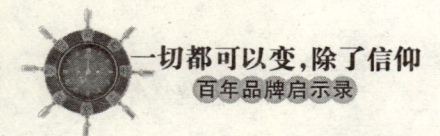

患的情况下,雷富礼发表了名为《我所相信的十件事》的演讲,在这个演讲中,雷富礼再一次重申了宝洁品牌的经营信念。他说:"我们的竞争优势就在于我们一直以来所遵循的对于品牌形象的管理。要想让宝洁渡过现在的困境,我们就要为维护宝洁的品牌形象而努力。这种对于品牌价值的追求,从公司成立之初到现在,再到未来,我们都不能改变。"

宝洁公司的品牌经营理念是和传统的经营理念大相径庭的。传统的经营理念的核心在于"生产产品"。秉持这种传统经营理念的企业认为,要想占领市场,就要以产品取胜。当他们发现消费者需要某种商品时,就会大量生产,然后卖出去。虽然这样的经营方式可以让一家企业大赚一笔,但从长远来看,却有着无法克服的弊端。当人们对于这种商品的需求出现饱和时,如果继续生产这种商品的话,岂不是会卖不出去吗?

这正是宝洁公司想问的问题。宝洁公司认为,当人们基本的消费需求得到满足之后,就会开始追求商品的款式、质量等。因此,一个没有品牌价值的公司是无法满足消费者的需求的,也无法在竞争激烈的市场中生存。所以,宝洁一直都在为维护宝洁旗下品牌的稳定而努力着,宝洁永远视品牌的价值为公司的第一要务。

正因为如此,所以宝洁公司一直都十分重视对品牌忠诚度的培养。研究表明:

70%的消费者需要使用品牌来指导他们的购买决策;50%或更多的购买行为是品牌驱动的;25%的消费者声称如果购买他们所忠诚的品牌,价格则无所谓;72%的消费者愿意多付20%的钱来购买自己喜欢的品牌;50%的消费者愿意为品牌多付25%的钱;40%的消费者愿意为品牌多付30%的钱……

宝洁始终相信:只有保证卓越的品质,才能使消费者对品牌建立长期的忠诚度。所谓"价值为王"说的就是这个道理。

第 5 章 宝洁公司
——对品牌价值的不懈追求

强烈的品牌意识

宝洁的成功是有目共睹的,它的生命力是极其顽强的。俗话说得好:"冰冻三尺非一日之寒。"宝洁从一个名不见经传的小作坊成长为当今世界上最大的日化帝国,它的成功并非偶然。影响企业获得成功的因素有很多,对于宝洁公司来说,最关键的因素就是它对于品牌价值的遵循和追求。

在宝洁之前,世界上根本没有人有品牌意识。著名的市场营销学者菲利普·科特勒的经典营销专著《营销管理》是在一百多年后才诞生的,而在那个时候,宝洁就已经有了一套自己的品牌管理体系。

纵观宝洁的品牌发展史,也可以看出,宝洁的很多品牌都不是刚一投入市场就受到追捧的,而是经历了漫长的发展之后,才最终成为了消费者心中的"名牌"。

宝洁公司在刚刚建立的时候,只生产蜡烛和肥皂两种产品。而到了19世纪后期,石油工业开始兴起,于是,煤油灯成了备受广大消费者喜爱的商品,蜡烛不可避免地被煤油灯取代了。就在蜡烛市场渐渐萎缩的这一关键时刻,宝洁公司迅速作出决策,决定用象牙香皂代替蜡烛,为了扩大香皂的影响力,宝洁公司借助自己的营销力量及先期的品牌建设经验,终于使香皂成为了生产领域里的龙头企业,同时也成了宝洁公司的招牌产品。

到了20世纪40年代,宝洁虽然还在业内保持着龙头老大的地位,但随着竞争对手的增多和新产品不断问世,宝洁的市场地位已经不像之前那么不可撼动了,如果这时不采取先发制人的行动的话,宝洁很有可能会被其他竞争对手吃掉。

竞争对手一直都在注视着宝洁的一举一动,在他们的围追堵截之下,市场又出现了饱和。汰渍在市场上的竞争地位已经不那么明显了。正所谓兵来将挡,水来土掩,宝洁当然不会安于其他竞争对手迎头赶上,为了扩大自己的优势,从

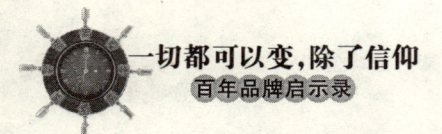

20世纪60年代末到70年代，宝洁公司开始研制消费性纸制品，从而使得消费性纸制品成为了又一个拉动宝洁销售业绩的引擎。进入21世纪之后，宝洁依然审时度势，开始在美容产品上下功夫，使得美容产品成为了公司新的增长点。

可以说，宝洁公司在一百多年来的发展过程中，一直在不断地进行着跨领域的决策。也正因为如此，才使得宝洁始终站在时代的前列，引领着日化行业的潮流。

有人会问，宝洁为什么总会瞄准一个新领域，然后迅速出击呢？其实这是需要公司品牌的巨大实力来做支撑的。

通常来说，任何一个新产品上市，都会面临种种困难。比如说，如果研发时间过长的话，就会被竞争对手抢走市场，产品还没面世，就胎死腹中。

正因为这样，对于任何一种新产品来说，在品牌初步形成阶段，都是最容易夭折的。然而，宝洁公司却并没有为此忧心忡忡，他们从来没有为此担惊受怕过，因为他们有着任何其他竞争对手不曾有的强大的品牌经营实力。

可以说，宝洁之所以能够在群雄逐鹿的日化市场叱咤风云，就是源于他们脑子里根深蒂固的"品牌传承"的理念。一百多年来，宝洁始终都在为追求品牌价值而孜孜不倦地努力着，从而确保了宝洁的品牌得以薪火相传。

他们从不会像其他企业那样，盲目地进行多元化经营，更不会凭借资金优势研发新产品而进入一个未知领域。他们认为把鸡蛋放在同一个篮子里是非常危险的。于是，宝洁便形成了一套属于自己的独特的品牌体系，正是因为有了这个强大的体系的支撑，使得宝洁公司得以在业内屹立百年不倒。现在，宝洁拥有44个国际知名的大品牌，其中年销售额超过10亿美元的品牌有24个，年销售额在5亿~10亿美元的品牌有20个。正是因为这一坚固的品牌管理体系，使得宝洁公司从根本上解决了新品牌成熟、老品牌衰退的更新循环的问题。

宝洁公司深知优势兵力未必就能歼灭小股敌人，可以说，宝洁所作出的每一个决策都是经过深思熟虑的，他们从不会急功近利，稳扎稳打更是他们所倡导的经营理念。

第5章 宝洁公司
——对品牌价值的不懈追求

"象牙香皂"的诞生

一个品牌的成功并不是最终的成功,一系列品牌的组合成功。宝洁公司在长达一百多年里的表现就像是在进行一场马拉松长跑,他们没有像其他公司那样,开始时跑得过快,最终不得不因为体力消耗过大而退出赛场。他们始终都在掌控着奔跑的节奏,轻重缓急他们拿捏地十分到位,这使得他们成为了所有参赛者中,后劲最足,实力最强的选手。

"象牙香皂"是宝洁品牌经营历史上最耀眼的品牌之一,这个品牌从诞生至今,已经存在了整整132年。这款香皂是在1878年,由公司创始人詹姆斯的儿子詹姆斯·诺里斯·甘保和一位化剂师共同研制的。由于这款香皂的颜色洁白,所以被命名为"象牙香皂"。

在当时,香皂还是一个很稀奇的东西,而其他的日化产品也还停留在使用功能以去污为主的肥皂阶段。在那个年代的美国,由于生产技术相对落后,没有人会去主动研发和改进自己的产品性能,而宝洁却是一个异数。

诺里斯是宝洁公司发展史上的一个重要人物,他对宝洁公司的发展起到了极其重要的作用。就在其他人都在争先恐后地赚钱的时候,他已经开始系统地、主动地对产品和品牌进行研究了。为了制造出与众不同的产品,他整天泡在实验室里,仔细研究自己的产品和竞争对手的产品,然后将两种产品进行对比,分析不同品种的配方,再将配方中不同成分的比例一丝不苟地记录下来。由于,当时化学学术研究机构还不完善,诺里斯只好采取经验积累法,不断尝试改变配方中不同的成分,不断地思考着如何改善产品性能。同时,他还将特定的操作步骤、原料成分和添加比例记录下来,以便精确地控制配方和操作流程,生产出质量一致的产品。

到了1878年,诺里斯的研究终于有了突破性的进展,宝洁的象牙香皂从此

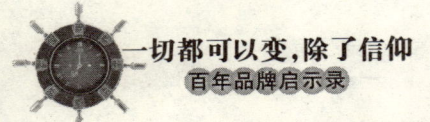

一切都可以变，除了信仰
百年品牌启示录

诞生了。这款象牙香皂通体白色，和当时黑乎乎的香皂比起来，外观十分好看；而且由于它的密度较小，可以漂浮在水面上，十分方便使用者捞取，再加上便宜的价格，使得它一上市就赢得了广大消费者的喜爱。就这样，象牙香皂成为了不可替代的日用消费品。

品牌是一种承诺

消费者在宝洁公司眼中并不仅仅是一个购买者，他们还是决策者。宝洁公司认为，将哪些产品推向市场应该由消费者的需求来决定，只有这样才能让自己的产品在消费者心中根深蒂固，这也是打造产品品牌价值的一个关键点。一块香皂持续经营了132年，这是一个不折不扣的神话。在这个神话的背后，隐含着的是宝洁公司对于品牌价值理念的传承。

在宝洁公司看来，品牌是一整套承诺。玉兰油是宝洁是一个超级品牌，对于这个超级品牌的打造，宝洁公司可谓是费尽了心机。在20世纪80年代末期到90年代的时候，美国的美容产品市场开始兴盛起来，美容产品的利润要远远高于日化产品。这样的大好时机，宝洁公司当然是不会放过的。于是，在1985年，宝洁收购了李察森—维克斯公司，从此将玉兰油揽入旗下。宝洁为何会选择这家公司呢？因为他们看中了玉兰油品牌的市场影响力。他们认为，如果把这个牌子经营好，就可以获得很大的发展空间。这个决策对于宝洁公司来说无疑是一个挑战。因为宝洁是一个以洗衣粉、香皂、洗发水为主营业务的公司，对于如何销售化妆品，他们一无所知。最重要的是，他们在化妆品领域，完全是一个新手，对于这个行业，他们了解得并不多。

那么，宝洁给该如何打开这种局面呢？此时，宝洁公司想到了消费者，他们认为想要生产出畅销的产品，就必须要了解消费者的需要。于是，他们拟定了一个经营方针。

第 5 章 宝洁公司
——对品牌价值的不懈追求

首先在全球范围内走访了数千名女性消费者,仔细聆听她们对皮肤美容的意见和要求,然后综合分析并总结出美容产品研发的方向。根据调研的结果,宝洁先后成功研发出了玉兰油水晶凝露、防紫外光系列和营养霜及玉兰油护肤系列等备受女性欢迎的美容产品。

宝洁认为:"品牌是一整套承诺。"这种承诺并不是来源于广告宣传,而是来源于尊重并满足消费者的需求。待产品研发出来后,宝洁又进行了一套严格的产品测试,从而确保它比竞争者的产品更具优势。宝洁在推出每一款产品时,都要进行盲测。他们把自己的产品和竞争对手的产品放在一起进行测试,倘若测出自己的产品在功能上不如对手的产品的话,就会马上加以改善。

此外,宝洁还为消费者提供了一个产品测试工具"ConsumerCorners"。这是一个虚拟商店,消费者在这里可以对产品进行自由、自主的选择。如此一来,宝洁就能了解消费者真正的意愿,找准目标消费者群体的利益诉求,完善宝洁对消费者的"承诺体系"。在这一系列的精心准备下,宝洁在 2000 年开始,推出了玉兰油多效修护系列,结果,产品一经面世就迅速占领了市场。对于品牌的维护,宝洁是不遗余力地。在他们的面试题中,有这样一个问题:"请举例说明你是怎样通过事实来履行你对他人的承诺的。"可以看出,宝洁品牌拓展的道路,是一个不断地履行承诺的过程。从某种程度上说,品牌价值和公司承诺是息息相关的。

"我们生产和提供世界一流的产品和服务,以美化消费者的生活,作为回报,我们将获得领先的市场销售地位和不断增长的利润,从而令我们的员工、股东以及我们生活和工作所处的社会共同繁荣。"这是宝洁公司一直以来的经营理念。

从某种程度上来说,宝洁的成功便是来源于它对消费者的承诺。宝洁公司拥有着先进的研发实验室、周密的市场调研措施、经验丰富的渠道专家……这一切,构成了宝洁品牌经营的终极力量。

宝洁公司认为品牌是与一个特定的产品领域相关的,在该产品领域中能够

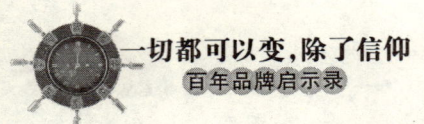

与其他产品区分开的一种价值定位,因此,品牌是公司对消费者所作出的关于公司的产品将会为其带来什么的一种承诺。

自从宝洁打入中国市场后,面对宝洁强大的攻势,很多中国本土品牌显得十分疲软。虽然很多公司也曾试图与宝洁争夺市场,但最终都铩羽而归,宝洁成为了最终的赢家。

约翰·白波曾两度出任宝洁公司的CEO,他曾撰写过一本名叫《无欲之争——我所领悟的至关重要的原则》的书。书中,他和风细雨式地讲述了宝洁如何历经一百余年的风雨坎坷走出企业生命周期怪圈、永处盛年的秘密。约翰·白波说:"如果非得说出一条宝洁公司成功的终极定律,那就是对消费者始终持'我必虔诚,我必庄重'之心。"从这一理念出发,宝洁建立起了一套永续经营的管理体系。宝洁是第一个进行大规模消费者调研的公司。正如前面提到的是,宝洁公司早在1924年,就已经开始在全美范围内对消费者进行电话访问。从那以后,消费者调研成了宝洁的传统。到现在,整整一百多年过去了,宝洁的总裁换了一个又一个,员工也换了一茬又一茬,但这个消费者调研的传统却从未改变过。在宝洁公司的眼里,消费者的意见与想法,是公司作出市场决策的关键依据。每当宝洁公司内部面临艰难抉择的时候,宝洁公司就会在消费者那里寻找答案,消费者成了公司的最终裁决者。

1985年,宝洁公司的名牌产品帮宝适遭遇了市场困境,公司内部因此出现了严重分歧。于是,时任总裁的白波决定邀请几位母亲来参加会议。结果,这几位母亲们提出了很多意见,对于这些建议宝洁如获至宝,很快改变了自己的策划方案。结果效果非常明显,仅仅到了第二年,帮宝适的利润就出现了上涨。

消费者的意见帮助宝洁屡创奇迹,这使得宝洁意识到要想让自己与众不同,就要始终"把品牌当成有生命力的实体,付出持之以恒的努力"。宝洁制胜的法宝在于它的品牌意识,品牌意味着价值,价值意味着生命力。这是宝洁得以称霸世界日化市场的杀手锏。价值为王,这股强大而无形的力量将宝洁推上了成功的巅峰,它使得宝洁像冰山一样无坚不摧、随波潜行,并且有足够的应变能力克服自身发展中的种种障碍。白波曾说:"在危急时刻,价值观和原则的重要性就更加突出了。"

2008年,宝洁公司全年销售额达835亿美元。在《世界品牌500强》排行榜中,宝洁名列第三十七位;在全球100家大公司受尊重度排行榜中名列第三。宝洁在《财富》全球最大五百家公司排名中名列第七十四。现在,宝洁在全球80多个国家设有工厂及分公司,所经营的300多个品牌的产品畅销160多个国家和地区,其中包括织物及家居护理、美发美容、婴儿及家庭护理、健康护理、食品及饮料等快销日用品。

作为一个行销一百六十多个国家、拥有一百多年历史的品牌能够如今长盛不衰,这主要得益于宝洁一直以来独树一帜的品牌管理理念。宝洁对于自己的品牌理念有一个准确的描述:任何一个品牌与产品要想成为赢家,就必须有一种独一无二的特质,这种特质就是品牌的核心价值观。

一百多年以来,宝洁的"生产和提供世界一流的产品,为世界创造优质生活"这一价值观已经深入骨髓,并且和全世界的消费者产生着深深的共鸣。

无论中国消费者还是美国消费者、日本消费者,当他们在购买宝洁的产品同时,也购买了宝洁的品牌的价值观。如今,宝洁"生产和提供世界一流的产品,为世界创造优质生活"这个价值观其实已经变成了消费者心目中的一个图腾,接受着来自世界各地数以亿计消费者的顶礼膜拜。

一直以来,许多人只认为消费者是企业的上帝,因为消费者是企业生存与发展的根本所在。随着消费观念的改变与社会的变迁,品牌开始对消费者形成越来越大的影响,并且,一些非常成功的品牌已经开始成为消费者的"上帝"。宝洁颠覆了这一只有消费者是上帝的局面,使自己成为了无数消费者心目中所崇拜的"上帝",甚至成为同行业中其他品牌所崇敬、效仿的对象。

拥有让消费者痴迷、崇拜的品牌,使自己成为消费者心中的"上帝"是每一个企业所梦寐以求的理想。作为品牌建设的最高境界,塑造崇拜、成为消费者心目中的"上帝",对大多数企业而言并非轻而易举。

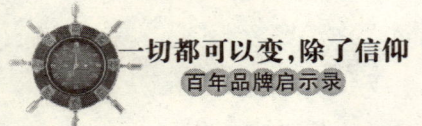

一切都可以变，除了信仰
百年品牌启示录

要在消费者心目中产生崇拜效应，即需要长期的努力，同时也需要对品牌、对消费者有一个更深刻的认识。一个品牌如果只是沉溺于如何做强做大的梦想，对于与消费者建立独特的品牌关系毫无感知，就无法使自己的品牌转换角色，上升到一个更高的层次，更无法成为众多消费者心目中的上帝。

任何时候，消费者的潜意识中有一种对大品牌的钦佩之情。大品牌不仅仅是品质与信赖的象征，同时，大品牌往往能够为消费者带来其他品牌所无法实现的社会价值、精神价值以及某种的心理感受。宝洁公司深谙其理。

2009年7月1日，宝洁原首席运营官麦睿博出任公司总裁兼首席执行官。他是一个名副其实的"宝洁通"。自从1980年，进入宝洁公司工作以来，他涉足了宝洁公司的每一个业务领域。他具有在全球范围内，涉及品牌建设、市场拓展、全球业务部门以及全球职能部门长达近三十年的丰富经验。

他在自己的上任演说中说："宝洁之所以能够取得今天的成就，这要归因于公司一直以来对品牌价值的追求。对于这一经营理念，我们要永远铭记于心，唯有如此，宝洁才能走得更高、更远。"

从1837年到今天，宝洁这一路走来，创造了无数的辉煌。任何一种成功都是有原因的，宝洁的成功便来源于他们对品牌价值的孜孜不倦地追求。一个有价值的品牌不仅意味着财富，更意味着旺盛的生命力。无疑，宝洁公司是一个具有旺盛的生命力的企业，他们因为对价值的追求而成为了世界日化帝国的主宰者，他们也会带着这份对价值的追求继续赶路，继续去创造属于他们的辉煌。

第6章 波音公司
——技术创新,质量第一,成就"航空霸主"

波音公司前首席执行官桑顿·威尔森曾说:"质量是飞机的生命,质量不合格就意味着致人死命。"正如威尔森所说,作为特殊的空中运输工具,飞机上的任何一点疏漏都可能会造成无法估量的损失。对此,波音公司十分清楚,质量是制约创新成果推广的关键。在全世界所有飞机制造商里,波音公司的飞机无疑是质量最过硬的一个,从某种程度上来说,它已经成为了飞机制造质量的标杆。

"空军一号"——"空中的白宫"

"空军一号",美国历届总统的专用飞机,也被称为"空中白宫",它一直以来被美国人视为权力的象征。它是美国波音生产的747飞机,整个飞机通体蓝白相间。

"空军一号",给我们的第一感觉是一架特定的飞机,其实这是一个错误。"空军一号"并不是特定的一架飞机,而是一个称呼,一个搭载美国总统的任何美国空军飞机的称呼。通俗的说法,只要是美国总统正在乘坐的美国空军的飞机都叫"空军一号"。

当然,作为美国国家的领导人,从出行安全以及其他方面的考虑,他所乘坐的飞机一定要安全。但是,它到底有哪些不同寻常的地方呢?

"空军一号",它一直奉行一个原则:"总统在地上能干什么,在空中也照做。"因此,这架飞机还有一个别名"飞行的椭圆形办公室"。下面我们来看看这个庞然大物。

机上拥有4000平方米宽敞的内部空间。这个空间让这个巨无霸里面应有尽有。首先就是总统的饮食起居。在这里,总统拥有一个"总统套房",起居室里拥有舒适的席梦思床、真皮沙发、高级地毯、电动窗帘等;套房内同时具有一间浴室,淋浴设备齐全。为了办公和休息的完美结合,在起居室的隔壁就是总统椭圆形办公室,另外还有一间工作室,里面配有最新的录影设备、投射荧幕、地图,两者的结合,让总统能够完美的休息和办公。同样,在专机上还有第一夫人专用房、高级官员房间等。总统助手、记者和其他工作人员也被考虑在内,在机身中段设有专用的休息室。

"空军一号"同样拥有餐厅、厨房、医疗中心。一个大餐厅和两个现代化功能的"空中厨房"位于"空军一号"的下层空间,可以同时满足100多人的就餐。为了

第6章 波音公司
——技术创新，质量第一，成就"航空霸主"

保证总统的食品安全，"空军一号"上的食品采集属于随机模式，通常会在飞机起飞的当天早上，或者前一天晚上去普通超市采集，从而避免恐怖分子的蓄意破坏。医疗中心配有一个可折叠的手术台。医疗中心的所有设备都是最先进的顶尖器材，能够在任何紧急状态下发挥急救功能，比一般的医院更加现代化。

"空军一号"作为美国总统的专用飞机，同时也担任临时的美国三军空中指挥中心。为了充分的发挥这个作用，机上配备了完善的通讯系统，保障美国总统以及助手接受全球各地正常或机密资料的传送和接收。这些通信系统包含长达3000公里的各种电线，87条电话线、10台高级电脑、1架大型复印机、1台传真机，以及57架各类天线。为了保障"空军一号"在遭遇核爆炸影响或外来电波干扰时，机上人员的安全和通讯设备的畅通运作，机上同时装备了具备空对空、空对地功能的多重脉冲频率无线电通讯设备。

人们不禁会问，这样一架安全性能如此之好，质量如此之高的飞机是由谁生产出来的呢？它的生产厂家便是世界著名的波音公司。可以说，在世界航空界，波音公司乃是当今世界一个名副其实的领导者，素有"航空霸主"的美誉。

对于世界上任何一家飞机制造商来说，能够让自己的飞机成为美国总统这个国家最高领导者的专用飞机，都会是一件令人骄傲无比的事。无疑，这份骄傲多少年来一直波音公司占有着并享受着。

波音的历史

这个世界上最大的航空公司，成立于1916年7月1日，他的创建者是威廉·爱德华·波音，公司在创建一年之后，正式改名为波音公司，到了1929年又更名为联合飞机及空运公司。1934年按政府法规要求波音公司被拆分为三个独立的公司，即联合飞机公司（现联合技术公司）、波音飞机公司、联合航空公司。1961年，原波音飞机公司改名为波音公司。

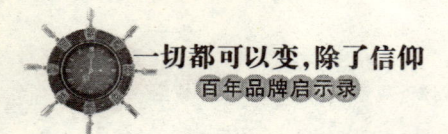

一切都可以变,除了信仰
百年品牌启示录

刚开始时,波音公司的主要业务是生产军用飞机。其中公司著名的产品便是P-26驱逐机。到了30年代中期,波音公司开始研制大型轰炸机,这其中包括在第二次世界大战中屡立战功的B-17、B-29轰炸机,以及冷战时期著名的B-47和B-52战略轰炸机。其中,B-52在长达30多年的服役过程中,一直是美国战略轰炸力量的主力。

60年代以后,随着世界局势趋于稳定,军用飞机的市场开始逐渐萎缩,于是,波音公司便将主要业务由军用飞机转向了商用飞机。公司在转型之后,先后研发了波音707、波音727、波音737、波音747、波音757、波音767等一系列型号,这些飞机都是当时世界上技术最强,质量最高的飞机,因此,从那时起,波音公司便逐步确立了在全球商用飞机制造领域的领导者的地位。

在这些飞机中,波音737是在全世界使用最广泛的中短程民航客机,而波音747则从问世以来就一直长期占据着世界最大的远程民航客机的头把交椅。

坚持技术创新,质量第一,成为世界航空领域里的绝对霸主,这是波音公司自成立以来就一直坚守的信念。拿破仑曾说:"不想当将军的士兵不是好士兵。"同样,一个没有雄心和野心争当行业老大的公司也一定不是一个有发展前途的公司。波音公司则用自己近百年来的实际行动向人全世界展示了自己的实力和能力。

如此的雄心壮志,如果没有强大的技术创新能力作为支撑的话,则只能是一个美好的幻想,但波音公司却凭借着对技术创新和质量第一的不懈追求而让自己称霸业界的梦想得以实现。在接下来的发展中,波音公司就像是一头飞翔于蓝天的猎鹰,开始四处寻找猎物,然后以迅雷不及掩耳之势将其吞并,从而为自己开疆拓土的历史写下了一个又一个辉煌的瞬间。

1997年,波音公司正式吞并了曾经是美国最大的军用飞机生产商的麦道公司,这是美国历史上的一次最具轰动性的交易,从此,波音公司便成为了世界上航空航天领域规模最大的公司。

在实施完国内的吞并战略之后,波音公司又迅速将目光投向了国际。目前,

第6章 波音公司
——技术创新,质量第一,成就"航空霸主"

波音公司在全世界共开设了 50 多个代表处,总雇员人数达到了 20 余万人。

一个公司是否具有创新精神,往往和他的领导者是否拥有创新观念直接相关的。很难想象,一个没有任何创新观念的领导者能够打造出一个充满创新意识的公司。

而波音公司的现任总裁谢泼德·希尔则是一个浑身都充满着创新细胞的人。他是一个 iPad 的忠实使用者,这是他愉悦自己的生活的不可缺少的物品之一。用他自己的话来说,iPad 之所以令他着迷,是因为它功能多,效率高,使用起来十分便捷。而当说到公司所制造的飞机时,他竟巧妙地把两者结合了起来。

波音公司在 2004 年的时候启动了一款新型飞机——波音 787,这架飞机在希尔看来,在新技术和新工艺的运用上面和 iPad 就有着异曲同工之处。因此,它被称为是一款可以改变航空业游戏规则的飞机,而在业内同行的眼里,这款飞机则是波音谋求巩固市场地位并制成未来增长的关键机型。

力求技术创新

力求技术创新是波音公司近百年来始终坚守的传统,在波音长达百年的发展过程中,这一理念已经逐渐成为了波音历届领导者和研发人员所共同遵守的原则。正是这种对于技术创新的不懈追求,使得波音公司一直是世界航空领域里的急先锋,凭借着对技术创新的强烈的敏感,如今的波音公司以依旧走在技术创新的最前沿,他们是当之无愧的霸主。

作为波音公司在近几年里的最重要的杰作,波音 787 飞机身上凝聚了大量技术创新的元素。希尔认为,创新能使公司获得世界范围内最有竞争力的产品,但它同样具有也有一定的风险和阻力,这是航空业的本质所在。所以,他经常对公司员工说:"创新就意味着要不停地努力尝试,每次都要尽最大努力。"

如今,希尔已经在波音公司整整工作了 25 年。在 25 年的工作中,他充分地

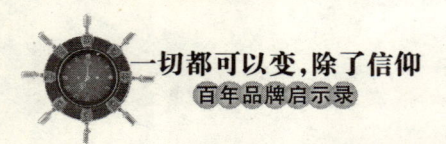

认识到波音公司要想始终保持自己的世界航空领域的领先地位，就必须要坚持不断创新和质量第一的原则。同时，这也是公司未来继续发展的关键所在。

当被记者问到为什么把创新放到一个如此之高的高度时，他回答说："创新对于任何公司来说都是一个最重要的基石。在这样一个充满竞争力的市场当中，创新也是确保一个公司竞争力的关键。对航空业来说，更是如此，我们只有做得更好、更快，才能在市场竞争中获胜。对于我们的航空公司客户而言，他们需要进行持续的改进，希望他们的产品有更多的可能和更好的表现。因此给予他们的产品，在带来价值方面要尽力做到极致。同时，要降低成本，产品价格即使不是最低廉、最经济的，也应该是比较超值的。要做到这一点，必须要将注意力集中在创新上。"

回顾波音公司的历史，我们不难发现，波音公司一直是这样做的，他们在每一代新飞机的开发过程中，都力求使它们在综合性能上具有突破性。在他们看来，飞机不是普通的快速消费品，它需要战略性的开发和创新，为客户赢取长久的收益以及充分确保顾客的安全。这种对于技术创新的坚守，使得波音公司成功运转了近百年，无疑，这是他们立于不败之地的法宝。

波音公司这种常胜的姿态表现在它目前是世界最大的航空航天公司，是全球最大的民用飞机和军用飞机制造商，是美国航空航天局最大的承包商，是国防、人类太空飞行和运载火箭发射领域的全球市场领导者。

当前，全球正在使用中的波音喷气客机达14000多架，约占全球客机总量的75%。而在军用飞机和防御产品的研制生产方面，波音公司也同样牢牢占据着自己的领先地位。在波音公司看来，技术创新、质量创新、人才创新，是不断提升公司核心竞争力的推动力，只有始终坚持在这些方面的创新，才能够继续在捍卫自己"航空霸主"地位的同时，为推动世界航空航天工业的发展作出贡献。

波音公司的历史其实就是一部世界航空航天的发展史。回顾波音公司的发展史，我们会发现它也是波音公司的一部技术创新史。

早在20世纪20年代，波音公司便推出了波音4DA型商用运输机和P-12、

第6章 波音公司
——技术创新，质量第一，成就"航空霸主"

P-26式战斗机。1938年，波音公司推出了14型快速飞艇等大型海上飞机，并且得到了世界范围内的广泛认可。

第二次世界大战期间，迫于战争需要，波音公司成为了世界头号轰炸机制造商，先后为美国政府生产了大量B-17飞行堡垒式轰炸机、B-29超级堡垒轰炸机。

在第二次世界大战结束后的1954年，波音公司推出了波音707喷气式客机，于1957年投入飞行，这使得波音公司成为了大型商用喷气机的主要生产厂商。1962年，公司引进波音727。1967年开发出了波音737客机。波音公司就这样凭借自己对技术创新的追求而确立了自己在民用飞机市场上的优势地位。

1970年，波音公司应泛美航空公司的要求，研制生产出第一批宽体350式飞机，这款飞机的诞生开创了空中旅行时代。20世纪70年代后期，波音公司分别以窄体757型客机和宽体767型飞机取代了707和727型客机。至此，波音737、747、757、767型客机成为了公司的主导产品系列。

进入20世纪80年代，波音公司先后设立了波音计算机服务公司，兼并了卡内基集团公司和阿尔戈信息系统公司，并于1988年推出了新型波音747客机和中档的波音737客机。1990年，公司推出新型双引擎远程350座宽体客机777型波音飞机。同年10月，波音公司接受了联合航空公司68架777客机的订单，总价值达220亿美元，这是波音公司有史以来获得的最大的一笔订单。

同年，波音公司制造的波音777客机的订货达到2000架。1991年，以波音公司牵头为美国陆军制造新一代战斗直升机，合同价值高达340亿美元。1996年，波音公司收购罗克韦尔防务及空间系统分部。2000年，波音公司又收购了休斯航天和通讯业务分部。

如此一次又一次的攻城拔寨，无疑是波音公司技术创新实力的最好的证明，倘若没有如此强大的技术创新实力，波音公司便不会形成巨大的核心竞争力，而对于任何一家公司来说，核心竞争力是确保公司优势，维持公司正常运转的基础。

在军用飞机和防御产品的研制生产方面，波音公司同样展现了巨大的实力

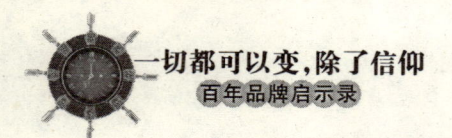

雄厚,技术领先的魄力。波音公司的战斗机和攻击机产品主要包括:F/A–18E/F 超级大黄蜂、F/A–18 大黄蜂、F–15 鹰、F–22 猛禽、AV–8B 鹞、JSF 联合攻击战斗机等。其他军用飞机产品包括 C–17 军用运输机、T–45 苍鹰、767 空中预警机和机载激光飞机。军用旋翼机产品有 RAH 科曼奇、CH–47 支奴干、AH–64D 阿帕奇长弓和 V–22 鱼鹰。防御系统包括鱼叉反舰导弹、延程型防区外对地攻击导弹(SLAM),以及联合直接攻击武器(JDAM)。

不难看出,这些一个又一个飞机种类的研发及制造靠的正是波音公司强大的技术创新能力才得以面世。可以说,每一款机型都是波音公司对于当今世界航空界尖端技术的挑战和征服。

不仅如此,波音公司还是美国航空航天局最大的承包商,是在美国人探索太空之旅的直接参与者和见证者。对于人类探索宇宙所取得的各个成就来说,波音公司功不可没。

辉煌的荣耀来自于波音公司近百年来对技术创新的执著追求,因为他们时刻在求新求变,所以他们一直世界航空界的领跑者,也因为这样,使得他们赢得了美国航空航天局的认可和青睐。在机会面前,任何公司都是平等的,但能够把机会牢牢握在手里的公司却屈指可数,波音公司做到了,他们超一流的技术和质量便是他们赢得信赖、克敌制胜的杀手锏。

曾经,波音公司所领导的国际太空站中的美国航天队,由 16 个国家合作组成的国际太空站是历史上最大的国际科学与技术合作项目。它所研制开发的航天飞机轨道飞行器和主发动机,完成了美国整个航天飞机系统的集成。

航天领域里的奇葩

除此之外,在商业航天领域里,波音公司同样占据着半壁江山。他们制造了首批 40 颗全球定位系统卫星,这是整个世界精确导航技术的一次巨大的突破。

第 6 章　波音公司
——技术创新，质量第一，成就"航空霸主"

它曾经还签订了制造 33 颗新一代 GPS 卫星的合同，并且与俄罗斯、乌克兰和挪威等国的伙伴公司一起组成了一个海上发射合资公司，这使得宇航界在太平洋的移动平台上发射卫星的愿望得以实现。

波音公司是一个有着强大的核心竞争力的公司，因此它得以在世界航空界屹立百年不倒。这种强大的核心竞争力使得波音公司无论是在获取利润、谋求生存还是持续发展方面都有着自己的独特之处，这种独特性是任何公司都无法效仿和模拟的。

这种核心竞争力是波音公司在近百年的发展过程中慢慢积累起来的"集体智慧"的结晶。

任何一个公司要想在竞争越来越激烈的市场上获得超额的利润，就必须要有自己的核心竞争力。对于波音公司来说，它的核心竞争力便来源于它的创新能力。创新是一个企业生存、发展的内在要求和基本形式，也是一个企业不断适应环境、实现自我超越的必然过程。

当今社会是一个占主导地位的社会，而知识经济的本质是创新经济，企业精神的根本则是创新精神，企业管理思维的源泉是创新思维，企业竞争战略的精髓是创新战略，企业竞争能力的关键是创新能力，因此，波音公司认为，核心竞争力的"核心"在于创新。

在这创新理念的指导下，波音公司利用近百年的时间将自己打造成了一个拥有着强大创新能力的现代高新科技企业。它所研发制造的多种机型如今依然是世界航空领域里最具竞争力的产品。透过波音公司生产这些机型的整个过程，也许我们就能更加深入地了解波音公司是如何在自己创新道路上取得一个又一个技术突破的。

首当其冲的是波音 707 的研发。第二次世界大战之后，军用飞机的订货量开始减少，美国政府便取消了对国内飞机制造业的管制，世界各地的很多飞机制造商开始蠢蠢欲动，试图争夺市场，激烈的竞争随之开始。为了尽快抢占市场，世界各地的飞机制造厂家竞相采用新技术，以期以新产品来占据在市场竞争中的主动性。

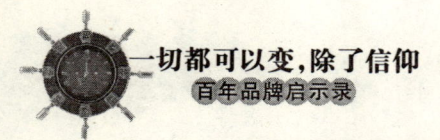

面对着竞争的日益加剧，波音公司预见到了民用飞机市场的可塑性，于是便抢在别人前面开始研发新型民用客机。结果凭借着雄厚的技术创新实力，波音公司很快就占领了市场。

1949年，大洋彼岸的欧洲开始把目标对准了商用喷气式客机的研发，很快世界首架商用喷气式客机就被研发成功了。这对于一直都想争当行业领导者的波音公司来说，无疑是个巨大的挑战，于是，波音公司便以原有的B-52型轰炸机的生产设备和厂房为基础，开始着手生产DASH80，这就是波音707飞机的原型。

1954年7月15日，波音公司第一架、也是全世界第一架喷气式客机正式诞生了，从而震惊了世界，被认为是世界民航业里的一场巨大的革命。

而在此时，其他公司的喷气式客机有的还在厂房中装配，有的还在风洞里试验，有的甚至还停留在图上作业阶段，可想而知，他们在这场争取时间的竞争中都成了波音公司的手下败将。从而，波音公司便以波音707为起点，迅速展开了波音7系列飞机的研发之中，结果同样大获全胜。这一系列的飞机因其所蕴含的当时世界的顶尖技术以及无可比拟的质量深受各国航空公司的宠爱，一时间，来自全世界的订单如雪片般向波音公司飞来。

接下来便是波音737的研制。1964年5月，波音公司根据世界短程航线的需要，开始着手研发。在1967年的4月9日这天，原型机进行了首次试飞。据统计，各型波音737共获订单2957架。直到现在，波音737飞机仍然是各大航空公司的抢手货。

波音747是波音公司研制的远程宽机身客机。1966年7月25日正式生产，1968年9月30日，第一架波音747出厂，1969年2月9日进行了首次试飞。在1970年的1月22日，波音747飞机进行了纽约至伦敦航线的首次飞行。

波音757是波音公司研制的双发动机、窄机身、低油耗的中远程运输机。这是波音公司的又一次技术创新的杰作。1978年初，波音公司宣布了采用新技术的研发方案，并获得了40架订货和42架意向订货。波音757采用的是新机翼

第6章 波音公司
——技术创新，质量第一，成就"航空霸主"

和先进发动机。1986年12月，波音757得到了美国联邦航空局的批准，可以进行双发越洋飞行。

波音767是波音公司研制的双发动机半宽机身中远程客机，用来代替波音707、DC-8和波音727等因老化而退出航线的200座级客机。1972年提出这项研制计划，经过6年的方案论证和市场调查，于1978年2月正式宣布启动波音767研制计划。1978年6月，获得美国联合航空公司订货30架和意向订货37架的合同。在波音767的设计过程中，邀请了联合航空公司代表参与设计全过程，以便更好地满足用户的要求。1979年初，在获得80架订货和79架意向订货之后，波音公司决定实施该计划。1979年7月开始生产，1980年4月第一架波音767出厂，1981年9月试飞，1982年7月获得美国联邦航空局型号合格证，同年8月首次交付使用。截至1993年3月31日，波音767共获订货640架。

紧随波音767之后的是波音777的研制，这又是一项对新技术的探索。它是双发动机涡扇远程运输机。1990年10月29日，该机正式投入生产，1994年4月9日，第一架波音777出厂。截止到1993年的3月31日，波音777-200共获订单118架。

而波音717则是波音公司专门为短程、高频率的支线航空市场设计的新机型。这款飞机的设计主要把降低运营成本作为研发目标，无疑，这对于波音公司来说，又是对其技术的一次挑战。1998年9月，该机进入试飞阶段，一年后获得美国联邦航空局和欧洲联合航空总局的联合认证。这是美国第一架同时获得两家航空局认证的民用飞机。

波音公司的创新一直都是以市场为导向的。波音717的研制成功是波音公司以市场为导向进行创新的典范。该款飞机是波音公司专门为短程、高频率的支线航空市场设计的，它能满足高效的中心辐射式航线的需要。它具有许多支线飞机的特性，如：机身重量减轻；不需要长跑道和大型空港设备；可以选装自带客梯，并有货物和行李装卸系统；加油时不用升降机和梯子等，而特有的自动倒车功能更显示出波音717的灵活性。波音717快捷的过站能力使航空公司可

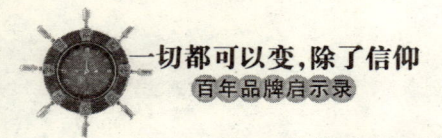

以在不到30分钟的时间内完成回程准备。另外，考虑到短途旅客不喜欢托运，设计人员为波音717配备了和波音747相同尺寸的头顶行李箱，乘客可携带拉杆行李上飞机。标准的波音717-200为两级客舱布局，共有106个座位。该机既有小型支线飞机的运营经济性，又有大型飞机的乘坐舒适性。这样的技术创新使得该款飞机一出场就赢得了各大航空公司的青睐。波音公司又打了一个漂亮的胜仗。

波音公司十分清楚，自己的客户是世界各地的航空公司，因此不同的机型，将直接影响到各个航空公司的直接运营成本。而对于航空公司来说，通常用于维护飞机方面的费用非常高。一般来说，一家航空公司在保证飞机正点离港上的花费将占其成本的20%。因此，他们在选择飞机时，第一个要考虑的问题就是飞机运营成本。波音公司为了能够最大限度的为客户提供满意的飞机，可谓是下了一番苦功。

首先，在设计上，波音公司的设计师们认真总结和回顾了道格拉斯双发飞机的签派纪录，并对MD-80现役机队中的1100多架飞机进行了详细的研究。由此而得出的数据，使得波音717的可靠性提高到了99.1%，其维护成本降低了20%。

其次，他们十分倾听客户的意见，从而大大改进了产品的性能。为此，设计小组成立了几个航空公司顾问团，他们的任务就是要倾听客户对驾驶舱、客舱内饰和系统的改进意见。他们认为，这些建议将十分有助于降低维护成本，提高飞机的可靠性。为此，他们对于飞机的发动机进行了大大的改进。经过改进的发动机能够抵御来自外物的损害；机械师站在较低的整流罩上使用标准手工工具就可以进行操作；同时还延长了零部件的使用寿命，这大大降低了材料成本。此外，它在很大程度上降低了噪声和废气排放量。

据统计，波音717的累计噪声界限比正在执行的国际民航组织第三阶段国际标准低20分贝以上，而废气排放量也大大优于现有发动机的排放标准，比2004年实施的碳氢化合物、一氧化碳和烟雾排放限制标准低50%以上。

第6章 波音公司
——技术创新,质量第一,成就"航空霸主"

再次,公司还专门聘请一名航空公司的总机械师加入到了设计小组中,他的任务是负责从客户的角度考虑问题,然后为设计师们提供实际、有效的建议。在这名机械师的参与下,波音717刹车采用的是钢而不是碳,每套刹车的使用寿命大约为1300次,这都大大降低了飞机的制造成本。在飞机的驾驶舱里设计们特地装了一套中央故障显示系统,这个系统能够在整个飞行过程中连续为机组人员显示各部分的功能,提供实时飞机故障预警信息,同时也能为维修人员及时分析故障信息、排除故障并能保留维修记录,以确保波音717能处于良好的工作状态。

最后,波音717的全部系统都是经过重新设计的简化部件,这大大提高了飞机的维修速度。

与DC-9和MD-80相比,波音717的环保控制系统的可更换组件少了27%;电子系统部件则由原来的60个减少到只有9个主要部件,并去掉了150根电线;起落架的钢刹车则以插件接合代替了扣件接合,缩短了60%的安装时间。

如此精心设计的波音717毫无例外的获得了巨大成功。它的正点离港率,达到了月平均签派可靠率在99%以上,有时甚至超过了99.5%。波音公司的客户——夏威夷航空公司有一支由13架波音717飞机组成的机队,其航线网络连接夏威夷各岛,且航线航程极短,每架飞机平均一天要飞14个航班。也就是说,波音717已经满足了顾客的需要,超过了所有竞争机型,为航空公司及其乘客提供了非常可靠的运营服务。

而飞机的维护方面,该机也表现得相当出色。数据显示,波音717的停飞期比DC-9少80%。航空公司大规模的维护检修如C检,波音717平均只需3天,而DC-9则需21天。波音717的航程达2645公里,月签派可靠率达到99.3%。美国联邦航空局根据穿越航空公司波音717飞机的良好飞行纪录,延长了该公司进行维修检查的时间间隔,将C检的时间间隔延长至4500小时或18个月。

穿越航空公司的报告显示,与DC-9相比,波音717不但节省了工时,而且C检成本仅为DC-9的10%。夏威夷航空公司认为,利用波音717的数字技术,

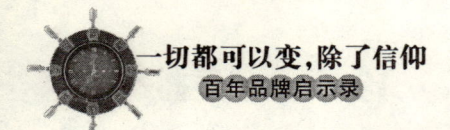

可以了解每个系统及部件的运行情况，能预测将会发生的问题并采取相应措施，从而降低了成本。其他波音717运营商，如巴利阿里航空公司、曼谷航空、奥林匹克航空及快达连接等公司，同样发现波音717在节约成本与高可靠性方面的长处，从而使他们增加了在100座级客机市场上的盈利机会。

而波音717的最新客户美国中西部特快航空公司则表示，波音717飞机是因其采用了先进的技术从而提高了签派可靠率，与他们现有的机队相比，其燃油效率与维护方面的优势大大降低了运营成本。

一直以来，波音公司对于技术创新的追求从未停止过，对于波音717飞机的研发，波音公司是这样做的，同样对于其他机型的研发，波音公司也一样"一视同仁"。

据统计，自1993年面世以来，波音737订购数量已超过2000架，波音737机队运送的乘客总数已超过70亿人次，总飞行里程则相当于在地球和太阳之间飞了260多个来回。波音737取得的成就，是航空史上任何其他机型都无法比拟的。这是因为波音737做到了与客户共同努力，推向市场的产品最大限度地满足了客户的需求。波音737计划一开始，波音公司就有一个明确的目标：为客户创造价值，与客户"携手合作"，使其真正满足市场的需要。在研制开发波音737的过程中，波音公司将航空公司的客户代表请进公司，在波音办公大楼里为他们设立了办公室，波音的设计人员与客户一起工作，对设计加以改进。航空公司要求飞机的内部设计感觉更宽敞、明亮，因此波音737采用了波音777飞机客舱顶板的设计技术，并安装了具有平滑曲线的行李箱，而位于行李箱底部的扶手及经过改进的乘客服务装置为乘客和机上服务员带来了更大的方便。

在日益激烈的市场竞争中，降低机队使用成本已经成为直接影响航空公司经营成败的关键。波音737项目的另一个重要的目标就是为用户降低15%的维护成本。每一个细节、每一个局部，客户的声音都尽可能多地反馈到波音737飞机的设计上。波音公司成立了"低维护成本设计"项目组，从世界21家航空公司收集各种数据资料，评估新的数字化系统、增加零部件的通用性、减少零部件总

第6章 波音公司
——技术创新，质量第一，成就"航空霸主"

量、简化设计，努力实现降低成本的目标。由于与客户的良性互动，波音737飞机在降低维护成本方面的许多改进都直接来源于客户的建议。

任何一个客户都希望所购飞机能够正点起飞和正点到达。在国外繁忙的机场，尤其是欧洲，起降间隔控制得非常严格，如果你的飞机不能准时起飞，那么就错过了本该属于你的起降间隔，只得重新等待。可靠性高的飞机可以使运营者最大限度地缩短离港时间，每天多飞几个航班，乘客在起飞时间上也有更多选择，最终使运营者获得更多利润。据介绍，在交付使用的头两年中，波音737飞机的平均签派可靠率高达99.7%，创造了新的业界纪录。波音737飞机具有新型发动机、新机翼、新机舱内饰、新航空电子设备、新辅助动力装置、新电源系统等。先进的翼型设计使波音737的最大航程达到6038公里，可以进行横跨美国大陆的飞行，提高了全球航线能力，巡航速度提高到0.785马赫（848公里/小时），最大速度可达0.82马赫（885公里/小时），最大巡航高度12400米，飞得更高、更快、更远。波音737系列飞机通过运用先进的设计制造技术树立了通用性的标准：波音737自身的四种机型间具有98%的机身零部件通用性和100%的发动机通用性，使飞机在具有领先的性能外，同时也为航空公司用户带来满意的运营成本。

对于航空公司来说，飞机停在地面上就不能赚钱，所以提高飞机的利用率是航空公司不懈的追求。但是，航空旅行市场的需求不能保证在白天和夜晚都有足够的客流，为此，波音公司设计和生产了一种快速转换型的波音737飞机（737QC），这种机型可以在1小时之内由客机改成货机、或由货机改成客机。这一过程设计得非常巧妙，白天，航空公司用它完成客运航班，晚上，可以用它来运货。为使这种"快速转换"概念经济高效，波音公司的工程师们把座椅装在货盘上，飞机的地面上装有滑板，货盘能快速而方便地滑进和滑出飞机地面。当准备用做货机时，座椅被拉出，并代之以集装箱或货盘，集装箱或货盘都采用特殊尺寸，以适合机身的曲线，防止损坏客舱内饰。

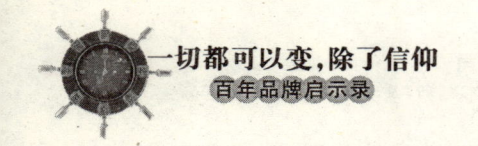

质量是飞机的生命

波音公司前首席执行官桑顿·威尔森曾说："质量是飞机的生命，质量不合格就意味着致人死命。"正如威尔森所说，作为特殊的空中运输工具，飞机上的任何一点疏漏都可能会造成无法估量的损失。对此，波音公司十分清楚，质量是制约创新成果推广的关键。为了确保飞机的质量，波音公司除了在飞机制造的关键部位和关键零件上自己亲手操刀之外，把其余60%的零件都交给了那些被他们认真考察、技术力量过硬的厂家生产。波音公司之所以会这样做，是因为他们认为如果所有的零件都由自己生产的话，势必会造成公司技术力量的分散，这便不能保证所有零件100%的高质量。

在全世界所有飞机制造商里，波音公司的飞机无疑是质量最过硬的一个，从某种程度上来说，他们已经成为了飞机制造质量的标杆。

那么，波音公司所制造的飞机质量到底好在哪里呢？这从波音公司飞机的航行记录上就可以看得出来。有这样一个插曲，在波音747刚问世时，保险公司曾预言，这架飞机在头18个月的飞行期间内，至少会发生3起坠机事故。然而事实却让这个保险公司大失所望。从1970年到1986年的16年间，波音747客机只发生过5起事故，其中3起还是由于驾驶员的错误判断所致。

波音公司作为全球航空航天业的领导者，在"技术创新，质量第一"这一经营理念的指导下，波音公司始终都在致力于研制高品质的飞机，以创新技术来提高飞机的安全性、舒适性、运营效率及环保性能是波音公司一直以来的价值诉求。回顾波音公司的发展史，不难发现，它的发展史其实就是一部技术创新史。这些新技术不但为波音公司带来了巨额收益，更重要的是它为现有民用飞机性能的提高奠定了基础。

面对如今日益拥挤的机场、航班延误的增加以及日趋严峻的安全问题，波

第 6 章 波音公司
——技术创新,质量第一,成就"航空霸主"

音公司认为要解决这些问题,不断的进行技术创新、不断的提高产品质量是唯一的选择。

波音 737-900 飞机是经波音公司改装而成的飞机。也许我们可以在这架飞机上看到波音公司在技术上的创新和突破。

这架飞机采用了很多新技术,实现了很多突破,具体包括以下新技术:为增加机组情景意识、提高航空安全性能而设计的垂直状态显示器(VSD);静音爬升系统(QCS)降低发动机噪声;综合进近导航系统(IAN)、地面引导系统(SGS)、平显(HUD)、增强视景系统(EVS)和合成视景系统(SVS)的成功应用,进一步提高了飞机的操控性和安全性;全球定位着陆系统(GLS),和一个升级的多模式接收机(MMR)以及新型 GPS 天线的配合应用增加了空域容量,采用 GLS 完成的着陆能够大幅度的提高降落的平稳性;导航性能刻度的使用提高了驾驶的灵活性。在运用以上技术的同时,该飞机还有很多升级的系统,具体的是飞行管理计算机、显示器、自动飞行系统、飞行控制计算机(FCC)、音频控制板、中央故障/维修计算机系统和导航控制板或多功能控制显示装置(MCDU)。

在上述技术中,平显(HUD)技术起初用于战斗机,战斗机飞行员能够通过它观察外部环境,并且同时完成跟踪和瞄准目标。它在民航飞机上的运用,是典型的"军转民"系统。在民航飞机上,它有了一个全新的作用:通过与机上传感器系统的高度集成,以及与惯性基准装置的有效连接,在保证飞行员能够观察前方的同时,同步的显示飞机的飞行速度、高度、飞行姿势、飞行航迹矢量、指令制导信息和加速度等重要的飞行数据。正是这项技术的运用,飞行员在驾驶飞机的时候,能够通过平显查看飞机的飞行过程中的外部实景的飞行数据,从而使飞行员的手动操作和自动着陆系统飞行同样精确。这项技术保证了飞行员在看符号以及外部景物时,不需要进行眼睛的焦距的调整。飞行员在飞行时,如果采用自动驾驶着陆模式时,飞行员可以"平视"监控自动着陆系统,而不需要低头俯视仪表板上的信息,平显技术能够在着陆之前为飞行员提供着陆拉平段引导标志。正是这个技术的应用,保证了飞机状态的连续可视性,为旅客带来更舒适

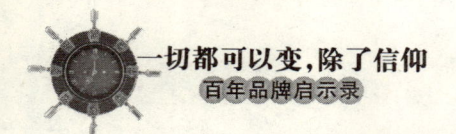

的着陆,并且提高了着陆的稳定性,降低了主起落架和轮胎的维修成本。并且平显技术的运用,也为合成图像系统(SVS)、图像增强系统(EVS)、和地面导引系统(SGS)等新技术的运用提供了良好的平台。

增强视景系统(EVS)通过采用红外系统传感器,为飞行员提供实时增强的跑道、地形、滑行道和其他飞机图像,并且能够提供在黑暗中或低能见度时潜在的障碍物图像。其主要的原理是:红外传感器能够探测距离目标与地形特征在温度上的局部差异,并且把这种局部差异通过电子处理,转变为飞机前方景象的"热图像",并且进一步把这个"热图像"投射到下视显示器上或平显上。在飞机着陆或者起飞的时候,图像增强系统生成的图像能检查跑道环境是否有障碍物,并且显示到下视显示器上,从而保证安全。更加重要的是,图像增强系统对恶劣天气和夜间下的飞行具有非常重要的意义。它能够提供实景视野,从而增加了情景感知和安全性,进而防止飞机撞地以及空中相撞。

合成视景系统(SVS)是一个实验性的新概念,它主要是通过分析精确的飞机航向、位置、高度和姿态信息,描绘出飞机前方的实时地形图像,并最终通过下视显示器上显示出来,为飞行员提供有效信息。图像通过对飞行航迹、趋势矢量和三维位置等信息的具体描述,能够进一步提高飞行员对飞机周围地形情况的掌握。并且这个系统相当于为飞行员提供了一个跟随的"空中隧道",从而提高了进近精度和飞行航迹的稳定性。在飞行过程中,正式有了"空中隧道"的导引,飞行员有了可视标志,从而减轻了飞行员的工作量,并且能够使飞机在预定的飞行轨迹上飞行,极大的降低了人工操纵飞行时产生的技术误差,从而提高了安全性、降低了可控飞行撞地的可能性。

合成视景系统(SVS)和增强视景系统(EVS)所产生的图像是不一样的,它完全通过飞机上的机载计算机数据库生成的。因此,它的图像必须与一个独立完整的监视器如ILS、GLS或EVS相连接。

地面导引系统是一种安全辅助系统,通过与平显或下视显示器相结合进行工作。地面导引系统通过帮助飞行员预测可能出现的转弯和保持机动,在不危

第6章 波音公司
——技术创新,质量第一,成就"航空霸主"

及安全的情况下,使飞行员可以用较快的速度滑行,从而增加了机场地面的运营节奏,保证了交通的运营效率,从而增加了机场容量。地面导引系统提供的滑行道将要出现的转弯以及转弯的方向、跑道的使用情况以及其他重要的信息,能够保证在夜间和甚至在接近零能见度的条件下保证飞机的安全,并进一步提高机场的运行效率。而高级的地面导引系统应用可通过数据链传输放行许可,并使用GPS和自动相关监视-广播(ADS-B)技术进一步改进。

以上的技术在波音737-900飞机得到了很好的应用。更加重要的是,波音公司强调,只要市场有需求,上述技术可以用于所有的波音飞机。

波音公司为了更好的满足客户的需要,通过与世界各地的航空航天供应商合作,开发音速巡航机项目。音速巡航机载客200~250人,航程是1.2万公里至1.67万公里,速度比当今民用喷气飞机的速度快15%至20%,要达到0.95马赫至0.98马赫,从而在每4800公里航程大约减少约1小时的飞行时间,并且燃油效率与目前燃油效率最高的双发宽体飞机持平,而噪声低于即将实施的第四阶段噪声标准。

音速巡航机项目目前工作重点在技术方面,波音公司积极的与全球的潜在供应商进行沟通,从而了解供应商的技术力量和兴趣点。波音民机集团与日本飞机工作协会和日本飞机开发公司签订了合作协议,目的是共同研发供音速巡航机和其他未来新机型所使用的复合材料技术。波音民机集团与意大利阿莱尼亚公司签订协议,共同研发音速巡航机的结构材料技术,这个公司还是波音民机改装及服务供应商网络中的成员。

在设计方面,研发部门采用了计算机建模技术,从而使实现了25种机翼平面、50种短舱形状和60种机身设计的对比、选择和评估。在制造方面,波音公司利用新的生产技术和管理方式,大大改进现有飞机生产方式,从而缩短了现有飞机生产线总装时间。在材料方面,依据现在的设计思路,音速巡航机60%的结构将采用复合材料。通过复合材料的应用,降低飞机的重量的同时,提高机身的防腐性能。为了检验生产流程以及复合材料的特性,波音公司制造了用于测试

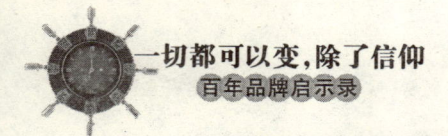

的音速巡航机样机机身。在环保方面,音速巡航机在油耗、噪声及废气排放量这三个方面都将有上佳的表现,而不会以牺牲环保性能来换取速度。在系统方面,波音公司主要是在更好的产生和利用机上的能源上下功夫。在客舱压力高度方面,音速巡航机将从9000英尺降到6500英尺,从而提高了客舱舒适度。

波音公司还拥有一系列即将投入实际使用的驾驶舱新技术和电子飞行包技术,这些技术将进一步提高航空旅行的安全性、航空运力、运营效率和环保性能。而电子信息技术的发展,使飞机和地面运输系统的联系越来越紧密。为此,波音公司正在研发的高速、宽带空中联接系统,这个系统将实现乘客、机组人员和地面系统的实时、快速联系。

针对有限的市场,波音公司开发了"融合式翼梢小翼"技术。"融合式翼梢小翼"由复合材料和钛金属制成,是一种翼尖气动装置,主要是通过降低诱导阻力和翼尖涡流阻力来提高飞机的性能。机翼和"翼梢小翼"之间采用被称为"融合式"过渡技术的圆滑弯曲过渡方式。在波音工程师的不懈努力下,"融合式翼梢小翼"已经成为波音公务机的标准配置,而且要成为波音737-800和波音737-700的标准选装配置。这项技术获得了美国联邦航空局认证,从而获得了对以前出厂的波音公务机、波音737-700/-800/-300飞机改装"融合式翼梢小翼"的批准。"融合式翼梢小翼是当今新技术的主流,对民用航空业产生深远的影响。据介绍,安装"融合式翼梢小翼"可降低"轮档油耗"3%~5%。"融合式翼梢小翼"的应用,对飞机性能产生了惊人的提高效果,它提高了气动效率、降低了油耗、减少了发动机维修成本、提高了飞机起降性能;改进了气动效率,飞行员用较低的油门杆位置就可达到正常的飞机性能,这不仅降低了噪音和排放,而且减少了发动机磨损,由此节约的费用相当于节油所节约费用的四分之一;使飞机在高温、高原机场起降时更加安全;在有地形障碍限制的机场飞行时更加便利;在普通机场,可提高飞机的业载和航程。"融合式翼梢小翼"技术的应用已经对波音飞机的销售产生了积极的影响。

回顾波音公司的发展历程,创新是公司保持竞争优势的根本。创新是知识

第6章 波音公司
——技术创新,质量第一,成就"航空霸主"

经济的本质,技术创新更是航空航天企业的生命。普拉哈拉和加里·哈梅尔在经典的《公司的核心竞争力》一文中强调:"把整个公司的技术和生产技能整合成核心竞争力,使各项业务能够及时把握不断变化的机遇,这才是优势的真正所在。"因此,创新是构建企业核心竞争力的"核心"。

波音公司正是依靠持之以恒的创新战略,使得自己终于在奋斗的近百年之后,成为了当今航空业界的超级巨人。

不久前,波音公司宣布,他们计划推出一款名叫"太空的士"的太空飞行器,目前,他们正在位于美国佛罗里达州的肯尼迪航天中心进行飞行器的有关工作。这款飞行器型号为CST-100,计划可以载乘7人,计划运输去往太空旅行的乘客。波音公司计划在未来的四年内就可以问世,他们的理念是届时将开启便宜舒适的太空商业新时代。

如果宣布这个消息的不是波音公司,也许人们都会对此持怀疑态度,但波音公司是一个具有着强大的技术创新实力的公司,在别人眼里是梦想的东西,在波音公司眼里却可以有美梦成真的可能。

波音公司因为有了创新的精神,所以他们才能够成为当今世界航空界当仁不让的霸主,因为他们对于质量第一的永久坚守,所以他们才会成为世界各大航空公司的宠儿。

当人们仰头望天时,如果一架飞机正好在头上飞过的话,也许很多人都会问一句:这是波音公司的飞机吗?

第 7 章　迪士尼公司
——制造快乐,传播快乐

每当提起"娱乐"这两个字,大多数人都会在第一时间想到迪士尼公司。这便是迪士尼公司巨大的影响力。近百年来,迪士尼公司始终坚持着自己的理念——制造快乐,传播快乐,从而为全世界各国人民带去了幸福和欢乐。那个聪明可爱的米老鼠,那个漂亮美丽的白雪公主,一直以来都是最受各国孩子欢迎的"好朋友"。

它是真正的"欢乐巨人"

童话对于全世界的所有孩子来说都具有着无法抵挡的魔力,所以数以万计的孩子们会整天把童话故事里的人物挂在嘴上,在他们的眼里,这些"人物"就是他们的朋友。他们渴望到这个神奇的童话世界里漫游,去寻找他们的幸福和快乐。任何人都向往快乐,成人也不例外。

然而,有没有一个地方可以为无数个孩子和大人带来这种难得的快乐呢?有,当然有,它就是闻名世界的迪士尼乐园。

如果走在大街上,随便问一个小朋友知道哪些卡通形象,他们一定会随口说出米老鼠、唐老鸭、白雪公主的名字。因为这些形象已经牢牢地印在了他们的脑海里。这些聪明、活泼、可爱的卡通形象来源于哪里呢?——迪士尼。没错,迪士尼就是这些经典卡通人物的缔造者。可以毫不夸张地说,这个世界因为有了迪士尼的存在,笑声也增加了很多。

这个给全世界所有带来欢乐和笑声的企业是当今世界里的一个名副其实的"欢乐巨人":它的形象超越年龄与国界,深入民心,能让人们在游玩中体会到无限的欢乐。正如迪士尼历届经营者所强调的那样:"我们的工作就是让你快乐。"和很多企业空喊口号不同的是,迪士尼公司用了近一百年的实际行动实现了自己的承诺,同时也在全世界建立起了自己无可替代的王者地位。迪士尼是成功的,它通过近百年的精心经营,成为了现代娱乐业的一个不可复制的奇迹。

迪士尼公司由沃尔特·迪士尼和他的哥哥罗伊·迪士尼于1923年创立的,原名为迪士尼兄弟制作室。

经过八十多年的演进,迪士尼公司已经成为拥有影视娱乐、主题公园、媒体网络和玩偶商品等业务的世界最著名的企业,年收入超过270亿美元,品牌价值达到292亿美元。回首这八十多个春秋,迪士尼公司的发展历史既是创始人沃尔特迪士尼用梦想、信念、勇气和行动演绎的一部电影长片,也是娱乐事业迈向产业化的成功范例,迪士尼公司以自己特有的方式向世人证明了"欢乐=财富"这一魔法公式。

快乐是最大的财富

这样的奇迹是怎么创造出来的呢?任何一种成功都不是一种偶然现象,像迪士尼这样享誉世界的公司之所以能够拥有今天的地位,也一定是各种因素共同积累而成的。而在这些因素中,起关键作用的便是迪士尼独特的企业文化。

迪士尼从成立到如今,已经走过了九十多年的历程。对于迪士尼的经营者来说,这是一个极其漫长的岁月。商界向来是一个讲究"优胜劣汰"的领域,对于一个企业来说,要想获得成功,就必须要有足够的实力。那么实力来源于哪里呢?在迪士尼的经营者看来,实力就来源于他们的核心经营理念,即制造快乐,传播快乐。

虽然这只是简简单单的八个字,但它却是迪士尼公司所有能量的源泉。很显然,这八个字已经成为了迪士尼历届经营者的共识。在他们看来,迪士尼的工作宗旨就是要让所有迪士尼的顾客体会到快乐和幸福。正是基于这种历经百年而不变的管理理念,使得迪士尼公司成为了如今世界娱乐业里名副其实的娱乐王国。

任何企业能够成功,无不是因其有一个伟大的缔造者,迪士尼公司也不例外。谈到迪士尼公司,我们就不得不谈他的创始人沃尔特·迪士尼先生。就像迪士尼公司一样,沃尔特·迪士尼先生的一生也同样是充满传奇的一生。

他在1901年出生在美国芝加哥,童年时,随父母迁到坎萨斯附近的一家农庄定居。他曾当过一段时期的报童,但他最喜欢做的事是画画。在他很小的时候,他就渴望自己有一天能够成为一个名副其实的画家。

后来,他进了一所高等艺术学校专门学习美术,不幸的是,第一次世界大战

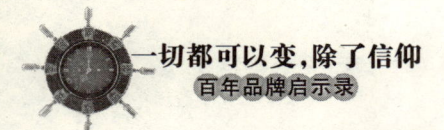

爆发了,疯狂地战争中断了他的学生生活。他参加了红十字会,来到了法国,在法国一直待到战争结束。

第一次世界大战结束后,迪士尼回到了坎萨斯。战争虽然残酷,但却未能摧毁他对绘画梦想的追求。不久,他就找了一家动画公司,专门制作神话动画片。这是一件让他极度兴奋的事,对于绘画的狂热在这时彻底迸发出来了。他心无旁骛,所有心思都在工作上。为此,他还特地买了一架旧摄影机,经常在自己的汽车房里拍短片,那些由他一手制造出来的动画形象个个栩栩如生,惟妙惟肖。

1923年,迪士尼来到了好莱坞,不久,就和在那里工作的哥哥一起创办了一家公司。

那个时代,正是默片走向没落,有声电影初露端倪的时代,迪士尼是一个眼光独特,敢为天下先的人,他给自己的动画片配上了声音。这在美国广大观众的眼里,简直是一个激动人心的壮举,当他创造的米老鼠在银幕上绘声绘色地讲话时,所有人都欢呼雀跃起来。

随后,迪士尼又陆续制作出了"唐老鸭"、"普留图狗"和"三只小猪"等经久不衰的经典银幕形象,这些影片给全世界的儿童和成人带来了无数欢笑。也就是从这时候起,迪士尼就为自己的公司定下了一个基本的理念,那就是:给游客以快乐。

迪士尼非常喜爱《白雪公主》的故事,他早就有把它搬上银幕的打算。但是制作动画片的成本高得惊人,迪士尼本人也没制作大型动画片的经验。不过,迪士尼还是冒着倾家荡产的风险,整整花了三年的时间,拍成了动画片《白雪公主》。影片上演伊始,便征服了所有观众。此时,迪士尼在广大观众的心目中已经开始生根发芽了。

时隔不久,雄心勃勃的迪士尼又制作了"小鹿斑比"、"大象斑波"以及"木偶奇遇记"等影片,同样也受到了人们的热烈欢迎。任何一个成功的人,都是有梦想的人。迪士尼在追逐梦想这件事上,是一个绝对的野心家,他从来不会安于做些小打小闹的动画片,他有一个伟大的设想,那就是想要建造一座神奇的公园。

第 7 章 迪士尼公司
——制造快乐,传播快乐

这是一个制造快乐,传播快乐的公园,每一个来到园里的孩子和父母都可以感到无比的快乐和幸福。

经过一番深思熟虑之后,迪士尼决定把公园建在西部的加利福尼亚。1952年,迪士尼开始筹备建园。这是一件十分困难的工作,因为迪士尼想要购买的地皮同时被二十多家占有着。在梦想面前,任何问题都不是问题,两年之后,迪士尼派了四名职员周游美国,他们的任务是收集人们对修建公园的意见。结果,四个人带回了一个共同的观点:迪士尼太"狂妄"了。许多公园老板都讥讽地说:"不开设惊险的跑马场,不搞点歪门邪道,要想成功简直是白日做梦。"这盆冷水虽然足够冷,但却无法泼灭迪士尼建造乐园的激情。结果,迪士尼乐园就在一片怀疑和谩骂声中落成了。当时那些反对的人怎么也不会想到,这个乐园日后竟成为了世界上的一大奇迹。

"美国一条街"是根据迪士尼回忆孩提时见过的一条街道修建的;"明日世界"展现了一派未来世界的景象;"冒险世界"能满足那些乐于探险的人们的愿望;"神奇世界"把人们带到了迪士尼动画片中描绘的梦幻般的境界;"拓荒世界"再现了古老的美国西部。"迪士尼乐园"为人们周游世界,纵览美国历史上的各个时期提供了可能。"继"迪士尼乐园"之后,"沃尔特·迪士尼世界"又在佛罗里达州的奥兰多郊外建成了,这是第二所宏大的娱乐公园。像"迪士尼乐园"震惊西部人一样,"迪士尼世界"轰动了东海岸的人们,数以万计的儿童和成人来到这里参观美国一条街,奇异王国和许多令人难忘的有趣之物。

经过八十多年的精心经营,如今的迪士尼公司已经成为了拥有影视娱乐、主题公园、媒体网络和玩偶商品等业务的世界最著名的企业,它的年收入超过270亿美元,品牌价值达到292亿美元。无疑,迪士尼把快乐换算成了财富,缔造了一个令世人瞩目的商界传奇。

迪士尼的传奇

世界上，从事娱乐业的公司不计其数，但能向迪士尼公司这样深入人心的企业却少之又少。人们不禁会问："迪士尼到底凭什么成了传奇？"既然是传奇，就必然有它传奇的地方。迪士尼的传奇便是来源于它近百年来始终如一的经营理念，即：我们的工作就是让你快乐。也许有人在看到这句话时，会感到不可思议。没错，这确实是一句简单地无法再简单的话，但是，要想实现这句话，却不是每一个公司都能做到的。

那么，迪士尼是怎么做到的呢？也许从东京迪士尼乐园那里，我们可以找到一些蛛丝马迹。

东京迪士尼是迪士尼公司在亚洲建立的第一个乐园，自从迪士尼落户东京的那一天起，他们就一直保持着很高的经营业绩。这都归功于东京迪士尼乐园管理者的经营理念，即：为每一个家庭带来快乐。在这种理念的支撑下，东京迪士尼乐园仅在14年3个月的时间里就创造出了的入园人次达2亿的辉煌业绩。如此辉煌的业绩足以令同行刮目相看，那么，他们到底是如何把这一理念付诸行动的呢？日本人芳中晃是一个曾在东京迪士尼工作了近30年的老员工，他对于东京迪士尼的了解十分透彻。他曾说："东京迪士尼乐园的核心理念，不是'幻想和魔法世界'，而是家庭娱乐。这正是东京迪士尼获得空前成功的根源所在。"

因为在东京迪士尼工作的时间很长，芳中晃对迪士尼的所有情况都了熟于心，被誉为"东京迪士尼乐园活地图"

东京迪士尼是在1980年的12月份开始施工的，就是在那一年，当时27岁的芳中晃被美国迪士尼总部调回了日本，让他参与筹建东京迪士尼乐园。就这样，芳中晃成为了东京迪士尼乐园最早的一批员工之一。在这里，芳中晃做过乐

第7章 迪士尼公司
——制造快乐，传播快乐

园的食堂、宣传部的主管，他用自己的大半生见证了东京迪士尼发展的每一个瞬间。对于公司的经营理念，芳中晃作为一个新员工，从加入公司的第一天起，就深刻地体会到了。

他刚进公司的第一件事，就是接受公司关于"园内餐饮"的培训。

如今，几十年过去了，对于当时的培训，他依然铭记在心。他说："我当时面对的资料多如牛毛，毫不夸张地说，如果是发生地震，桌子上的资料足以把我压死。平均每个月的加班时间超过200小时，在办公室里熬夜，根本就是家常便饭。工作的超负荷绝对难以想象，但又特别吸引人。"由于工作压力太大，芳中晃曾满腹牢骚，也曾想过要放弃，但当几年过去之后，芳中晃终于意识到了公司如此要求员工的意义所在。迪士尼乐园是一个为每一个进园顾客提供快乐的地方，快乐从哪里来呢？当然是迪士尼所有员工精致周到的服务了。顾客只有享受到了满意的服务，才会体会到快乐的滋味，才会玩得开心、尽兴，日后才会有再次光临的念头。

提到东京迪士尼的整个建设过程，芳中晃更是感慨万千，他说："迪士尼公司为了能够向顾客提供一个完美的乐园，他们的工作已经做到了极致。"

当初，为了帮助东京修建迪士尼乐园，美国总部特地前后派了总共近千名"技术特派员"前来帮忙。这些特派员个个都是建筑、设计、装修、餐饮等方面的专家。总部认为只有派这样的人去，他们才会放心。

由于两国之间存在着巨大的文化差异，双方人员每天都要就一些细节进行仔细地讨论。

美国人习惯把电影工作者称作"cast"，所以美国迪士尼乐园的员工也被称作是"cast"。而对于进园的游客，他们则称之为"guest"。也许在别人眼里，这只是一个简单的称呼而已，但迪士尼的工作人员却把这当成是一件大事来研究，为此，美国总部甚至特地派了很多协作人员来和东京迪士尼的负责人商量。

像这样的小细节，在整个筹备过程中数不胜数。例如，在美国迪士尼乐园的英文资料中，对于打招呼没有统一说法，翻译成日语，就全部成了"欢迎光临"。

然而在日本文化中,这只是一个没有任何感情成分的自谦语。每一个日本人说这句话时,通常都不会面带微笑,甚至表情都是僵硬的。芳中晃认为,如果在乐园中也说这句话的话,顾客是无法体会到精心地服务的。于是,他决定用"您好"代替"欢迎光临"。因为它可以让人笑着迎接客人。

可让芳中晃没想到的是,虽然只是简简单单的两个字,但日本的员工接受起来却相当有难度。在日本,人们如果路上偶遇的话,通常会说"早上好",很少有人说"您好"。而在日本的服务行业,"欢迎光临"已成为了一个固定术语。尽管如此,芳中晃还是坚持要让所有员工试着说"您好"。为了让东京迪士尼乐园的所有员工习惯说'您好',他们整整花了两年的时间。芳中晃说:"来迪士尼乐园以前,没想到这样一件小事,我们也会付出如此巨大的精力。"这是一句发自肺腑的话,迪士尼公司之所以能够成为全世界所有游客的天堂,正是因为他们把每一个细节都做到了近乎完美的程度。细节虽然容易被人忽略,但它恰恰是一个企业经营理念和企业文化的体现。对于迪士尼的所有员工来说,为顾客提供无微不至的服务便是对于公司经营理念的认可和遵从。在迪士尼所有员工的眼里,"我们的工作就是让你快乐"这一经营理念,已经深入到了他们的骨髓,他们对于这一理念的坚守,就像是军人对于军规的坚守一样,不可动摇,无可改变。也因为这样的坚持,使得迪士尼公司稳稳地坐上了世界娱乐帝国的头把交椅,并且在近百年的时间里,创造了无数的奇迹。

迪士尼乐园有一个完善而丰富的地下世界,这个地下世界就像是一个梦幻世界。芳中晃在第一次看到这个地下世界时,简直惊呆了。

原来,美国的迪士尼乐园,拥有一个和地上面积完全相同的地下设施。那里干净清爽、环境幽雅,和地面上的高级住宅没有任何分别。在游客眼中完全隐形的迪士尼地下世界,理发店、便利店、食堂、银行、邮政局应有尽有。在每一个表演区的下面,都设有单独的员工休息室;从休息室到厕所、饮料机等处,只要一分钟左右的时间。不仅如此,地下还设有电车,如果要运东西到稍远的地方,只需搭车就可以了。而且,那里的路面都有路线标记,任何人都不用担心会迷路。

然而，这个完美的梦幻世界是不对游客开放的，也许有人会很奇怪，为什么美国迪士尼乐园要投入巨资，兴建一个游客根本看不见的地下世界呢？这也是当时作为新人的芳中晃好奇的一个问题，于是，他就问一个指导老师。指导老师对他说："对每个人来说，我们都要营造一个完美的梦幻世界。只有为员工营造一个舒适的工作环境，他们才会将百倍的工作热情投入到服务中去。"

在兴建东京迪士尼乐园时，东京迪士尼的负责人也像奥兰多迪士尼乐园一样，把一个名叫"巨雷山"的节目搬到了乐园里。

"巨雷山"曾经是美国西部所有淘金者都向往的一个矿坑。岁月蚕食，如今的巨雷山已经变成了一座废墟。关于巨雷山的传说有很多，在无人驾驶的机车带领下，游客们可以在矿坑里疯狂地穿行。为了再现当年的"淘金热"，东京迪士尼的日本员工花了半年的时间，到美国各地收集、购买了各种各样的道具。

此外，他们还设置了一个名叫 SplashMoutain 的表演，舞台上的设计师要求使用真的草坪。而这些草坪都不是日本的，而是从美国专门空运来的。而园里的任何一个厨房，都安装着过滤网和抽油烟机，这种抽油烟机的价钱是日本产品的 3 倍，因为它考虑了自动清洗和自动灭火。

而最让东京迪士尼管理者花费心思的，还是表演本身。芳中晃说："任何一项表演，如果你把从开始筹备到真正表演的过程都做成本预算的话，你就会发现，这一项的花费差不多可以购买一架喷气式飞机。"

东京迪士尼

1983 年 4 月 15 日，东京迪士尼正式开园。而这仅仅只是表演投资中的一项。芳中晃说："为了筹备一项表演，我们大约要花费 3 至 4 年的时间做脚本准备。而为了这些脚本可以配合表演，还需要花 3 到 5 年的时间开展更为详细的筹备。"迪士尼海上乐园有一个名为"印地琼花"的表演，这个表演是顾客最喜

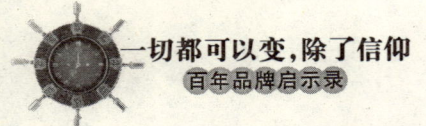

看的一个表演之一,为了做好这个表演,迪士尼工作人员整整准备了十年。

以色列有一个叫阿维德·拉兹的人类学家,他从1983年开始研究迪士尼现象。他曾把日本的迪士尼作为一个研究范本,无数次造访东京迪士尼乐园。他发现,其实世界上所有的主题乐园,包括迪士尼乐园大致都由四部分组成。它包括一个主题大道,一个城堡,一个游乐场,还有很多游戏机。

"要说不同,东京迪士尼乐园里,最明显的是有很多表演一定会删减原来的台词。"他说,"比如在最经典的热带雨林巡航中,我们听不见这样的欧美小笑话:'如果你的岳母也在这条船上,那你就做不了美梦了'。"

工作人员对此的解释是,东京迪士尼乐园的核心理念,不是"幻想和魔法世界",而是家庭娱乐。

为了能够贯彻家庭娱乐这一理念,乐园在设计饮水处凳子的时候,采用的都是父母和子女面对面的设计。此外,乐园还开设了大片大片的郊游区,在这些郊游区里,游客可以带便当进来饱餐一顿。

迪士尼公司的成功是一点一滴地成功,是他们近百年来,始终如一的经营理念的成功。他们用自己的实际行动,把快乐带给了每一个游客。他们也因此获得了令人瞩目的辉煌成就。

对于任何一个企业来说,拥有一个可以稳定的经营理念是制胜的关键。这个理念可以为所有工作人员提供一个明确的方向,它就像是一个导航灯,为每一个人指引着方向。坚持就是胜利,对于一个企业来说,如果能够做到始终如一地坚持一种经营理念的话,成功便是一件自然而然的事。

就像迪士尼公司一样,它的创始人沃尔特·迪士尼早在公司成立之初,就确定了"制造快乐,传播快乐"的经营理念,在此后近百年的发展过程中,每一个迪士尼人都在用自己实际行动来贯彻着这一理念。在他们眼里,制造快乐,传播快乐是他们的工作诉求,是他们作为迪士尼员工的最大的愿望。

第7章 迪士尼公司
——制造快乐,传播快乐

迪士尼的员工哲学

迪士尼公司是如何具体要求员工的呢?在这个方面,东京迪士尼可以说是做到了极致。

到东京迪士尼去游玩,人们不大可能碰到迪士尼的经理,门口卖票和剪票的也许只会碰到一次,碰到最多的还是扫地的清洁工。所以,东京迪士尼对园内的清洁员工非常重视,为了打造一支良好的清洁工服务团队,迪士尼的负责人在他们身上花费了大量精力。首先,他们要对清洁工进行严格的培训,培训的内容包括:

扫地

第一天上午学扫地。东京迪士尼扫地的有些员工,他们是暑假工作的学生,虽然他们只扫两个月时间,但是培训他们扫地就要花上整整3天的时间。

公司规定,每人扫地有3种扫把:一把是用来扒树叶的;一把是用来刮纸屑的;一把是用来掸灰尘的,这三把扫把的形状都不一样。怎样扫树叶,才不会让树叶飞起来?怎样刮纸屑,才能把纸屑刮得很干净?怎样掸灰,才不会让灰尘飘起来?这些看似简单的动作却都应严格培训。而且扫地时还另有规定:开门时、关门时、中午吃饭时、距离客人15米以内等情况下都不能扫。这些规范都要认真培训,严格遵守。

照相

第一天下午学照相。十几台世界最先进的数码相机摆在一起,各种不同的品牌,他们要求所有清洁工每台都要学,因为客人会叫清洁工帮忙照相,可能会带世界上最新的照相机,来这里度蜜月、旅行。如果清洁工不会照相,不知道这是什么东西,就不能照顾好顾客,所以学照相要学一个下午。

包尿布

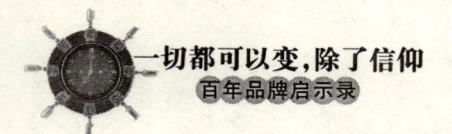

第二天上午学怎么给小孩子包尿布。孩子的妈妈可能会叫清洁工帮忙抱一下小孩,但如果清洁工不会抱小孩,动作不规范,不但不能给顾客帮忙,反而增添顾客的麻烦。抱小孩的正确动作是:右手要扶住臀部,左手要托住背,左手食指要顶住颈椎,以防闪了小孩的腰,或弄伤颈椎。不但要会抱小孩,还要会替小孩换尿布。给小孩换尿布时要注意方向和姿势,应该把手摆在底下,尿布折成十字形,最后在尿布上面别上别针,这些地方都要认真培训,严格规范。

辨识方向

第二天下午学辨识方向。有人要上洗手间,"右前方,约50米,第三号景点东,那个红色的房子";有人要喝可乐,"左前方,约150米,第七号景点东,那个灰色的房子";有人要买邮票,"前面约20米,第十一号景点,那个蓝条相间的房子"……顾客会问各种各样的问题,所以每个清洁工要把整个迪士尼的地图都熟记在脑子里,对迪士尼的每一个方向和位置都要非常的明确。

训练3天后,就会发给每一个清洁工3把扫把,开始扫地。如果在迪士尼里面,碰到这种清洁工,人们会觉得很舒服,下次会再来迪士尼,也就是所谓的引客回头。

不仅是清洁工,就连园内的会计人员也要直接面对顾客。一般来说,由于工作性质的不同,会计人员是不大会接触客户的,但迪士尼却从未忽视过对会计人员的严格要求。他们认为,无论员工从事的何种工作,他们的工作宗旨都是一样的,那就是面对顾客,为顾客提供满意的服务。因此,迪士尼规定:会计人员在前两三个月中,每天早上上班时,要站在大门口,对所有进来的客人鞠躬、道谢。因为顾客是员工的"衣食父母",员工的薪水是顾客掏出来的。感受到什么是客户后,再回到会计室中去做会计工作。迪士尼这样做,就是为了让会计人员充分了解客户。

另外,迪士尼对于工作人员怎样与小孩讲话、怎样送货也有具体的要求。

游迪士尼有很多小孩,这些小孩要跟大人讲话。迪士尼的员工碰到小孩在问话,统统都要蹲下,蹲下后员工的眼睛跟小孩的眼睛要保持一个高度,不要让小孩子抬着头去跟员工讲话。因为那个是未来的顾客,将来都会再回来的,所以要特别重视。

迪士尼乐园里面有喝不完的可乐,吃不完的汉堡,享受不完的三明治,买不完的糖果,但从来看不到送货的。因为迪士尼规定在客人游玩的地区里是不准送货的,送货统统在围墙外面。迪士尼的地下像一个隧道网一样,一切食物、饮料统统在围墙的外面下地道,在地道中搬运,然后再从地道里面用电梯送上来,所以客人永远有吃不完的东西。

迪士尼认为,客户就是上帝,只有让客户享受到了满意的服务,客户才会有二次光临的可能。事实上,很多来迪士尼游玩的人,已经不止两次了。

为了促使乐园的服务人员为顾客提供更优质的服务,迪士尼的管理者始终都在努力使员工们懂得,这里所做的一切,都将成为世界娱乐业的主流和里程碑。为此,他们专门制定了5~10年中长期的人力资源规划,并且每年更新一次。

在"迪士尼乐园"里,每一个工作岗位,都有详尽的书面职务说明。上面的要求明白无误,细致具体,环环紧扣,有规可循。在迪士尼的管理者看来,服务业成功的秘诀就在于,每一员工对待顾客的正确行为和处事。为此,公司要求每一个员工都要学会正确地与游客沟通和处事。对此,公司还提供了一套统一的服务处事原则:安全、礼貌、演技、效率、游客安全第一。

迪士尼公司对于自己的品牌形象从来都是呵护备至的,他们经常对员工开展传统教育和荣誉教育,告诫员工,他们的每一个一举一动、一言一行都会对迪士尼的形象造成影响,正所谓创誉难,守誉更难。迪士尼认为,服务质量是可触摸、可感受和可体验的,如果由游客掌握服务质量优劣的评价权,对于提高公司服务人员的服务质量将会大有益处。于是,公司经常教育员工,一线员工所提供的服务水平,必须要努力超过游客的期望值才行,只有这样,"迪士尼乐园"才能真正成为创造奇迹和梦幻的乐园。

40多年前,"迪士尼乐园"的奠基人沃尔特·迪士尼先生,就明确定义了公司的经营理念:即通过主题公园的娱乐形式,给游客以欢乐。

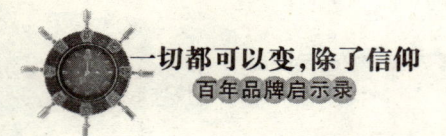

为此，一百多年来，迪士尼公司始终致力于为顾客提供高品质、高标准和高质量的娱乐服务。迪士尼的管理者认为乐园的生命力在于能否使游客欢乐。员工们提供的每一种服务，都是迪士尼服务圈整体的各个"关键时刻"。游客们在一系列"关键时刻"中体验着服务质量，并会记住其中最好和最差的。

为了在经营中力求完善，不断改进和提高。迪士尼的每一个乐园总会有10%~20%的设施正在更新或调整。在迪士尼管理者看来，追求完善永无止境。

在"迪士尼乐园"中，员工们得到的不仅是一项工作，而且是一种角色。员工们身着的不是制服，而是演出服装。他们仿佛不是为顾客表演，而是在热情招待自己家庭的客人。当他们在游客之中，即在"台上"；当在员工们之中，即在"台后"。在"台上"时，他们表现的不是他们本人，而是一具体角色。根据特定角色的要求，员工们要热情、真诚、礼貌、周到，处处为客人的欢乐着想。

为了准确把握游客需求，迪士尼致力于研究"游客学"。其目的是了解谁是游客，他们的起初需求是什么。在这一理念指导下，迪士尼站在游客的角度，审视自身每一项经营决策。在迪士尼公司的组织构架内，准确把握游客需求动态的工作，由公司内调查统计部、信访部、营销部、工程部、财务部和信息中心等部门，分工合作完成。

调查统计部每年要开展200余项市场调查和咨询项目，把研究成果提供给财务部。财务部根据调查中发现的问题和可供选择的方案，找出结论性意见，以确定新的预算和投资。营销部重点研究游客们对未来娱乐项目的期望、游玩热点和兴趣转移。

信息中心存了大量关于游客需求和偏好的信息。具体有人口统计、当前市场策略评估、乐园引力分析、游客支付偏好、价格敏感分析和宏观经济走势等。其中，最重要的信息是游客离园时进行的"价格/价值"随机调查。正如瓦特·迪士尼先生所强调的，游园时光决不能虚度，游园必须物有所值。因为，游客只愿为高质量的服务而付钱。

信访部每年要收到数以万计的游客来信。他们的工作是尽快把有关信件送到责任人手中。此外，把游客意见每周汇总，及时报告管理上层，保证顾客投诉得到及时处理。

工程部的责任是设计和开发新的游玩项目，并确保园区的技术服务质量。例如，游客等待游乐节目的排队长度、设施质量状况、维修记录、设备使用率和新型娱乐项目的安装，其核心问题是游客的安全性和效率。

现场走访是了解游客需求最重要的工作。管理上层经常到各娱乐项目点上，直接同游客和员工交谈，以期获取第一手资料，体验游客的真实需求。同时，一旦发现系统运作有误，及时加以纠正。

"迪士尼乐园"的服务系统是相当完备的，小至一架电话、一台电脑，大到电力系统交通运输系统、园艺保养、中心售货商场、人力调配、技术维修系统，等等。这些部门的正常运行，均是"迪士尼乐园"高效运行的重要保障。

无疑，迪士尼公司是一个最伟大、最成功的公司。它懂得如何将欢乐换算成金币，如何将利润构筑在追求快乐，而不是剥夺之上。正如沃尔特·迪士尼所说："迪士尼所带给你的将全部是快乐的回忆，无论是什么时候。"

第8章 可口可乐公司
——品牌营销,打造天下第一品牌

可口可乐公司成立于1892年,总部设在美国亚特兰大,它是目前全球最大的饮料公司,拥有全球48%市场占有率。公司遍及世界200多个国家,共有160多种饮料品牌。其中可口可乐、芬达、雪碧、健怡可乐是其最具竞争力的品牌。

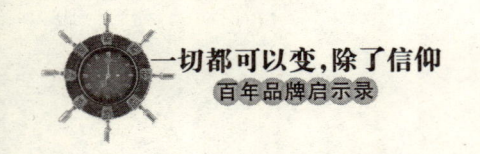

"可口可乐"的诞生

提到可口可乐，全世界的消费者几乎是无人不知，无人不晓。它是当今世界上规模最大的跨国饮料生产企业，产品行销200多个国家和地区，共有160多种饮料品牌。

可以说，无论人们在世界的哪一个角落，几乎都可以看到可口可乐的身影。曾经有人做过一个统计：把全部销售出的可口可乐瓶子直立排列起来，其长度将是从地球到月球往返115次的距离；如果把瓶子铺成7.5米宽的高速公路，则可以绕行赤道15圈。今天在美国，每个人平均饮用可口可乐公司的产品数量是415杯，在日本是163杯，在欧盟则是98杯，在韩国是68杯。如此巨大的销售数量，使得可口可乐公司一直以来都是各国投资者投资的最佳对象。据统计，可口可乐公司的股价在1981年的时候为40多亿美元，如今已经高达1500多亿。它因此被称为是华尔街最有投资前景的公司之一。据美国《财富》杂志2011年的全球500强企业排行榜显示，可口可乐的营业收入额为351.19亿美元，利润为118.09亿美元，资产总额高达729.21亿美元。

可以说，可口可乐公司无论是在本土还是在世界市场上都取得了巨大的成功。在当今世界五大饮料品牌中，可口可乐公司就囊括了其中的四大品牌，即可口可乐、健怡可乐、芬达和雪碧。其中雪碧一直稳稳地占据着国际市场上柠檬汽水销售榜的头把交椅，而芬达则是世界上销量第一的柳橙汽水。

毋庸置疑，可口可乐公司的辉煌业绩是有目共睹的。那么，很多人不禁要问，可口可乐成功秘诀到底是什么呢？它是如何成长为世界饮料行业的当家霸主的呢？也许，我们可以从它长达一百多年的发展历程中，可以找到一些蛛丝马迹。

可口可乐曾经是一位医生发明的，也可以说是他制造了可乐。一次，他给一位病人看病，开了一瓶药水，让病人回家后服用，结果，当他晚上准备休息时，忽

第8章 可口可乐公司
——品牌营销,打造天下第一品牌

然那个人又来了,而且很高兴,将自己的大桶递到医生面前,要求装满满一桶的药水,要和上次一模一样,医生稀里糊涂地照做了。

第二天,那个人带着一帮子人来到这里,纷纷递上了各自的杯子和水桶,抢着买药水。医生很奇怪,便问他们为何天天来买药,难道是家家都生病了?人们举着大拇指夸赞这里的药水很好喝。医生一头雾水:"没有生病,为何天天买药?难道这药水既可以治病,还是可口的饮料?"于是,他大胆地开了一家"药水"制造厂,因为这药水很好喝,人们喝了都无比愉快,他决定把它称为"可口可乐",这位不知名的医生,仅仅因为一瓶药水,后来让自己的药水走遍了世界。

那么,可口可乐的中译名是怎么来的呢?1920年,可口可乐在上海正式生产,这时候的可口可乐还没有一个合适的中文名。无疑这会影响到它的销售,为了能够尽快找到个合适的名字,可口可乐公司开始在英国公开登报征求译名。此时,一位来自上海的学者便以"可口可乐"击败众多竞争对手,获得了通过。虽然这个译名不像可口可乐英文名那样充满传奇色彩,但它所表达的意思却十分精准到位,至今,这个译名还被认为是世界上最好的译名。

真正让可口可乐风靡世界的是两位美国的律师。当时,这两位律师找到了可口可乐的老板埃斯·简道宁,他们向其提出了一个新的商业合作模式,即由可口可乐公司售给他们糖浆,他们负责生产及销售。

双方很快就达成了协议,就这样,这两位律师开始按可口可乐公司的要求进行生产,可口可乐公司允许他们利用可口可乐的商标进行广告宣传。随着销量的不断增加,两人开始在各地建立工厂以扩大规模。

1888年,一个叫艾萨·凯德勒的人看到了可口可乐的前景,便购买了公司股份,把其全部生产销售权掌握在了自己手里。四年之后的1892年,艾萨·凯德勒正式成立了可口可乐公司,他被称为是"可口可乐之父"。

一年后,凯德勒已将可口可乐的市场推广到了乔治亚洲以外。很快,可口可乐就开始在美国各地上市销售了。到了1897年,可口可乐在加拿大、夏威夷和墨西哥等地市场也开始销售了。此时的可口可乐公司已经成了一家颇有名气的公司。

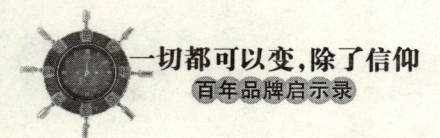

一切都可以变，除了信仰
百年品牌启示录

1919年，凯德勒从总裁的位置上退了下来，于是，他的家族便以2500万美元的高价将可口可乐公司出售，这个价格比起凯德勒当年的投资总额2200美元，足足升值了一万多倍。再后来，可口可乐公司被银行家伍德鲁夫买下，伍德鲁夫是一个十分有经济头脑的人，为了扩大可口可乐公司的规模，伍德鲁夫在他的任期内将公司转为了股份制，可口可乐从此成为了一家上市公司。

接替伍德鲁夫的是他的儿子罗伯特·伍德鲁夫，和他的父亲一样，他也是一个十分具有经营天赋的人。他的一句著名的口号就是"让全世界的人都能喝得到可口可乐"。在这个目标的指引下，罗伯特成立了可口可乐国际部，这个部门在1930年成为了可口可乐的出口公司。也就是从这时起，可口可乐公司正式踏上了开拓世界市场之旅。

和很多公司曾遭遇经营危机一样，可口可乐也曾遭遇过重大危机。那是第二次世界大战期间，随着美国对日宣战，美国开始卷入了大战的漩涡。受战争影响，可口可乐不可避免地陷入了经营困境，它在国内外的销路同时受到了阻碍。这让一向信心十足的罗伯特对此也回天乏力。这是可口可乐公司自成立以来第一次遇到如此大的危机。

然而，罗伯特随后接到的一个从战区打来的电话使得身陷泥潭的可口可乐公司找到了出路。

一天，罗伯特的老同学班塞从战区给他打来了电话，他在电话中对罗伯特说："我不是想你，我是天天在想你的可口可乐。"罗伯特一听此话，顿时心中豁然开朗起来：如果前线的将士都能喝到可口可乐，那么当地的人自然也可以喝到这种饮料，这样还愁可乐卖不出去吗？

于是，罗伯特立即发表了一项特别声明，称："不管美国的军队在什么地方，也不管本公司要花多少成本，我们一定让每个军人只花5美分就能买到一瓶可口可乐。"随着可口可乐不断被运送到前方战场，可口可乐迅速成为了军人们的生活必需品，甚至还被列入了政府的军需产品之列。

就这样，可口可乐跟随着美国大兵四处辗转，从新几内亚丛林到法国里维拉那的军官俱乐部，随处都可以看到可口可乐的踪影，可口可乐在这一特殊时期开始大卖特卖，它成了第二次世界大战受益最大的公司。

在战争期间，可口可乐公司为军队在海外共建了 64 个瓶装厂，这些工厂不停地为美国军事人员提供可口可乐饮料。可口可乐达到了问世以来的最高生产记录，战争结束后，随着美军陆续撤回国内，留下来的可口可乐生产设备就变成了当地首家生产可口可乐的工厂。经历了这场战争，可口可乐不但渡过了难关，而且已经在世界各地遍地开花了。

1955 年，罐装可口可乐正式问世。1960 年，可口可乐公司曲形瓶的设计获得美国专利注册商标，同年，可口可乐公司将芬达果味汽水推向全球。1961 年，可口可乐在美国推出雪碧类柠檬饮料。

早在 20 世纪 20 年代，可口可乐就进入了中国市场。1927 年，可口可乐在上海落户，随后在天津、青岛相继成立了装瓶厂。上海装瓶厂是当时可口可乐在境外最大的工厂。到目前为止，可口可乐已在中国投资了 24 家装瓶厂，投资额达到 8 亿美元，是仅次于通用公司和摩托罗拉的美国在华第三大投资商。

轰轰烈烈的品牌营销

可口可乐有一句名言：让全世界的人都喝可口可乐。一百多年来，这句话一直可口可乐历任总裁坚定不移的信念。

在这一信念指导下，可口可乐公司在过去一百多年的时间里可谓是掀起了一场轰轰烈烈的品牌营销运功。

对于任何一个公司来说，能够拥有一个独特的品牌便是一种强大的竞争力的象征。如果说商品是一个公司的有形资产的话，那么品牌就是公司的无形资产。它对于一个公司的发展具有至关重要的意义。它不仅可以帮助公司将自己

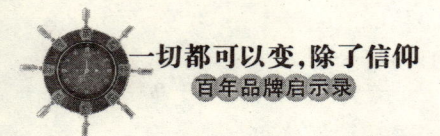

的产品和竞争对手的产品区别开来,还可以帮助公司提升销售业绩,进而占领市场。最重要的是,它还能够提高消费者对品牌的忠诚度。

对于有着一百多年发展历史的可口可乐公司来说,它之所以能够在一百多年的漫长时间里屹立不倒,其主要原因就在于它的独特的品牌战略。这种强大的品牌战略使得可口可乐公司的影响力得到了空前的提升,同时得到了巨大的利润。

可口可乐公司是一个名副其实的世界级企业。作为一个享誉世界的品牌,可口可乐公司在品牌营销方面一直以来都有着自己的一套方式。在他们看来,品牌就等于客户,拥有了客户才就拥有了品牌。如何才能拥有客户呢?

从某种程度上说,可口可乐是实施品牌战略的光辉典范。

理论上说,实施品牌战略的文化基础是企业品牌,而企业品牌不仅仅是指产品,它包括产品的商标和公司的文化。也就是说,消费者对企业品牌的认同,不仅仅局限于物质层面,更多时候它还包括精神层面。对于一个公司来说,要想让企业持续地发展下去,就必须要得到广大消费者的认同,这种认同不仅包括认同它的产品,更重要的是还要认同它的企业文化。

可口可乐独特的商标设计也是其得以行销世界的一个原因。它的红底白字,十分引人注目,书写流畅的白色字母,在红色衬底的映衬下,有一种悠然跳动之态。由字母的连贯性形成的白色长条波纹,给人一种流动感,充分体现出了液体的特性,整个设计充满诱人的活力。迄今为止,可口可乐虽历经百年风雨,它那个性独特的商标却一直沿用至今,当它被译为各种文字遍布世界各地时,它就已经成了可口可乐的象征,深受世界各国消费者的认同和喜爱。

20世纪初,一位移民到印第安纳州的吹玻璃工人亚历山大·塞缪尔设计了一款容量为6盎司半(相当于195毫升)的"仕女"身型的玻璃瓶。凯德勒在第一次见到它时,就被它美观的造型和巧妙的设计深深地吸引了。它亭亭玉立,宛如少女,容量又刚好盛一杯水,于是,他当即就以600万美元的价格买下了这个专利。作为可口可乐饮料的包装专用瓶,这个玻璃瓶从此就成为了可口可乐的又一独特的标志。它具有着巨大的魔力,使得任何一个消费者只要看到它就会想到可口可乐。

作为"可口可乐之父"的凯德勒对于可口可乐公司的影响是深远的。起初,在他刚刚取得了可口可乐的制造权时,他就开始了可口可乐品牌战略的设计与实施。

首先,他明确了可口可乐的大众特性。他不断强调可口可乐是大众化的清凉饮料而非药剂。这一点是非常重要的,因为很多大人总会担心里面含有药的成分而不让孩子喝。确定了可口可乐的身份,就使得可口可乐能够吸引到更多的顾客。

其次,他建立了可口可乐的原液供应制度。可口可乐里最主要的成分是普通的水,由公司向代理店供应原液,由代理店自行配制,就拓宽了销售渠道,扩大了销售网络,使更多的人饮用可口可乐成为可能。

最后,他确定了可口可乐的经营原则。坎德勒说:"一种受大众欢迎的饮料,最最重要的一件事是稳定品质,保证品质,而不是创新,尤其在口味上,切不可轻易变更……"这就是说,可口可乐在得到顾客的认同后,必须保证质量与口味的稳定。这最后一点正是可口可乐公司之所以能够历经百年而长盛不衰的主要原因。

要让全世界的人都喝可口可乐

可口可乐之所以能有今天这样辉煌的成就,罗伯特·伍德鲁夫是其头号功臣。他在上任伊始,就确立了公司的营销理念,即"要让全世界的人都喝可口可乐"。

他深知顾客的忠诚对于公司品牌的重要性,为此,他专门制定了一个"3A"策略。所谓"3A"指的是公司必须要努力做到,消费者在购买可口可乐产品时能够"买得到(Available)、买得起(Acceptable)、乐得买(Affordable)"。为了实现

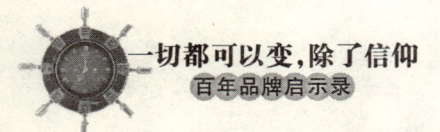

"3A"策略,可口可乐公司将产品带到了舞厅、理发店、办公室、火车等可以随取随用的地方。他们甚至提出了:"要让人们无法回避可口可乐"的口号。他们始终把坚持低成本当成是一个信条,由于可口可乐不是资本密集型产品,生产起来既不困难,也不费力,所以它的生产成本十分低下,这便做到了人人都可以买得起。从1886年到20世纪50年代,每瓶可乐仅售价5美分,就算是在今天,它的价格也不是很贵。低廉的价格为可口可乐带来的是畅销不衰。即使是在20世纪30年代经济大萧条和后来的经济不景气时期,可口可乐能够持续畅销。

为了进一步扩充市场占有率,后来,可口可乐公司把"3A"变为了"3P"。所谓"3P"是指"无处不在(Pervasiveness)、心中首选(Preferece)、物有所值(PricetoValue)"。本着这一理念,可口可乐公司开始把触角伸向了教堂、学校、发廊、空手道教场、康复保健诊所以及垒球场等人流最多的地方。可以说,在扩大产品市场占有率方面,可口可乐公司几乎做到了无孔不入。

具有如此传奇色彩的可口可乐本质上其实就是一瓶能解渴的"水",和那些以高技术含量立足的公司不同,可口可乐公司并不是一个追求科技含量的公司,然而,就是这么一个生产"水"的企业竟然能够在全世界范围内声名显赫,这不得不让人感叹它身上所具有的独特魅力。

有人说是可口可乐的"神秘配方"让它在一百多年里始终在紧紧地抓着人们的眼球。事实上也正是如此。

长期以来,可口可乐的主要配料一直都是公开的,这些配料包括:糖、碳酸水、焦糖、磷酸、咖啡因、古柯叶和可乐果等。但这些都不是重点,在可口可乐中所占比例不到1%的神秘配料——"7X"才是可口可乐神秘的原因。据说,这种原料配方只有单存本存世,它一直被锁在得克萨斯州的一家银行里的一个"不显眼"的保险柜里。作为一个收藏品,它的价值不过几千美元而已,但对于可口可乐公司来说,它却价值数百亿美元。在可口可乐公司,只有极少的人能够幸运地参与可口可乐7X的配制,除非经公司董事会投票同意,否则任何人都无权接近这个配方。如果你是少有的几个知道此配方的人,那么你就要时刻注意了,只要你透露了些许秘密,你就会被公司告上法庭。

无疑,这种神秘的"7X"极大地增强了可口可乐的神秘感,为可口可乐带来了巨大的销售利润。

可口可乐公司认为,良好的企业形象对于打造顾客对可口可乐的认知度、美誉度、满意度以及忠诚度起着十分重要的作用。所以,一直以来,可口可乐公司都在不遗余力地维护着自己的企业形象。

一位可口可乐广告商曾这样告诫他的职员:"我们卖的是一种根本不存在的东西,他们喝的也只是一种形象而不是产品"。可以说,一部可口可乐的成长史,从某种意义上说,就是其着力塑造企业形象的历史。罗伯特·伍德鲁夫曾说:"可口可乐 99.61%是碳酸、糖浆和水。如果不进行广告宣传,那还有谁会去喝它呢?"

不遗余力的品牌推广

为了树立一个良好的企业形象,可口可乐公司在品牌推广上从来都是不遗余力的。据说,可口可乐公司每年收入的很大一部分都被用来进行品牌推广。

据统计,在1886年,公司刚刚成立的时候,可口可乐的营业额仅为50美元,然而,它的广告费却高达46美元;1893年广告费为12395美元,1900年超过了10万美元,到1912年,猛涨到100多万美元,仅仅过了八年的1920年,广告费又翻了一番,到1941年广告费追加到1000万美元,1948年达到2000万美元,1958年再翻了一番,增加到4000万美元,2000年达到了1.9亿美元。如此巨额的广告投入,为公司带来的是巨大的品牌影响力,它让自己的形象深入了世界各国消费者的心里。

"请喝可口可乐"和"可口可乐,清凉可口,提神解渴,心旷神怡,使你身心愉快"是可口可乐公司推出的第一个广告语。从此之后,独具特色的广告就成了可

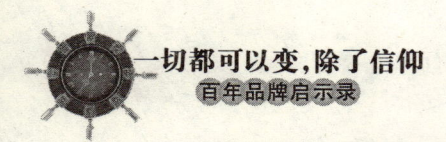

口可乐公司宣传自己形象的一大利器。1915年公司推出了"永远的可口可乐"这一广告词,从此便拉开了广告大战的序幕。此后,空中广告,动画广告,就成了可口可乐公司的独家首创。1911年,可口可乐公司特地聘请画师在美国各地的白墙上画上它那红底白字的产品标志,覆盖面积多达五百多万平方英尺。而在1913年,可口可乐公司则散发了一亿多件带有可口可乐标志的小礼物,当人们手拿这些小礼物时,可口可乐的标志自然就闯入了他们的视线。

可口可乐公司十分清楚文化对人的潜移默化的影响,他们认为要想将消费者牢牢地抓住,就必须要借用文化力的推动。为此,他们专门聘请了很多知名的心理学家、社会学家、精神分析家,以及各类艺术设计人员,试图利用他们的聪明才智来为可口可乐的广告宣传献计献策。

可口可乐公司做制作的广告有三个不可违背的原则,即:赏心悦目、简洁有力、给人以清爽感。罗伯特·伍德鲁夫在出任公司总裁时,十分注重广告的制作。甚至每一条广告他都要他亲自审查才行。回顾可口可乐公司的广告史,在这一百多年的历史中,他们创造了很多令人过目不忘的广告语,他们因此被称为是广告先锋。

对于名人在广告宣传方面的作用,可口可乐公司更是心知肚明。于是,他们充分利用了这种名人效应,从公司刚开始成立时,就将目光盯准了那些耀眼的明星们。比如,公司最先请的明星是美国的一位棒球巨星泰·科博和女明星希尔达·克拉克。此后,克拉克·拜伯、凯端·格兰特、简·哈罗和琼·克劳夫德、尼尔·迪芒德、莱斯利·高尔、瑞·查理斯、艾瑞沙·富兰克林等巨星都成为了可口可乐的宣传者。

如果仔细研究一下可口可乐的广告的话,会发现虽然他们的广告经常变换,令人眼花缭乱,但在这些广告里却始终贯穿着一条主线,那就是用一种"世界性语言"与世界各地的消费者进行沟通。这是一种威力巨大的情感传播,在可口可乐漫长的发展史上,可口可乐一直都在致力于这种情感表达。

赞助世界体育赛事是可口可乐公司一直以来最重要的宣传渠道之一。可口

第8章 可口可乐公司
——品牌营销,打造天下第一品牌

可乐公司深知,赞助体育赛事是一件一本万利的运作,它可以提升公司形象、扩大品牌知名度;有利于产品促销;可以增强与消费者的亲和力与沟通。总之,赞助体育赛事绝不是一个亏本的买卖。

可以说,如此费尽心机的品牌宣传与经营活动为可口可乐连续成为全球最有价值品牌立下了汗马功劳。

而另一个让可口可乐公司大放异彩的营销方式则是他的本土化营销。在美国经济学界有这样一个共识:跨国公司海外业务的成败往往取决于是否认识和理解不同文化之间存在着的根本区别,倘若这些公司的高层能够不死守美国文化不放的话,它就可以取得巨大的成功。

任何成功的营销模式都是地域性的,有一句话这样说:"营销越是国际化,就越是本土化。"可口可乐公司深谙此理。他们是最早采用"本土化"的营销方式进行生产和销售的公司,这种具有开创性的营销方式大大提升了公司的品牌价值,使得公司获得了巨大的销售利润。

"3L"策略是可口可乐公司一直以来进行全球扩张的法则:做本土员工、投资本土经济、做本土公民。其主要策略是:1.在当地设立公司,所有员工都用当地人;2.由当地人自己筹措资金,总公司原则上不出钱;3.除了可口可乐"秘密配方"的浓缩原汁外,一切设备、材料、制瓶机和瓶子、运输、销售等都由当地人自制自办,总公司只提供技术服务;4.销售方针、生产技术、人员培训由总公司统一负责办理。

罗伯特·伍德鲁夫曾这样说:"技术和质量控制完全由我们教给当地人,只要他们掌握了就没有问题。重要的是,我们必须这样办。外国人对美国的崇拜不会一成不变,对美国货也不会永远迷信。他们的爱国之心会逐渐加强,像饮料这样的消费品,如不借助当地人的力量,很难在海外长期立足。只有搞'当地主义',让当地掌握生产和销售,才能永久立于不败之地。"

在很多人眼里,可口可乐是一个不折不扣的谜,没有亲眼见证过可口可乐公司发展的人是很难想象它到底是如何取得如此辉煌的成功的。可口可乐公司

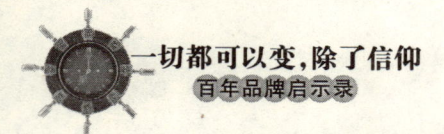

创办人阿萨·G·凯德勒曾经说过:"即使我的企业一夜之间烧光,只要我的牌子还在,我就马上能恢复生产"。这样的话,任谁听了都有些狂妄自大的味道,但因为它是从凯德勒的嘴里说出来的,所以没有人会认为他是在妄自尊大。

质量是一种资本

为什么凯德勒敢如此"嚣张"呢?说到底,还是因为他对自己产品的信任。质量是可口可乐公司之所以能够走到今天的最最重要的因素。因为它的质量,才使得可口可乐公司的品牌营销走得如此顺畅。

正如一位可口可乐公司的负责人所说:"质量是赢得顾客信任和忠诚的根本,我们要像捍卫自己的声誉那样捍卫可口可乐产品的质量。"可口可乐公司是这样说的,也是这样做的。

可口可乐从原材料采购就开始严格地把控和筛选。据介绍,可口可乐采购的所有原材料和包装均来自经可口可乐系统严格认定的"指定合格供应商",这些供应商的能力和其他各方面都必须满足可口可乐的高标准要求。

为保障可口可乐采购的所有原料的质量和安全,可口可乐与这些指定合格供应商均建立了系统的互动机制。与此同时,可口可乐还定期派专人对这些"指定合格供应商"进行审核和质量监控。他们的目的就是要确保供应商的生产工艺和生产质量始终如一。

另外,可口可乐对每一种材料都有明确的规格要求,每批原材料都必须经过供应商按可口可乐规格要求自检,并由可口可乐品控部门抽检合格后方能入厂。所有原材料要定期送第三方实验室做非常规性全面检查,以确保原材料的质量。

可口可乐的整个生产管理须经过数十道细致工序关口,外加生产安全管理及环境管理等诸多环节。

第8章 可口可乐公司
——品牌营销，打造天下第一品牌

可口可乐规定公司所有使用的水源都必须是市政供水或者经市政书面认可的水源。而且，可口可乐的每一个生产厂都安装了"多级水处理系统"，它可以进一步过滤掉如金属离子、微生物等微量杂质。

在生产过程中，公司会不断定时重复测试"多级水处理系统"处理后的水的关键指标。糖是可口可乐饮料的主要成分之一，对于原料糖的选择，公司也同样严格。为了保证糖质量不会对产品的质量和口味造成任何方面的影响，每个可口可乐装瓶厂均有一套原料糖的处理系统对糖浆进行净化。

而在饮料生产期间，可口可乐装瓶厂的品控人员会不断定时重复测试生产中产品关键指标，比如甜度、口味、饮料外观、碳酸化量、温度等，以及定时进行微生物监控，确保微生物指标持续符合可口可乐的各项指标。

虽然可口可乐整个生产工艺有几十道工序，但每一个环节都有着严格的技术规范和标准。如此复杂的工艺和质量控制体系，实际上给可口可乐所有产品的质量管理提出了高要求，也是可口可乐产品质量的一种有效保证。

可口可乐至今已有一百多年的历史了，可以说，在漫长的一百多年里，可口可乐公司正是凭着对质量的坚守从而创造了无数奇迹。

作为当今世界饮料业的当家霸主，可口可乐公司已经在世界各地消费者的心里打下了深深的烙印。无疑，可口可乐是一个让所有消费者都难以拒绝并且忘怀的产品，因为它拥有着巨大的品牌影响力；作为一家公司，可口可乐的品牌强力可谓是无处不在的。如果把千姿百态的商品市场比作百花园，那么，可口可乐公司就是其中最绚丽、最耀眼的奇葩。一百多年来，它被无数对手羡慕着，被无数顾客向往着。这是它的成就，也是它的荣耀。

在全球最有价值的品牌调查中，可口可乐已连续多年雄踞霸主地位，可谓是名副其实的全球第一品牌。

可口可乐是个品牌的巨人，虽经一百多年风雨而青春不老；可口可乐是个品牌的宝典，在其一个多世纪的发展过程中，它累积了丰厚的文化沉淀。这些如今都已融合成了公司企业文化的一部分。

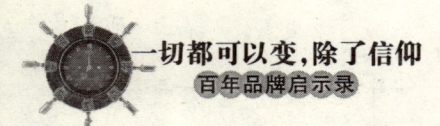

一切都可以变，除了信仰
百年品牌启示录

正如可口可乐（中国）公司对外事务总监李小筠所说："品牌，简单地说，就是一个商品的标牌，让人可以分别出与其他商品不一样。可口可乐的口味是独特的，别人没法模仿，这是产品的特质。但另一方面，它不光是个饮料，也代表着一种文化，这就是它的内涵。然而，塑造这一文化并不是在一朝一夕间就能完成的。一百多年来，我们始终没有忘记，我们要用最好的质量保证，最好的服务，不断加深消费者对我们品牌的沟通，加深对我们品牌的忠爱，然后变成其生活中不可缺少的一部分。人们一想喝饮料，就想到可口可乐。"

这是可口可乐公司的文化，也是他们一百多年来对顾客的长期的承诺，很多时候，它已经被消费者当成了自己的老朋友。没有品质，没有质量，就没有信誉，也就没有品牌。如果某个品牌，只是靠大量打广告，那么在一段时间内，人们可能会对它有所认识，但服务或产品质量等跟不上，最终也会被消费者抛弃。

最近有一项调查，可口可乐仍然是世界第一品牌。这是一代又一代可口可乐人不断努力的结果。

第9章　飞利浦公司

——以客为尊，人尽其才，价值创新

飞利浦公司从成立到现在已经走过了一百多年的风风雨雨，在这一百多年的时间里，飞利浦公司始终走在世界电子领域的前列，创造着一个又一个令人艳羡的奇迹。那么，它是怎么做到的呢？它的竞争力到底来源于哪里呢？

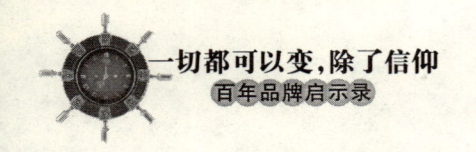

以客为尊

有这样一个公司,它是全球第一大液晶电视生产商,它拥有着全球第一大医疗系统公司,它是全球第二大申请国际专利公司,它拥有着全球第一大电动剃须刀品牌,它是全球第一大照明公司,全球第一大小家电公司,全球第三大电话公司,它是全球十大 IT 公司之一。这个公司是谁呢?它就是以生产电子产品而享誉世界的荷兰飞利浦公司。

在全世界消费者眼里,飞利浦公司是一个值得尊敬的企业。它的产品遍布世界各地,深深地影响着人们的生活。它的赫赫大名总是在提醒着全世界的消费者,购买飞利浦的产品绝对一个明智的选择,所以,当男人购买剃须刀时,女人购买吹风机时,他们总会不由自主地想到飞利浦。

也有人曾质疑,飞利浦头上的这些光环,是不是徒有虚表,浪得虚名?其实,这样的担心大可不必,这样的质疑多此一举。飞利浦公司是一个拥有着一百多年历史的公司,可以说在当今世界电子领域里,它绝对是一个名副其实的老牌企业。如果是浪得虚名,也许它可以辉煌一时,但绝不会辉煌一世。飞利浦公司之所以能够在世界电子界屹立百年不倒,自然有它的原因。

这是一个竞争激烈的社会,对于每一个公司来说,要想在如此你死我活的竞争中觅得一席之地,就必须要拥有自己独特的优势,这种优势应是别人无法比拟和复制的优势,只有如此,公司才会具有强大的竞争力。

飞利浦公司从成立到现在已经走过了一百多年的风风雨雨,在这一百多年的时间里,飞利浦公司始终走在世界电子领域的前列,创造着一个又一个令人艳羡的奇迹。那么,它是怎么做到的呢?它的竞争力到底来源于哪里呢?任何一个公司都知道,公司的持续发展离不开顾客的支持,那么公司应该如何获得顾客的支持呢?良好的服务。只有时刻为顾客提供满意的服务,顾客才会对产品产

第9章 飞利浦公司
—— 以客为尊,人尽其才,价值创新

生好的印象,从而成为忠实的客户。在这一点上,飞利浦公司可谓是做到了极致。"以客为尊"便是他们一百多年了始终坚持的一种服务理念。

如今的商品市场早已从之前的卖方市场转变为了买方市场,这对于任何一个公司来说,都是一个巨大的挑战。失去了曾经的卖方市场的优势,这些公司要想在市场上胜出,就必须寻找其他方法。在这种情况下,价格大战就成为了很多公司采用的手段。于是,在世界市场上,各大品牌的价格大战开始轮番上演,他们企图通常低廉的价格来取悦客户。然而在这此起彼伏的吆喝声背后,却是这些公司的筋疲力尽及对用户的冷淡与麻木。服务客户的理念早已被他们抛之脑后了。然而,飞利浦公司却坚持了下来,作为一个世界老牌电子生产企业,飞利浦公司一直在努力践行着自己的服务理念,他们的目标就是要为全世界广大客户提供更为周到缜密的售后服务。

为此,飞利浦专门构建了严谨科学的咨询调查网络,这个网络可以确保公司在最短时间内、最大程度上与用户进行良性互动和沟通,从而准确快捷地收集和掌握客户的反馈与意向。飞利浦认为,在广大消费者日益追求产品个性化、时尚化的今天,客户对于服务的要求千差万别,只有掌握并了解这些要求,公司才能够把服务做到最好。这样一来,渠道和信息就显得比以往任何一个时候都重要得多了。

一直以来,中国是飞利浦的一个最重要的市场。为了能够更好地服务于中国客户,飞利浦消费电子中国服务部共在全国近500个城市设立了600多个特约维修站,并配备了200多辆服务车提供上门服务。对此,飞利浦的负责人是这样解释的:我们需要及时听到来自客户的真实声音,以便实时调整自己的服务措施。

差别化的售后服务是飞利浦公司的一项独具特色的服务。一直以来,IT业的售后服务总是给人一种千篇一律的印象,尽管各大公司都在为提高自己的售后服务大费脑筋,但在本质上,这些服务措施并没有什么明显的差别。一般来说,大多数公司的做法是安装一部免费的热线服务电话,安排一位笑容可掬的

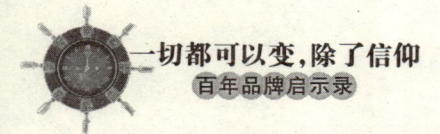

维修人员，然后准备一张价格明晰的配件维修单。如此标准化的服务体系标准得虽然没有一丝漏洞，但却总是给人一种冷冰冰的感觉。这是飞利浦公司所无法接受的，他们认为一个企业要想得到客户的信任，为客户提供良好的服务，就必须要"以客户为尊"。为此，飞利浦提出了差别化服务的概念。

一直以来，他们都在努力地将传统的规范格式化的"技术活"变成细致人性化的"感情活"。拿中国为例，飞利浦消费电子的中国服务总部在上海，它将中国市场划分为了华北、华东、华南和中西四个区域，公司规定，各个区域的售后服务工作由区域的服务经理负责。区域下设26个分部，由各地客户工程师负责。各地客户工程师在服务的最前沿，及时有效地提供区域内消费电子产品的售后服务，指导和监督飞利浦特约维修站的表现。公司认为，急顾客所急，想顾客所想是赢得客户的最有效的方法，他们要求每一位维修工程师在认真听取用客的意见和要求后，都要进行仔细的研究设计，进而拿出一个操作性较强的解决方案来，从而真正做到让顾客放心和舒心。

"提供卓越的顾客服务，不断满足顾客的需求"是飞利浦服务的永恒主题。今天，IT市场的竞争正在发生着由"产品技术"向"应用和服务"的转变，而秉承"以客为尊，服务至善"的服务理念，则是飞利浦公司始终不变的承诺。

强化质量管理是飞利浦公司"以客为尊"思想的另一种表现。飞利浦公司认为，质量是产品的灵魂，是公司的生命，同时更是对客户的尊重。在飞利浦看来，质量管理的核心要求是：关注顾客。为客户着想就要努力提升产品的质量。

1983年，为了进一步提升员工的质量意识，飞利浦在公司里组织了一次大规模的讨论。在这个讨论会上，员工各抒己见，发表了对提高产品质量的看法。讨论结束后，工作人员便把所有意见和建议都汇报给了董事会。就在当年的10月份，董事会根据讨论的内容做了一份"政纲宣言"，在这个宣言里，董事会进一步明确了提高产品质量的重要性。并且要求飞利浦公司所有部门都要以"政纲宣言"中的原则行事。

此外，公司董事会每年都要对在产品质量的改进上所取得的成绩进行一次

第9章 飞利浦公司
——以客为尊，人尽其才，价值创新

严格评估。在几年的时间里，飞利浦就这一问题共召开了 250 多次会议。他们要求公司的每一部门都要明以"全公司质量改进计划"为工作重点。在包括公司的生产部门、销售、管理和后勤保障部门的 150 个内部机构中，涉及人数达 6 万人，都在认真贯彻落实质量改进计划。为了更好的贯彻这一战略，飞利浦动用了许多种不同形式的渠道方式，从激光形象显示到普通的标志和编印业务通讯，从录像带到内部讨论会以及非正式的聚会。目的只有一个，就是充分利用公司内外的一切资源，推行质量改进计划。

为了激励公司员工坚持质量管理的要求，飞利浦在集团内部设立了"飞利浦质量奖"和"飞利浦卓越经营奖"。"飞利浦卓越经营奖"是以欧洲的质量奖 EFQM 的评估标准为基础，同时又加入飞利浦的企业文化而形成的，它是飞利浦用于衡量公司所有部门是否达到质量的标准之一。该奖分为 9 大项目，32 个子项，涵盖了领导风范、方针和策略、员工管理、伙伴和资源管理以及过程管理。

在飞利浦看来，建立严格的质量管理制度是提高产品质量的前提和保证，作为一个老牌的欧洲企业，飞利浦公司时刻奉行着一种严谨的工作作风。飞利浦在进入中国市场后，虽然销售乃至部分产品的设计制造已经开始本地化，但飞利浦特有的精益求精的产品质量和严谨的工作作风，却没有一丝改变。

在这种理念的指引下，飞利浦所生产的音响、VCD、家庭影院等产品都成为了人们心中最值得信赖的商品。在飞利浦国际质量管理系统的监督及总部技术质量管理系统的指导下，飞利浦销售的所有产品均通过严格的生产质量控制与成品质量检验，具有安全可靠的性能，都达到了高水平的国际质量标准要求。

为顾客提供一流的服务，根据顾客的具体情况和要求为他们出谋划策，提供最佳的解决方案是飞利浦公司一直以来都在坚持的服务理念。为此，飞利浦在世界各地的销售组织开展了一系列"关心顾客"的活动，这些活动旨在为顾客提供售前、售中和售后的全过程服务。同时，飞利浦还设有专门的服务中心，仅在美国就设有 48 个家电服务中心，这些服务中心每年大约会接到 60 万次的电话咨询。

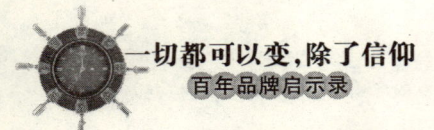

一切都可以变，除了信仰
百年品牌启示录

飞利浦的家电服务中心把服务时间从每天12小时延长到了24小时,中心规定,工作人员必须要做到消费者在第一次打电话询问产品质量问题时,就必须把问题彻底解决掉。为了进一步提高服务质量,飞利浦还在美国试行了一项"绝招":只要顾客因质量问题将产品送回修理,不论在保修期内还是在保修期外,公司都会付给顾客一笔赔偿金。

如此无微不至的服务,为飞利浦赢得了顾客的信任和青睐。据统计,飞利浦在美国的顾客满意程度在1988年时排名第四,到了1990年就跃居第一位。可以说,飞利浦已经在广大美国消费者中树立起了良好的企业印象。据一项民意测验现实,85%的飞利浦电器消费者表示他们还会购买飞利浦的产品。在中国,飞利浦也同样得到了广大中国消费者的喜爱。1995年,飞利浦曾在中国进行了一次市场调查,该调查显示,飞利浦在中国市场已经处于领先地位。为了给用户提供更好服务,飞利浦建立了消费电子家电维修服务网络。而在2001年度中央电视台举办的评比中,飞利浦被评为"消费者十大满意品牌"之一,值得一提的是,它是唯一获奖的外商品牌。

人尽其才

飞利浦打造自己百年辉煌的另一个法宝便是它的人才策略。简单来说,可以用"人尽其才"来概括。人才无疑是任何一个公司获得强大竞争力的根本,一个公司没有一个强大的人才队伍,就好比是一个将军手下没有能打仗的士兵,即使自己再怎么能征善战,也无法战胜敌人,取得胜利。倘若一个公司能够做到人尽其才,那么它就一定会拥有强大的竞争力,就一定会在千变万化的市场上始终占据主动地位。对此,飞利浦一直有着清醒而深刻的认识。

某地区飞利浦人力资源管理中心副总经理林南宏在一次接受记者采访时说:"我们的人才策略就是锁定目标选才,培养优秀人才,加诸自由、人性化的企

第9章 飞利浦公司
——以客为尊，人尽其才，价值创新

业文化，从而使公司得以在全球占有领先地位。"一直以来，飞利浦公司都把人力资源看作公司发展的重要基础，所以，公司十分注重挖掘人才的潜能，是飞利浦历来贯彻的人才价值观。在这个方面，飞利浦用了近百年的时间建立了一套属于自己的独特而完善的人才选拔与培养机制。

首先是对于人才的招募和选拔。作为一个庞大的跨国集团，飞利浦所采用的招聘方式和渠道是多种多样的，从校园招聘新人；从外部有丰富阅历的在职人士中猎取人才；以及从内部岗位轮换或晋升机制来选择人才，还有内部员工推荐，等等。可谓是真正地做到了不拘一格。这显示了飞利浦在人才管理方面宏大的视野。他们认为，有能力的人会给公司带来巨大的利益，因此，他们只有把眼界放宽，四处搜索才有可能将这些人才招致麾下，让他们为公司效力。当这些有能力的人聚集在一起时，他们就是一个竞争力强大的团队，他们彼此之间所碰撞出来的火花对于公司来说，就是一笔巨大的财富。

公司一旦发现了人才，就会对其进行才能鉴定，经过鉴定，公司会对每一个人才的能力状况了如指掌，然后他们就会根据每个人的特点，为其安排合适的工作岗位。

为此，飞利浦建立了一套完善的评估体系，其中包括360度评估、调查问卷等。这其中，评估中心是重要的工具之一，它是飞利浦独特的领导力发展工具。公司规定，每个被选拔出来、有望进入管理层发展的员工，都必须经过评估中心这一关的考验才行。经过这一评估，公司最终会根据个人情况制定出一个详细的个人发展计划。

为了确保公司每个员工的个人发展能随时得到帮助，飞利浦还专门设立了一个"导师和辅导员计划"，在这个计划中，每一个员工都有指定的导师和辅导员。通常，辅导员是自己的部门领导，而导师则是由跨部门的更高职位的人士担当。导师和辅导员会不定期地与员工进行正式或非正式的沟通，与他们分享经验和智慧，从而为他们提出适合他们发展的建议。

"创造性的工作环境"是飞利浦一直以来都非常注重的一点，因此，公司非

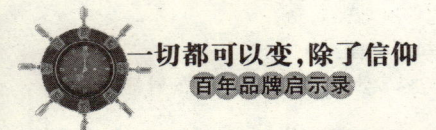

常强调个人、给予充分的授权、责任制的弹性工作时间、垂直整合的双向沟通、企业文化自由且人性化。为了最大限度地提升员工的个人潜能，飞利浦经常会把大量员工送到国外进行培训。他们认为，一个优秀的员工首先要有良好的技能，其次还要有宏大的国际视野。

正如飞利浦的一个人事负责人所说："人才是一个企业最重要的，也是最稀缺的战略资源和核心能力。现代企业综合实力的竞争，说到底就是人才的竞争，是人才成长和发挥作用机制的竞争。可以说，竞争是企业成败的核心，而企业的核心竞争力往往又是由企业所拥有的人才决定的。"一百多年来，飞利浦正是在这样一种人才理念的指导下，培养出了一批又一批飞利浦的精英。这些精英个个能力超群，视野开阔，可以说，正是因为他们的存在，才使得飞利浦能够在业界屹立一百二十多年而依然战斗力十足。

人才是飞利浦技术创新的核心，是飞利浦领先世界数字技术的法宝。一流人才的源源加盟，使飞利浦不仅在电视机、显示器、无线通讯、语音识别、可视压缩机、光学存储产品以及半导体等数字技术领域中领先世界，而且使飞利浦在照明、医疗系统和家庭小电器及个人护理产品方面的技术也达到了世界先进水平。为了保持持续的技术领先优势，飞利浦与中国许多大学及学院进行了长期合作。飞利浦高度重视校园招聘活动，为中国大学生提供良好的工作机会，吸引有志之士加入飞利浦的团队，为了在中国培养世界级的管理人才，飞利浦有完整的计划对每一位新加入的员工进行系统的培训，包括职业发展规划、职前培训、职业轮换及海外就业，等等。

如今的飞利浦无疑是全球电子类企业的佼佼者。它的旗下总共有五个事业部：照明、小家电产品、消费性电子产品、半导体以及医疗系统事业部，产品涵盖层面既深且广。试想，如果飞利浦没有一个能力超强的团队来支撑这个庞大的集团的话，飞利浦将会是什么样子。那么，什么样的人才是飞利浦的最爱，飞利浦又是如何找寻个中人才，将其培养成业界高手的呢？也许我们在看过某地区飞利浦分公司的人才策略之后，就会明白了。

第9章 飞利浦公司
——以客为尊，人尽其才，价值创新

某地区飞利浦人力资源部门的负责人林先生在接受采访时说："员工只有在自由的环境中，才能毫无顾忌地发挥自己的特长，才想象出更新颖、更具创意的设计。可以说，这些人才是推动飞利浦不断前进的动力。"飞利浦在选才时，会考量人才是否有国际视野，因为要配合国际作业，英文一定要好。还有最重要的一点，就是人才要具有很强的适应能力，因为公司往往会因为工作需要而把这些人派到世界各地去。所以，公司对每一个员工的要求是即使被派到了与自己之前的工作毫不相干的部门或是地区，他们也能迅速地融入到当地的团队之中，并且发挥所长，为公司做贡献。

除了要求员工具有较强的适应能力外，飞利浦还要求员工要有创新精神。商场是一个变幻莫测、瞬息万变的地方，公司要想在其中生存和发展，就必须紧跟时代潮流，用源源不断的新产品占领市场。所以，在飞利浦眼里，具有创新精神的员工就是他们的宝贝，而没有创新精神的人，永远也不会成为飞利浦的职员。

为了使一个人能够"多功能使用"，公司经常会进行部门轮调。对此，某地区飞利浦一位负责人说："飞利浦希望自家养成的人才都能了解各地企业，如此才能更深入飞利浦的企业核心。"

为了让员工充分展现自己，某地区飞利浦还专门设立一个训练营。这个训练营每年举行一次，时间为三天。所有参加这个训练营的人都是被公司认为是有潜力的员工。这些人要参加不同课程的考核，然后又由其他考核者评分，从中选出组织深富潜力的人才进行训练。这些人才被称为是"A级人才"。所有参与者必须竭尽全力才行，否则就会惨遭淘汰。

飞利浦是一个跨国且涵盖多种事业体的企业集团，因此这个训练营不只限于一个地区或某一个事业单位，而常常是混杂在一起的。例如：消费性电子产品事业部的员工，会跟半导体事业部、医疗系统事业部的人一起参加，由于这些人来自于不同部门或不同地区，所以在考核时，往往充满了火药味儿，当然这十分有利于激发员工的创新和求胜欲望。

飞利浦的选才工作是十分保密的，人事部门在进行选才时，不会向外部透

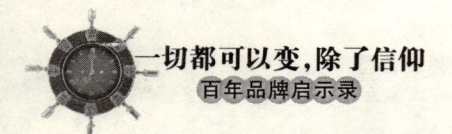

漏任何资料,甚至连活动方式都不愿说明,应聘者在答完题后,不可把试题带出公司,人事部门要回收。有人甚至打趣的说:"参加飞利浦公司的面试,就像是参加高考一样。"

为吸引人才并留住人才,飞利浦对每一位员工进行针对性的培训和职业规划。例如,飞利浦公司有一项针对内部员工的"员工敬业度调查",在每次调查的过程中,所有的员工都会对公司的现状及未来发展提出自己的看法和建议,而每次调查的结果也都会引起飞利浦公司最高领导层高度关注,并成为指导公司下一步策略的重要依据。每位员工将与他的经理一起制定个人发展计划,在计划中描述所有可以帮助员工发展个人能力的相关活动,这些活动将帮助员工在接下来的一年中实现工作目标。

可以说在这些活动的保证下,每位飞利浦的员工都有明确的工作目标和计划。通过这样的方式将工作量化后,员工能更充分地了解自己的优劣势,找出自己的问题所在而加以改进。在工作了一段时间以后,为了使员工可以自己把握职业的发展,员工还可以通过内联网和互联网的系统,搜索、浏览和申请世界各地飞利浦的工作。

而作为飞利浦的员工,还可以报名参加公司为发展员工技能与知识而提供的众多培训项目。无论员工在世界任何地方,都可以获得相同的,受益匪浅的学习经历,也可以找到自己的归属感。

正如飞利浦公司的一位高管所说:"飞利浦能有今天,靠的就是人才。人才是公司的魂,只有努力做到人尽其才,公司才会永久的发展下去。"

第9章 飞利浦公司
——以客为尊，人尽其才，价值创新

价值创新

"以创新改善人们的生活质量"是飞利浦一百多年来始终坚持经营理念。这不仅给飞利浦带来了良好的社会声誉、丰厚的利润，更为它带来了长足的发展。

一直以来，飞利浦都在以价值创新博弈市场，凭借着自己的创新机制和质量管理机制，飞利浦在为全球用户带来了日新月异的高质量电子产品的同时，也在业内树立起了价值创新的典范。

飞利浦认为，创新能够为公司带来活力，更重要的是它可以增强公司的竞争力。随着知识经济时代的到来，各个跨国公司之间的竞争变得更加激烈起来。靠过去的经营方略已经难以保持超群的竞争态势。而对于以小家电为主多元经营的飞利浦来说，由于顾客对产品种类、性能、可靠程度和质量需求是不断提升的，因此，公司必须要时刻保持创新的热情才行。对此，飞利浦提出了"价值创新"的概念。

所谓价值创新就是采用新的观点、工具、系统、技术提高产品或服务，让消费者耳目一新，感到更方便、更快速、更满意。价值创新是一个新理念，它不是通过单纯提高产品的技术竞争力，而是通过为顾客创造更多价值来争取顾客，赢得成功。飞利浦认为，价值创新战略不是被动地适应市场，而是深入了解新兴的市场与顾客需求的变化，为现有顾客创造更多新的消费价值，进而创造新的市场。它的核心是顾客，而非竞争对手。

可以说，在产品的技术创新上，飞利浦始终都拥有着别人无法比拟的优势。飞利浦在全世界有数十个科研中心，这些中心就像是一个个永不停止的机器，为飞利浦提供着各种领先的技术发明。

一直以来，飞利浦的价值创新战略是以市场定位为基础的。飞利浦认为，只有充分了解和掌握市场需求才能够确保所研发的产品大受欢迎。所以，每次公

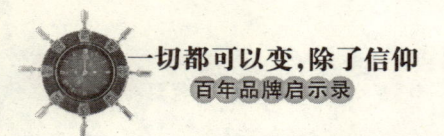

司在开展一个研发项目之前都会事先对市场进行周密地调查、预测、分析和比较。

飞利浦因为始终坚持以市场为取向的策略，所以大大降低了市场风险。拿飞利浦的"拳头产品"——液晶显示器来说，它便是飞利浦最具竞争力的产品之一，一直以来，它都是高质量、高品位、技术创新的典型代表。通过市场调查，飞利浦认识到：更轻、更薄、更聪明、更人性化和更完美的画面是显示器未来的发展趋势，也必然成为厂商竞逐的重点。正式基于这个认识，飞利浦公司经过8年的精心研制，在2000年将一项新技术完美的应用到自己的显示器产品中，开创了一个新的时代。这个技术的核心是将硬件技术和软件技术进行结合，从而实现了一个按键完成综合调节。通过这个按键，能够逐级调节屏幕的明亮度，从而颠覆了过去的"亮度"、"锐度"、"色温"和"对比度"需要进行分别调节的设计。除了上述的改变，通过软硬件的共同调节，还实现了将鼠标选中的区域以突出的柔和亮度显示，这项技术具备了智能自动完成的功能，同时还实现了操作的简易性、并且具有操作的可升级性，这样给消费者创造了最大的利益。

2001年，飞利浦再次有了新的认识，他们率先提出了"显示主导"时代的概念，这个新的认识是来源于基于对全球PC行业发展趋势的深层分析。这个概念让飞利浦的产品的高品质原则贯穿到产品的每一个环节，无论是研发、生产还是销售，追求最卓越的质量和最完美的画面效果，为用户创造出一个理想的显示享受空间的理念一直伴随着飞利浦。

对市场的充分把握，充分掌握消费者的需求，让飞利浦不断的进步和前行，消费者在期待着PC和电视技术应用的融合，不断的追求"人与电脑的和谐"。飞利浦不断的创造符合消费者需求的显示器，不断的创新自己的研发、不断的生产品质超群的显示器，也不断的获得消费者的满意，"显示主导"时代在飞利浦的全面引导下不断的前行。2003年，飞利浦在不断的积累和创新下，两款新型集成PCI视频/立体声解码器产品，使家庭PC可以具备电视接收能力。而飞利浦的PCI视频/立体声解码器产品系列是基于PC视频获取系统，提取优异的性能

第9章 飞利浦公司
——以客为尊,人尽其才,价值创新

和图像质量。这两款产品,其中一款新型解码器 SAA7135 定为在高端应用,它主要针对,也是业界首次推出支持由杜比 ProLogic 解码增强的立体声的单片 PCI 视频/立体声解码器。正式 SAA7135 的应用,PC 电视卡上的芯片数从三个减至一个,大大降低了成本。而另外一款是专为北美、日本的电视标准而设计的 PCI 视频/立体声解码器,这就是 SAA7133。它结合了多标准、高质量的视频解码和低噪音立体声解码,符合美国广播电视系统委员会颁发的美国立体声电视播放和接收标准 BTSC-dbx 以及日本电子工业协会建立的相应的日本标准。SAA7133 和 SAA7135 这两款产品,可以支持基于 PC 的电视广播接收、时间位移、录像、视频编辑、家庭影院环绕声、数据广播接收和随机存取电报业务等应用,是飞利浦引脚兼容单片解码器产品系列的成员。当然,他们也可检测 Macrovision 的版权保护信号,从而确保源程序在整个从模拟到数字的转换过程中始终受到版权保护。

两款解码器仅仅是一个开端,为了更好的在银行业和交通业中更好的应用,飞利浦公司进一步开发一种近程通信(NFC)技术。这种技术如果开发成功,将会创造一种新的、具有智能功能的移动终端。消费者就可以通过一部手机,来实现通信、付费、进行身份验证的功能。近程通信(NFC)技术其实是在 PDA、手机和掌上电脑等移动终端中嵌入包含各种非接触式智能卡的功能的特殊芯片。消费者只要携带使用近程通信(NFC)技术的移动终端,就可以在超市购物时实现非接触式的自动支付,从而远离排队付款的苦恼;就能够实现在任何时间、任何地点的支付、票务、在线娱乐内容访问等事务。近程通信(NFC)技术的应用,将让消费者的服务方式发生革命性的变化。

显像管技术在不断的普及,显像管产品的差异也在不断的缩小,新的方向到底在哪里?飞利浦有了新的发展。健康、环保等科学消费概念不断的深入人心,眼睛的保护成为了一个新的关注的重点。这个时候,飞利浦也将更多的精力投放到显示器电路设计方面,全面提升显示器科技的新领域成为了显示器技术发展的重心。

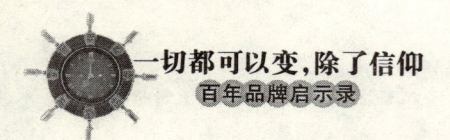

一切都可以变，除了信仰
百年品牌启示录

客户的需求就是飞利浦的发展方向，一款新产品——107P 进入了研发。这款产品在 1024×768 的分辨率下，刷新率达到 100Hz。而飞利浦在 100Hz 视频技术领域拥有着良好的优势，正是有这个技术的积累和创新，飞利浦实现了新的创举，100Hz 扫描频率的电视机已经成为消费者的首选产品。

除了在显示器行业的不断追求，作为半导体行业的领头羊，飞利浦也在不断的追求和发展。飞利浦 BGB201TrueBlue 半导体模块就是一个很好的例证。这个半导体模块在无线设备中非常便利的增加了蓝牙无线技术，是飞利浦公司的首款即插即用蓝牙半导体模块。并且首次将嵌入闪存和所有蓝牙功能高度集成在一起的单封装的微型模块，适用于体积小和功耗低的设备。因此在 PDA、手提电脑、移动电话等移动设备中得到了充分的应用，使这些设备具有了了蓝牙功能，实现了在一个高度集成的模块中进一步集成了基带和射频功能。BGB201 蓝牙模块的基带是一款基于 Blueberry 基带的芯片，它主要包括一个 ARM7 微处理器、224k 字节嵌入闪存和 USB、UART、PCM 和 GPI/O 等通用接口。飞利浦为了提供完整功能的蓝牙语音解决方案，BGB201 支持所有现有的蓝牙数据和语音包，可以与设备中已经存在的音频编解码器连接在一起实现语音功能。在没有语音编解码器的手提电话中，飞利浦提供了最新的 1.8V 语音编解码器——Blueberry 语音 PCF87757，实现无缝连接。并且 GB201 极高的集成程度和已经完成的全部测试，可以使应用这款蓝牙半导体模块的设计师以及公司能够缩短设计时间，并且能够最大限度降低组装和测试成本。飞利浦在推出 BGB201 模块前不久，向全球主要的手机及手机附件厂商售出了 1000 万套蓝牙 IC，其中包括射频和基带两种芯片，再次巩固了飞利浦在该领域的领先地位。

只有掌握了市场动态，努力按照消费需要改变产品的品种构成，企业才能够充分的发展。而飞利浦无疑是以市场定位作为技术创新理念。正是在这种理念的指导下，飞利浦在 2001 年连续推出了包括 15 寸系列液晶、17 寸系列纯平等在内的十几款新品，覆盖了从家用、商用到专业的各个领域。飞利浦在显示器方面的诸多优秀创意及概念，欧洲总厂的"简约、典雅、时尚取胜"的欧式风格设计成功的融入到这些产品中,并且在其全系列产品中得到了淋漓尽致的展现。

正是基于对消费者理念的认同以及飞利浦的领先技术,飞利浦消费电子产品在不断的发展。但是整体上可以划分为三大平台:第一个平台是旨在创造影院最佳座位效果的家庭影院系统、组合电视、投影仪和 DVD 刻录机(DVDR)等产品类别的家庭娱乐体验平台;第二个平台是针对个人电脑设备,包括第三代数字显亮显示器,为家庭和公司用户提供最好的图像质量的效率领先的体验平台;第三个平台是集娱乐和信息为一体的便携个人音响、移动电话等产品,主要适合年轻顾客的个性和生活方式的个性表达平台。

对消费者的关注和技术的不断追求,让飞利浦一直是电子行业的领导者,他们也在过去的 5 年中,投入约 33 亿欧元用于研发,这相当于每年销售额的 10%。投入带来了回报,飞利浦每年的专利申请数量从 1000 项增加到了 3000 项。10 万项专利纪录的创立,让飞利浦成为向世界知识产权组织提交专利申请最多的公司之一。

飞利浦的历史是辉煌的,它曾经获得过很多认可其产品设计以及满足市场需求的重要行业奖项。其中包括医用流动遥感管理设备的两个奖项、市场工程学奖、市场工程领导者奖,此外,它的两个方案还在德国的国际设计论坛中包揽了 9 项国际设计大奖,一项国际设计银奖。而国际设计奖是全球最具声望的奖项之一。无疑,价值创新战略为飞利浦公司带来了巨大的市场竞争力,这正是飞利浦公司一直以来领先于世界电子领域的根源所在。

"电子产业鼻祖"的百年历程

飞利浦公司素有"电子产业鼻祖"之称,它由荷兰人杰拉德·飞利浦创建于 1891 年。飞利浦公司在刚刚成立之初,主要业务是生产和出售碳丝白炽灯和其他电器产品为主。由于飞利浦产品的质量很好,因此公司在成立之后的发展十

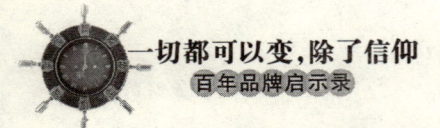

分顺利。在公司飞速发展的过程中,杰拉德·飞利浦现实开始把目光转向了荷兰以外的市场。到19世纪末、20世纪初的时候,飞利浦公司已经发展成为了欧洲最大的碳丝极白炽灯生产者之一。

在为广大欧洲消费者带来新的照明产品的同时,飞利浦公司的实力也迅速得到了提升。可以说,正是这种新照明技术对飞利浦的发展起到了推动作用。然而,飞利浦人并没有满足于做一个欧洲市场的"老大",也更加不会满足于只研发一种照明技术,他们希望公司能够成为行业的领导者,能够生产出别人无法生产出来的东西。这就对公司的研发能力提出了巨大的挑战。虽然困难重重,但飞利浦人却劲头十足。他们在1914年,专门建立了一个实验室,这个实验室的主要任务就是潜心研究物理化学现象,从而促进产品创新。

此后,这个实验室便成为了飞利浦公司的心脏,它源源不断地为公司提供各种具有强大竞争力的技术。它就像是一个永不停歇的永动机,时刻不停地运转着。在这个实验室的推动下,飞利浦公司如虎添翼,走向世界的野心也越来越大了。

到第一次世界大战以前,飞利浦公司已经成功进入了美国和法国市场,1919年进入了比利时市场。随着公司实力的不断增强,飞利浦公司的分公司数量在20世纪20年代开始大大增加。而在技术研发方面,飞利浦公司在X光辐射和收音机接收领域里也颇有斩获,并为新研发的产品申请了专利。这也是飞利浦公司在技术领域大有作为的开始,此后它在这方面的发展可谓是突飞猛进。

1918年,飞利浦引入了医学X射线管,1925年,开始进行电视机的研发实验,1927年,开始生产收音机,到了1932年,收音机的销售量已经高达100万台。1928年,飞利浦开始在美国生产医学X光装备。1939年,飞利浦的第一个电动剃须刀诞生。这个时期的飞利浦公司就像是一匹奔驰的骏马,驰骋在世界电子技术的平原上。

20世纪四五十年代,是一个科学技术飞速发展的时期。这对于从来注重产品创新的飞利浦公司来说无疑是一个发展新技术的绝佳时期,他们继续为研发新产品而努力着。在这段时期,飞利浦先发明了浮动刀头,继而又开发出了

第9章 飞利浦公司
——以客为尊，人尽其才，价值创新

"Philishave"电动剃须刀。在当时的市场上，这两种产品就像是两朵鲜艳的花，在引来广大消费者瞩目的同时，也为飞利浦迎来了巨大的销售利润。

到了20世纪60年代，飞利浦在晶体管和集成电路上也可谓是大显身手。在这段时期，飞利浦先后发明了CCDs和LOCOS，这两项发明在当时被称为是品质一流的产品。此外，公司还为电视图像的纪录、传播和复制技术作出了贡献。它的研究工作促进了氧化铅电视摄像管的发展，通过改善磷光体，取得了更好的画面质量效果。1963年，公司开始引进卡式录音机，两年之后，他们生产出了第一个集成电路。

20世纪70年代同样也是飞利浦公司不断推出新产品、新概念的时期。在此期间，他们发明了PL和SL节能灯；同时在影像、声音及数据的处理、存储和传输上也取得突破性的进展，从而发明了镭射影碟，唯读光碟和光学电讯系统。随后，他们又创建了宝丽金唱片公司，同时又把美国Magnavox公司和Signetics公司收归旗下。

到了80年代初，雄心勃勃的飞利浦又先后收购了GTESylvania的电视业务和Westinghouse的照明业务。1983年，开始正式生产唯读光碟，一年之后，飞利浦第1台电视机问世。

经过几十年的苦心经营，此时的飞利浦已经成为了当时世界先进电子技术的领导者。然而，它的辉煌并没有就此停歇。在接下来的90年代，飞利浦显得更加"激进"了。可以说90年代的10年是飞利浦经历重大变革的10年。

在这段时期，飞利浦实施了一系列重大项目的重组，将公司的重要资源都集中在了仈核心业务上，这对于飞利浦来说具有重大的意义。公司之所以这么做，原因是他们想在世界数字技术领域作为一番。而事实上，这个愿望很快就实现了。短短几年的功夫，飞利浦走在了数字革命的最前沿，他们所生产出的电子产品成为了当时引领世界潮流的产品。

到了1995年，飞利浦生产出了第3亿只Philishave电动剃须刀，家庭小电器的开发品种多达数百个。这些小电器以新颖的设计、绝佳的功能和卓越的品

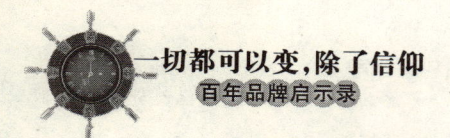

质在世界小电器领域里大展风采,闻名全球。其中电动剃须刀、美容脱毛器、电吹风、搅拌机、榨汁机、电熨斗和空气清新机等都是闻名世界的拳头产品。

与此同时,飞利浦还在在世界各地建立了多家研究实验室,实验室的研发人员多达3000余人。这些飞实验室的研究领域涉及光存储、数字电视以及无线通信等方面,它的目标是希望通过与研究所、学校以及标准制定单位共同合作,成为世界各地区最领先的研究实验室。

第 10 章 杜邦公司

——对员工负责,对社会负责

杜邦公司成立于 1802 年,距今已有两百多年的历史。在当今世界,杜邦公司是名副其实的老牌企业。多年来,杜邦公司始终致力于帮助全世界的人们生活得更美好、更安全和更健康。如今,杜邦以广泛的创新产品和服务涉及农业与食品、楼宇与建筑、通讯和交通等众多领域。

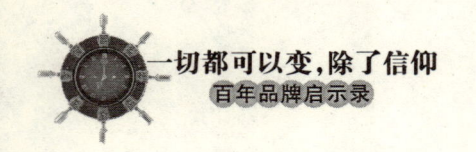

责任重于一切

1969年7月16日是一个值得被全世界人铭记的日子,就是在这一天,美国宇航员阿姆斯特朗成功登上了月球。在月球表面,穿着厚厚的宇航服的阿姆斯特朗进行了长达2小时30分钟的科考活动。

也许在大多数人眼里,阿姆斯特朗是一个充满传奇色彩的人,但我们应该知道,他之所以能够成功登陆月球,是因为他背后站着一个强大的团队。众所周知,月球上的环境和地球上的环境是有很大差别的,也就是说如果人类要到月球上去的话,就必须有一套符合月球环境的装备才好。可以想象,阿姆斯特朗身上所穿的宇航服一定是一种材质十分特殊的东西。

这种宇航服不但能够适应月球表面恶劣的气候,还必须具备良好的保护功能。阿姆斯特朗所穿的宇航服达28层之厚,而其中的25层则是由世界著名的化工材料公司杜邦公司生产的。作为一家化工材料公司,杜邦至今为世界创造出了两千多种新材料,这些材料涉及人们的衣食住行等各个方面。随着阿姆斯特朗登月成功,杜邦公司从此闻名于世。

在世界500公司的排行上,可以看得出,杜邦是所有公司当中历史最悠久的公司,它创立于1802年,到现在已经整整走过了两百多年。它是一个享誉世界的化工帝国,它是一个名副其实的长寿公司。人们在感叹它的传奇的同时,总是会问:它为何能够如此长寿呢?它到底有何经营秘诀呢?这样的思路是对的,一个公司能够在长达两百多年的时间里屹立不倒,一定是和它的经营方式和理念分不开的。

那么,作为当今世界化工业的当家霸主,杜邦公司的经营理念是什么呢?熟悉杜邦的人都知道,杜邦公司是一个把责任看成是重于一切的公司,这里的责任既包括对员工的责任,也包括对社会的责任。在两百多年的发展过程中,杜邦

第 10 章　杜邦公司
——对员工负责，对社会负责

公司正是在"对员工负责，对社会负责"的理念的指导下进行运转的。如今的杜邦公司已经发展成为了一个庞大的跨国集团，而这种经营理念也在杜邦公司多年的坚守之下成为了公司企业文化的一部分。

2011年10月，杜邦公司全球副总裁范凯琳女士在接受一家媒体采访时所说的话，便是对杜邦公司经营理念的一次准确而详细的概括。

她对记者说："杜邦公司是一家历史悠久的公司，一直以来我们都把相关利益群体的利益视为公司的最高宗旨。这相关利益群体具体包括：员工、客户、投资者以及社会。"

和世界上所有卓越的公司一样，在杜邦眼里，员工是最宝贵的财富。范凯琳说："公司重视保留和招募员工，这些环节都是是传播公司理念的绝好时机。如何把公司的定位和策略用有效的方式传递给员工，是我们一直努力在做的。员工是最接近客户的一群人，他们会让外部的人认识到公司的价值。而确保员工的安全则是公司一切工作的基础。"

对于投资者关系的处理，范凯琳说："这是一个非常必要而又微妙的过程，我们需要做的是要让所有投资者充分认识到公司新的可持续性成长。"

而在社会这个层面上，范凯琳说："从1989年起，我们公司宣布了一项对社会的承诺——企业环保主义。一个好的企业，它的发展必须持续获得社会的认可。"

那么，杜邦公司是如何做到对员工负责的呢？这需要从他们的"安全理念"说起，其实这种理念已经成为了杜邦公司的企业文化，贯穿于杜邦公司所有经营和生产的活动中，并且延伸到了他们生活的每一个细节。

杜邦公司之所以如此看重安全，这源于他们公司的性质。杜邦公司在刚刚创立时，主要从事的是火药生产。因此，杜邦公司深知炸药生产和储运的危险性。

安全，安全，还是安全

两百多年来，安全一直是杜邦的核心价值之一，是杜邦所从事的工作的重要组成部分。杜邦公司认为企业不仅要为员工提供工作机会，而且还要为员工提供安全、健康的工作环境，无论工厂建在哪里都要成为一个安全的工厂。因此他们常常说的一句话就是："一切安全事故都是可以避免的"。

1994年，杜邦公司提出了"零工伤、零职业病和零事故"的安全目标，他们规定任何部门，任何人都必要严格按照这一目标进行工作，否则将会受到严厉地惩处。

和很多公司仅仅把"安全"当成是一句口号不同，杜邦公司不仅是这么说的，而且也是这么做的。他们的目标只有一个，那就是要让安全理念深入每一个员工的心里。

杜邦公司首先对管理人员提出了要求，他们认为管理人员必须对员工的安全负责，要尽一切所能控制容易引起危险的工序。为了和工人们共担风险，早在公司刚刚成立时，杜邦公司的领导就把自己的家庭搬进了厂区。并且他们还身先士卒，所有的新机器和新设备总是由他们最先操作。

1811年，杜邦公司率先制订了员工安全计划，这使得杜邦公司成为了世界上最早制定安全条例的公司；1907年，公司向所有工作人员颁发了一册"急救手册"；1911年，公司成立了世界上第一个企业安全委员会，该委员会专门负责研究和引进各种安全设施和起草安全管理规定；1912年，公司开始建立安全统计和分析；到了20世纪50年代，公司开始考察员工下班后的安全状况；1986年，公司又推出了一项制程危害管理计划。

如今的杜邦公司早已不再生产火药了，但是，公司的安全管理却更加细化了。他们每次开会时，第一项议程就是介绍安全须知和紧急逃生路线。在他们看

第 10 章　杜邦公司
——对员工负责，对社会负责

来，安全文化必须依靠企业全体成员的共同努力才能建立和完善。

同时他们规定，每一个员工在加入杜邦时，都必须承诺：信守"安全是被雇用的条件"的安全理念。为保证每一个员工都知道所应该遵守的安全管理规定，杜邦的安全规定及作业程序都要员工亲自参与制定。

除此之外，他们每月还要组织不同形式的安全活动，其中包括安全知识竞赛、安全理论辩论赛等。杜邦公司要求所有员工对其自身的安全负责的同时还必须对其他职员的安全负责。如今，杜邦公司已经建立了一套非常成熟的安全培训系统。该系列培训课程考虑到不同层次员工工作内容，有针对性地将安全管理的理念、原则、方法和技巧进行了系统化的阐述。

杜邦公司规定，每一个员工都必须接受严格的工业安全训练，确保每个员工都能掌握遇火灾时的紧急自救知识。同时，他们在安全方面奖惩分明，设立了多种不同的安全奖项。

早在 1923 年，杜邦公司就建立了"无事故记录总统奖"。1990 年，又设立了"安全、健康与环境保护杰出奖"。此外，还设立了董事会安全奖，该奖规定杜邦所有的团队奖励、个人提升、各工厂在杜邦集团公司内部的地位与形象基本上是由该部门的安全业绩决定的。

杜邦公司对于安全理念的坚守在确保了广大员工人身安全的同时，还为公司带来了巨大的好处。

近几十年来，全世界化工领域安全事故屡见不鲜，但杜邦公司却一直被称为是全球最安全的企业之一。据统计，它的安全记录优于其他工业企业 30 倍；员工在工作时要比他们在家里还要安全 10 倍；安全水平高出化学和石油行业平均指数 55 倍；超过 60% 的工厂实现了"零伤害率"。杜邦对安全生产的重视，及其对特有的安全理念的塑造，也经历了一个从无到有、从被动到主动的漫长过程。

1802 年，杜邦公司的创始人伊雷内·杜邦在刚刚创建公司时，就十分明白公司吃的是一碗具有高度危险性的饭。

从 1802 年到 1880 年，杜邦公司的主营业务始终都是生产黑火药。所有人

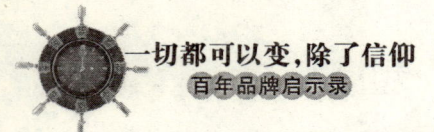

都知道，火药是一种极易爆炸，并且杀伤力巨大的危险物，这就使得杜邦公司每一天都处在危险之中。尽管伊雷内·杜邦在厂房选址及车间设计上，充分考虑了将可能的爆炸造成的损失减少到最小，但还是没能防止重大伤亡事故的发生，在这些事故中，他的几位亲人也不幸遇难。

其中最大的一场事故发生在1818年，这场事故造成了40多人伤亡，当时杜邦的员工总数也只有100多人。这是一场巨大的灾难，它甚至让杜邦公司一度濒临破产。

所幸的是，当时美国西部的开发正在如火如荼地进行，这为身陷困境的杜邦公司提供了巨大市场，公司由此得以存活下来。

通过这起巨大事故，伊雷内·杜邦深深地意识到，设备和厂房的安全并不能完全杜绝安全事故的发生，真正的安全，必须要有制度和意识作为保证才行。于是，他作出了在今天看来堪称影响杜邦历史的三个决策：第一，建立管理层对安全的责任制度，不专设安全生产部门。即：从总经理到厂长、部门经理、组长等，所有管理者均是安全生产的直接责任人。第二，建立公积金制度，即：从员工工资、企业利润中定期提取公积金，以此作为安全事故的经济补偿。第三，建立"以人为本"的安全管理理念。即：通过各种形式的宣传教育，让员工真正认识到安全生产并不是对他们生产行为的约束与纠正，而是对他们人身的真正关怀与体贴。

对于这三条决策，杜邦公司两百多年来一直都奉若法宝，他们对于这三条决策的矢志不渝地奉行，使得安全理念如今已经成为杜邦公司独特企业文化的一部分。在今日的杜邦公司，"安全与防护"已成为其五大业务平台之一，2004年，该平台的销售额达47亿美元。对于"安全"这碗饭，杜邦公司要继续吃下去。

杜邦公司除了关注员工的安全以外，还十分注重对员工进行人性化的管理。他们把尊重员工、平等待人视为自己一直以来的信条。

杜邦公司认为：任何人都是有尊严的，都应受到尊重和获得公平的对待。杜邦公司是世界上最早实施种族尊重和性别平等计划的公司之一。这样就为不同种族的员工提供了平等就业、升迁的机会。他们曾明确表示，在雇用工人时不会

第 10 章 杜邦公司
——对员工负责,对社会负责

因为种族、宗教、肤色和国籍的不同而歧视他们。

在对员工进行评价时,他们从不会把种族、宗教、肤色、性别、国籍等传统观念来作为评价标准,而是完全根据员工的日常工作表现进行公正的评价。此外,杜邦公司不干涉员工的信仰,从不要求员工们做不愿做的事情。但他们对员工的职业道德却具有极高的要求。杜邦公司要求员工自觉按照企业的道德准则来调节自己的行为,要运用正确的判断和节制能力,确保其行为符合公司的道德标准,如尊重事实、如实反映问题、不能接受有利益关系的人员或机构的馈赠等。对违反公司道德标准的员工,杜邦公司会给予严厉的惩处。

杜邦公司的这些努力使得杜邦公司无论是在竞争对手那里,还是在顾客那里都赢得了尊重。

在美国《财富》杂志所进行的多年的对企业声誉进行评估的活动中,杜邦公司总是会在化学公司中拔得头筹,并且一直位居"美国最受敬仰企业(化学类)"榜首。

为了给员工提供一个舒适、完善的生活环境,杜杜邦很早就建立了较为完善的福利和保障制度。创始人伊雷内·杜邦在公司创建初期就制定了一套遇难者家属抚恤金制度。早在 1805 年,杜邦公司就为员工雇用了医生,这在当年实属罕见;1904 年,公司内部建立了正式的养老金计划;1919 年开始实施员工的保险计划;1925 年建立了所有员工进行定期体检的新健康规划;1934 年,公司批准所有服务一年以上的员工,每年可享受一周的带薪休假,这是当时美国工业界中最有进步性的计划之一。

对于公司的女性员工,杜邦公司更是照顾有加,他们非常关注女性员工在生活当中和工作当中需要解决的问题,为此,特地建立了女性员工委员会。公司规定,如果员工需要早上送孩子上学的话,晚一点上班也没关系。

对于员工如此无微不至的呵护当然也为公司本身赢得了员工的忠诚,同时也提高了员工的创造性和积极性。可以想象,如此巨大的凝聚力势必会为杜邦公司带来高额的利润和良好的口碑。

对社会负责

杜邦公司早已把环保理念内化为一种公司的价值观念和道德标准,他们认为保护环境是他们应尽的社会责任。

2011年10月11日,杜邦公司发布了《2011可持续发展报告》。该报告显示,一直以来,公司的环境印迹呈日益减少的态势。自1990年以来,公司的温室气体排放减少了75%、绝对能源消耗减少了6%,而同期的产能则增长了40%。

杜邦公司副总裁兼首席可持续发展官费雪琳表示说:"我们将一如既往地坚持我们的环保理念,继续减少我们的环境印迹。"在此之前的8月,杜邦公司对3500多位客户进行了一次年度调查,调查显示:客户需要更为安全的材料;在其产品的生产过程和整个生命周期中,减少对水和能源的使用,以及改善产品的环境状况。客户的反馈表明,通过设计和制造具有环境效益的产品,在创造绿色就业岗位方面有7%的增长。其中28%的客户表示,在过去的一年中,杜邦公司业务中的绿色岗位数量有所增加。而三分之二的受访人相信,在未来的五年里,产品的环境效益将在创造工作岗位方面继续发挥积极的影响。

2010年,杜邦公司拿出了净收入的16亿美元用于研发那些帮助客户以及终端消费者减少温室气体排放的产品。公司估计,在2007~2010年间,此类产品在整个供应链上所减少的温室气体排放量超过650万吨。

自1990年以来,杜邦公司自身的能量减耗下降了6%,从而节省了60亿美元的能源采购支出。这也帮助公司超额完成了其"面向2010年的环境目标"中关于实现总体能源使用持平的目标。报告显示,公司面向2020年的目标是:到2020年,在经过价格调整的收益中,实现每一美元营收所对应的不可再生能源的使用减少10%。

杜邦公司是近20多年来,世界化工业里首批公开设立环境目标的公司之

第10章　杜邦公司
——对员工负责,对社会负责

一,目前,公司已将可持续发展的承诺从传统的减少环境印迹,扩展到以市场为导向的营收和研发投资目标,把可持续发展目标和业务增长紧密相连,尤其是为全球各大市场开发更安全、更具环境友好性的新产品。

杜邦公司有一句名言:"尽量不在地球上留下脚印"。他们深知,化工产品在加工、贮存、使用和废弃物处理等各个环节都有可能产生大量的有毒物质而影响人们的生态环境、危及人类健康。作为国际化工业的巨头,杜邦公司把公司的可持续发展同社会的发展、人类进步有机的结合了起来,并将其视为公司整个发展战略的一环。

面对日益严峻的环境挑战,杜邦公司一直都在致力于给员工灌输公司的环保理念。为此,公司在1990年设立了"环保奖",以鼓励全体员工投身环保事业,为保护环境做贡献。

杜邦公司认为:遵守环保方面的承诺及相关法令是每一位员工及协作厂商的责任,同时也是雇用条件或合约条件之一。对于那些战略合作伙伴,杜邦公司同样也有严格的要求。为了帮助提高我国公众的环保意识,推动可持续发展,自1996年,杜邦中国集团有限公司协助中国国家环境保护局和中华全国新闻工作者协会已成功举办了多届"杜邦杯环境好新闻"活动。

从2003年起,杜邦公司每年出资100万元人民币,支持国家环保总局的"环境保护科学技术奖"。杜邦公司的目的只有一个,那就是推动政府部门、立法机构建立有利于环境及工业安全的公共政策、法律、法规。支持或者与产业界及民间团体、有关的工商企业共同制定更完善的作业模式,从而改善环境状况。

为了做好安全、卫生、环保等方面的工作,公司制定了比法律要求还要严格的目标。

自20世纪60年代开始,世界各国的人们开始越来越关注环保,为此,杜邦公司也开始加大了对环保的投入。1972年,杜邦公司的埃奇摩尔工厂投入650美元以减少生产污染。20世纪90年代,公司率先提出了"零排放"的环境承诺,它也因此被称为是世界第一家承诺"将废物和排放物降低为零"的大公司。

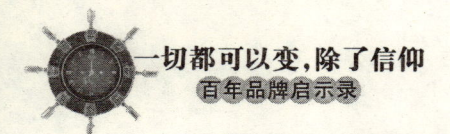

公司早在20世纪90年代初就投资100万美元，研究出了15种改善环境的方法。据统计，1998年杜邦公司用于环保项目的投入高达2.2亿美元。

杜邦认为可持续发展意味着从根本上减少能源和原材料的用量，在生产中或在产品使用寿命结束后，只有少量或者没有废物产生。杜邦不断改善工艺及产品，在生产现有的和新产品时，以最少的资源去创造最高的价值，尽量节约煤炭、石油、天然气、水、矿物及其他天然资源，避免产品在生命周期中造成任何污染。

杜邦公司每建一个工厂，都要事先进行环境评估，在设计、建造、生产、维修、运输等各方面要进行全面的考量，他们这样做的目的就要做到让社区满意。

据统计，从1990年至今，杜邦公司全球温室气体排放，以二氧化碳等同量为衡量标准降低了72%，比预计的时间表提前了6年，节省成本30亿美元；1990年至今，杜邦公司将全球空气致癌物质排放降低了92%，远低于法律规定的要求。

而在2005年12月出版的美国某周刊所公布的"全球最绿色企业"排名中，杜邦公司在可持续发展中的作为名列前茅，它因此誉为是"突破成规并发挥极致的行家"。

某杂志曾这样写道："即便是'绿色和平组织'也告诉我们说，'杜邦公司为美国企业界设立了更高的标准'。"可以说，在处理有害气体的危险材料方面，世界上没有一家公司比杜邦公司做得更好。

2006年杜邦公司公布了面向2015年的可持续发展目标，即：针对环保市场机会的研发投资翻一番；到2015年，以2004年为基准，还将至少减少15%的温室气体排放量，将空气致癌物排放量至少再减低50%；在经联合国全球江河流域分析后认定为可再生淡水资源紧缺或紧张的地区内，在未来10年里，将杜邦公司在上述地区内的生产设施的水消耗量至少减低30%；将使用可再生资源获得的年收入翻一番，达到80亿美元。

无疑，杜邦已经成为了世界上环境保护方面最有作为的企业之一。对员工负责，对社会负责，这是杜邦公司作为一家国际大型企业的风范。走过了整整二

第 10 章　杜邦公司
——对员工负责,对社会负责

百多年的历史长河,如今的杜邦公司依然在世界化工领域独占鳌头,它是一个不可比拟的奇迹,它是一个不可复制的神话。这一切都源于它在二百多年漫长的发展中始终坚持的经营理念——对员工负责,对社会负责。

第 11 章　欧莱雅公司

——以人为本,难以超越的竞争力

欧莱雅是当今世界上知名度最高、历史最悠久的化妆品品牌之一,主要生产染发护发、彩妆及护肤产品,其出众的品质一直倍受全球爱美女性的青睐。对于大多数公司来说,"以人为本"只是他们经常挂在嘴边的口号而已,他们根本没有意识到"以人为本"的重要性;相反,对于欧莱雅公司来说,他们不仅认识到了,还做到了,并且将这一管理理念延续了上百年。

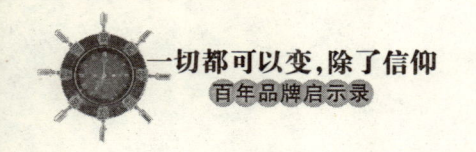

以人为本

对于任何一个企业来说,最大的荣耀莫过于拥有一个上百年或是更长的历史。这是一个企业拥有强大生命力的表现。

如果细数一下当今世界化妆品公司名目的话,我们会发现,总部位于法国巴黎的欧莱雅公司便拥有着上百年的历史。这个诞生于 20 世纪初的著名化妆品品牌直到现在也仍然是国际化妆品界中的佼佼者。无疑,欧莱雅公司是荣耀的享有者,因为他们确保了公司在上百年的漫长历史中一直以一个充满活力与竞争力的形象示人。

如今,欧莱雅的产品已经风靡世界各地,几乎已经成为了很多消费者家里常备的产品之一,也许人们对欧莱雅那悠久的历史一无所知,但一提到欧莱雅这三个,没有人会不知道。

这就是一个品牌的影响力,当欧莱雅的产品开始走进世界的千家万户时,它就已经开始改变着人们的生活方式。

当世界上很多化妆品品牌都悄悄地消失在历史长河中时,欧莱雅就像是永战不败的战士一样,笑着朝人们走来。如此巨大而恒久的影响力,究竟来源于哪里呢?欧莱雅中国公司的人力资源部副总裁曾说过这样一句话:"很多公司都说自己是以人为本,而欧莱雅是真正这样做的。"

对于他的话,我们可以这样解读:对于大多数公司来说,"以人为本"只是他们经常挂在嘴边的口号而已,这证明他们根本没有意识到"以人为本"的重要性;相反,对于欧莱雅公司来说,他们不仅认识到了,而且还做到了。并且还将这一管理理念延续了上百年。而这就是导致欧莱雅至今仍笑傲国际化妆品界的根源所在。从欧莱雅的发展史,我们不难看出,任何一个企业之所以能够做到基业长青,都是有一定原因的。成功对于那些空喊口号的企业,一定是吝啬的,但对

第 11 章　欧莱雅公司
——以人为本,难以超越的竞争力

于一个勇于将理念付诸实践,并且坚持百年不变的企业来说,却又十分大方。与其说成功是对欧莱雅人的馈赠,不如说这是他们应得的。

那么,欧莱雅公司到底是如何做到"以人为本"的呢?从以下两个故事中,我们可以略知一二。

欧莱雅的创始人欧仁·舒莱乐先生在刚刚创立欧莱雅公司之初,就为公司建立了管理人才的核心思想:说服而不是下命令。而在20世纪50年代,时任欧莱雅CEO的佛朗索瓦·达勒先生则鼓励所有人才在各个层面之间合作和对话。在他之后,查尔斯·兹维亚克开始执掌欧莱雅。在此期间,他确立了研究实验室的组织设计原则,采取以质量和产品的效果为手段的评估方式来对公司的员工进行评估,其目的就在于提高公司每一个员工的工作效率和质量。而在此后将近20年的时间里,欧文中爵士又采纳了诸多理念,比如国际化、校园招聘、领导力培养、人才多样性,从而使这些理念最终成为了欧莱雅全球管理文化的一部分。

让·保罗·安巩是目前欧莱雅的全球CEO,他自上任伊始,就不遗余力地推动以强大的人力资源和可持续性的成功商业模式作为基础的管理策略,试图建立知识型领导层。可以看出,对于人才的重视,一直是欧莱雅所秉持的传统,能够在100年里维护这一传统,实乃非凡之举。

当然,很多人会认为这些理念都是老生常谈,根本不值一提,所以很多公司只是把"以人为本"当成了一个口号,根本没有付诸实践。正是由于这样的疏忽,当全球金融危机来临时,很多公司便不可避免地被卷入了危机的漩涡之中。此时,人们才恍然大悟,原来人力资本对于公司持续发展是如此的重要。和这些在金融危机面前惊慌失措的公司相比,欧莱雅公司就显得异常镇定。因为,一直以来,他们都十分重视对人才的管理。他们深知,对于一个公司的发展来说,人才向来都起着决定性的作用。特别是在出现危机时,如果公司的人才队伍足够强大的话,那么公司就可以化险为夷,平安渡过。所以,欧莱雅公司十分重视对领导力的培养。对此,欧莱雅中国人力资源副总裁曾说:"年轻的员工偏爱使自己不断进步的工作。多样性和灵活性,并且针对每位员工设计的职业发展模式,是

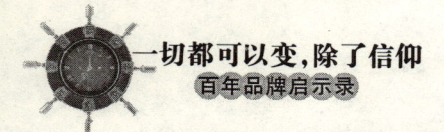

欧莱雅领导力培养的重要模式。"

欧莱雅的"管理培训生计划"闻名全球商界，让极富潜力的员工尽早在重要岗位上经受锻炼是欧莱雅人力管理的重中之重。它们通过把有潜力的员工派到公司各地的领导人培养中心进行培训，并且通过源源不断地吸引最优秀的毕业生而加以精心培养，来壮大公司的管理人才队伍，通过这样一系列的举措，使得欧莱雅的业绩不断攀升。

而反过来，持续增长的公司又能吸引更多的优秀人才前来投奔，欧莱雅公司就是凭借这一良性的、自我强化的循环过程，使得公司能够在长达百年的经营过程中笑傲群雄，屹立不倒。

尽早发现领导人，并且倾全力培养领导人，是欧莱雅公司人力资源管理的最具特色的地方。任何一个管理者都知道，对于公司有潜力的员工进行大力投资是一件会影响到公司未来前途的大事，因为这些有潜力的人如果能够培养好的话，对于公司来说将是一笔巨大的财富。而事实上，很多公司虽然意识到了这一点，但却并未在实际管理中，将这个想法付诸实施。在这一点上，欧莱雅公司的做法就显得积极、有效得多。

在欧莱雅公司看来，人才是公司生存并发展的决定性保障，而有领导能力的人才更是公司未来发展过程中的中坚力量。所以，一直以来，欧莱雅都十分注重发现并培养领导人。为了吸引世界各地的优秀学生，欧莱雅公司专门设计了多项极富创造性的招聘工具，比如针对全球大学生的"全球在线商业策略竞赛"、"校园市场策划大赛"、"欧莱雅工业大赛"等，这些形式丰富的商业实战比赛，成了欧莱雅巨大的人才库。

期中，创始于1993年的欧莱雅"校园市场策划大赛"，到目前为止，已经吸引了全球270所大学的31000多名学生参加。学生们在营销学教授的指导下，通过与传播或设计公司合作，为某一品牌的未来发展设计营销策略。在这个过程中，他们会被赋予很大的权力和自由。比如，他们可以像品牌经理一样，体验从营销策略、产品组合到包装和传播策略的全过程。

第 11 章　欧莱雅公司
——以人为本，难以超越的竞争力

在这个过程中，这些学生们可以学到例如营销、策划等方面的很多知识。而这正是欧莱雅公司所希望看到的。他们认为，对于经营一家公司来说，最重要的是实践经验，理论在实践面前往往是苍白无力的。要想让有潜力的人尽快适应工作节奏，就必须花大力气培养他们的实际管理能力。基于此，欧莱雅公司对于那些有潜力的人，往往都是极其信任，大胆放权。

蒋巧玲便是这些接受训练当中的一员。起初，蒋巧玲只是一个毫无管理经验的大学毕业生，而经过欧莱雅公司的一番精心地培训和锻炼之后，后来的她便成为了欧莱雅公司兰蔻品牌的产品经理。那么，欧莱雅公司是如何对蒋巧玲进行锻炼的呢？

1997 年，25 岁的蒋巧玲从法国高等商业学院奢侈品品牌管理 MBA 毕业之后，以管理培训生的身份加入了欧莱雅。对于这样一个刚刚毕业的大学生，欧莱雅的负责人开始的时候给她安排的工作是让她做柜台陈列、销售，以及为顾客化妆。这种工作任谁看来都是不值一提的小事，但欧莱雅公司之所以这么安排，目的就是为了让蒋巧玲能够在具体工作当中去体会和领悟欧莱雅产品销售的各个环节。在他们看来，公司将来的领导者，必须要对公司的产品、文化等各方面有一个整体的把握和了解才行。

事实正是如此，蒋巧玲在这个过程中，不仅了解了公司的历史和文化，还通过参加相关部门的会议，熟悉了公司运作的各个环节。当欧莱雅公司认为蒋巧玲已经有足够的能力承担重任之后，便于 10 个月后，把她派回了中国，让她担任兰蔻品牌的产品经理。

身兼重任的蒋巧玲上任伊始，就开始着手打造欧莱雅在中国的品牌碧欧泉。凭借着强势的实力，最终她把碧欧泉品牌发展成为了一个上亿元的品牌，从而开创了男士护肤品牌的新领域。蒋巧玲的工作表现，都被欧莱雅高层看在眼里，他们认为蒋巧玲是一个可塑之才，于是，又让她出任了欧莱雅羽西品牌总经理。一年之后，公司通知蒋巧玲到法国总部接受为期两周的"奢侈品研制室"培训。他们的目的很明显，就是要把蒋巧玲培养成为一个独当一面的品牌经理。

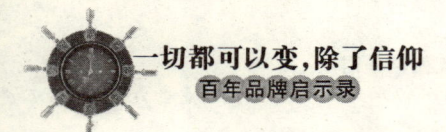

为将羽西打造成为一个著名的国际品牌,蒋巧玲用了浑身解数。她聘请了法国顶尖的广告代理公司AIR作为她的广告设计者。由于双方理念不同,在整个合作过程中,摩擦不断。在很多人看来,这样充满摩擦的工作状态,当然是不可接受和理解的,但欧莱雅高层并没有因此而降罪于她。他们认为,既然已经把任务交给了她,那么就要给她充分的自由和权力。

当时,蒋巧玲在参加"奢侈品研制室"培训时,她在比较了欧莱雅历史上所有的"美白"广告后,惊奇地发现这些品牌广告的"同质化"倾向十分严重。于是,她分析认为广告之所以会发生这种"同质化"现象,是因为公司内部过分注重分享好的品牌经验从而忽略了品牌的独特性。

为了避免再次出现这种情况,蒋巧玲适时地调整了自己的思路,她认为对于一个品牌负责人来说,必须要做到让每个品牌都具有自己独特的精神气质才行。正是基于这种考量,在日后她在和其他公司合作时,总会给予代理公司很大的自主权,羽西广告终于摒弃了以往突出模特面部特写的传统,而转向了突出了模特独特的精神气质上来。在蒋巧玲的整个工作过程中,她不仅充分展示了自己的才能,也突出了自己的特色。而这一切都要归功于欧莱雅公司对她的培养和信任。只有好的统帅才能够带出优秀的士兵,蒋巧玲的优秀便来自于欧莱雅公司的精心培养。

只有在水中才能学会游泳

除此之外,欧莱雅公司信奉在水中才能学会游泳的信条,所以,他们在培养一个领导人时,总是会把人才扔进水中,让他们自己设身处地地去学习。

对于这一点,欧莱雅专业美发总经理徐斌深有感触。他的经历,便是欧莱雅领导人培养模式的真实写照:通常,公司会按照业务的发展需要来储备人才,但是,欧莱雅更鼓励员工"放手"实践。对此,欧莱雅高层曾说:"这对公司和员工的

第 11 章 欧莱雅公司
——以人为本，难以超越的竞争力

发展既意味着风险也意味着机会，当公司注意到员工有职业发展的需求时，我们会充满信任、毫不犹豫地让他们去试验。"

从徐斌的经历中，可以看出欧莱雅公司在人才培养方面的特点。1999 年是徐斌加入欧莱雅的第二年，就在这一年，徐斌被中国区总裁盖·保罗委以重任：在中国市场推广卡诗品牌。这是一个十分艰巨的任务。因为，虽然当时兰蔻已经在中国高档化妆品市场打开了奢侈品消费的市场，但高档美发市场仍然是一块未曾开垦的处女地。盖·保罗对徐斌说："先不用市场部，不要销售部，自己先摸索一下工作方向和模式再说。"盖·保罗的一番话等于是把不会游泳的徐斌扔进了水里。

在徐斌工作的第一年，他辛苦异常，销售、财务、品牌、市场各个环节，他都要亲自上阵。经过一段时间的市场调研和实践，徐斌有一个新发现，他觉得欧莱雅传统的品牌运营模式即"发展经销商—建立渠道"模式根本不适合卡诗的营销。作为专业的美发品牌，卡诗只有得到广大专业美发师的认可才会有市场。于是，徐斌便把自己的想法汇报给了欧莱雅高层，结果高层给他的回复是：一切自己把握。

为此，徐斌特地租了一辆豪华商务车，培训专业的销售人员。每天，商务车将载有代表尊贵、奢华的卡诗美发产品送到理发店面。在徐斌的努力下，虽然卡诗产品在第一年只进入了 8 家店面，但这个模式却牢牢奠定了卡诗在美发行业无可替代的王者地位。徐斌创造的这种营销模式，很快就使得卡诗品牌声名远播了。

徐斌说："那段经历让我对于品牌的运作和生意的模式有了相当深刻的经验。无论技巧如何，我已经具备了开车上路的能力。"此后，徐斌领导卡诗品牌长达 6 年之久。

欧莱雅公司除了给领导者适当放权之外，还十分注重培养公司的激情文化。所谓激情文化，就是让其团队领导者能够很快跨越文化的界限。公司的训条之一是，不在乎系统有多优越，而在乎每个人是否投入 150% 的激情和专业度。欧莱雅公司是一家以女性员工为主导的企业，考虑到女性特殊的职业发展轨

迹，公司采用了相对灵活的弹性工作时间，同时还设有"亲子日"，公司这样做的目的就是希望可以通过这些措施来激发和凝聚团队的工作激情。

在每年的评估中，除了工作目标之外，欧莱雅更看重素质评估："你有没有更喜欢这家公司，有没有在这家公司感受到更多的动力或者困惑。"

在2008年的下半年，蒋巧玲在和她的团队经过近两年的潜心摸索，先后完成了推新品、更换市场形象等一系列大刀阔斧的变革之后，开始转向最为棘手的渠道开拓工作。这是一个很难完成的任务，对此，蒋巧玲心知肚明，她说："这就像是重新织一件毛衣，拆了、洗了再织起来，但线不能断。"在对市场进行调研时，蒋巧玲意识到了那些经济发达的沿海三、四线城市的增长潜力，于是，使这个想法向法国总部做了汇报。然而她得到的答复却是：欧莱雅并不具备这方面的专业性。

可以说，此时的蒋巧玲正在经历着她职业生涯中最艰难的挑战，如何才能打造出具有战略意义的羽西品牌呢？此时，经理人做决策的偏差度要很小，而且需要以极大的信心和耐心管理团队。"每个人站的角度不一样，看待问题的敏感度和速度是不一样的。如果你希望对方获取同自己一样的敏感度和速度，就需要为对方营造一样的环境。"蒋巧玲说。

如何才能说服公司总部同意自己的意见呢？从2008年下半年起，蒋巧玲一边同法国总部就新渠道的建立问题进行讨论，一边开始选择一两个城市进行小范围的试点，在此过程中，她不断地将销售的数据和市场调查的需求反映给法国总部。结果，几个月过去之后，法国总部的态度发生了180度的转变：从怀疑到可以慢行；然后到渠道有可能性，可以尝试拓展；最后，法国总部甚至急不可耐地要求蒋巧玲加快速度，迅速占领这些市场。作为一个企业的决策者来说，能够听取底层管理者的意见，并且能够迅速调整自己的观念，这是难能可贵的一种精神。因为有了总部的支持，蒋巧玲的想法才得以实施，也因为总部的支持，最终他们终于在第一时间赢得了市场，为羽西品牌在中国的建立，打下了良好的基础。

第 11 章 欧莱雅公司
——以人为本,难以超越的竞争力

人才的运用与管理

每一个企业都大讲特讲竞争力,竞争力到底从哪里来呢?在欧莱雅公司看来,竞争力就来源于他们对于人才的运用和管理上。人才是一个企业长生百年的核心因素,对于这一点,欧莱雅公司向来都有着高度的认识,他们是这样想的,也是这样做的。所以,与其说如今的成功是他们的胜利,不如说这是他们顺其自然的经营成果而已。

一个人性化的公司才会拥有不可超越的竞争力,这是欧莱雅公司上百年来一直认定的一个经营理念。因此,他们十分强调员工自己主导的职业发展规划。在公司里,他们按职能和层级设计了系统,这些系统可以为每一个员工提供培训和发展计划,最重要的是每个员工也都愿意与自己的导师、人力资源经理讨论自己的兴趣、爱好,并且尝试新的职位。在徐斌的团队中,很多已经在公司工作了三年以上,但在每个岗位上的时间有的甚至还不足半年,他们的市场经理曾经是培训经理,商业经理原来是集团内另一个品牌的财务主管。"每个人都有创造性,奇迹来自于不断的自我挑战。"徐斌对此解释说。

后来,徐斌曾担任欧莱雅专业美发品部北方区总经理。这个工作是徐斌以前从未接触过的,眼前的一切都没有明确的管理责任和管理权限,职能上与各个品牌集团的市场部和技术部有重合的部分,而大区又要实现每个品牌的生意成长,并且还要在此基础上维护各个品牌的利益。与其说这是公司给徐斌提出的挑战,不如说这是给徐斌提供了一个发挥自己能力的平台。在这个过程中,徐斌学会了如何跨部门盘活资源、如何动员各种力量创造更大的价值,从而推动公司商业模式的变革、如何更灵活、更快速地对终端客户提供支持和服务,等等。

在欧莱雅公司,像徐斌这样得到实际锻炼的人有很多,事实证明欧莱雅公

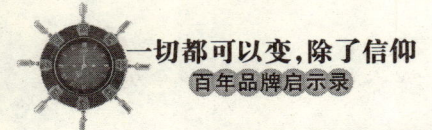

司有能为员工提供各种机会的舞台,这是其他任何公司都无法比拟的。

徐斌在欧莱雅共工作了12年,换过5份工作。这5份工作,不仅让提高了他的市场开拓能力,还使得他掌握了掌控业务、领导团队所需要的完整技能以及在复杂的生意环境和全球化的沟通中创造性地发展业务的能力。

徐斌说:"欧莱雅是一家包容性的公司,它为每一个管理者犯错误提供了空间。"巴黎欧莱雅专业美发是集团专业美发部最大的品牌,也是全世界专业美发行业最大的品牌。当徐斌接下总部交给的任务时,他没有急于改变公司长期的业务运作模式。而是选择了几个"突破点",试图从中寻找变革的机会,包括巴黎欧莱雅专业美发的陈列海报。一直以来,总部有一套管理海报的固定模式,对于这套模式总部一直奉为圣经,特别是对于公司的高端品牌,他们更是从未有过丝毫妥协。然而,在徐斌看来,这种海报模式在中国是很难收到成效的,在很多发型师看来,海报虽然时尚,但却在实际操作中却很难达到。鉴于此,徐斌特地聘请了国内顶尖的摄影师及模特,制作了三份海报,然后请发廊的专业美发师从中作出选择。最终,中国模式的海报因强烈的认同感而被众多发廊选中。徐斌将自己的想法像法国总部做了汇报,结果,总部二话没说就答应了。

在欧莱雅公司看来,学习是获取领导力的关键。因此,多年来欧莱雅公司形成了一种"传、帮、带"的文化,这种文化对于提高欧莱雅经理人的职业生涯和管理能力起到了很重要的作用。

在蒋巧玲眼里,总裁盖·保罗虽然是自己的上司,但他却从未向上司那样对她颐指气使过,更多时候,他更像是自己的导师。当蒋巧玲作为兰蔻品牌的市场部负责人无法达到公司规定的指标时,她懊恼之下向盖·保罗抱怨公司没有为她提供足够的资源支持。盖·保罗当即便告诉蒋巧玲道:"缺钱只是借口,你缺的是聪明的头脑。"保罗的这句话让蒋巧玲深刻地意识到,做生意不能讲究条条框框,要想成功,必须要有"企业家精神",要最大限度地挖掘自己的能量才行。

在蒋巧玲的工作过程中,盖·保罗总是会为她提供各种建议。在2006年并购羽西品牌后,蒋巧玲面临着团队的重组的重大问题。起初,蒋巧玲认为,这与

第 11 章 欧莱雅公司
——以人为本，难以超越的竞争力

每个人的选择有关系，并非每个人都适合精耕细作高端品牌。后来，当产品新的计划出炉后，她对团队的建设有了新的想法，并开始为此布局，希望为羽西打造一个可管理的、持续发展的团队。盖·保罗对她说："品牌的新方向需要新的团队，而羽西的未来取决于扎实的团队，这需要领导者更长期的规划。即使全部是精英，也需要时间打磨"于是，蒋巧玲很快调整了组队的节奏。

徐斌和蒋巧玲的工作经历正是欧莱雅公司对待员工策略的一个缩影。在欧莱雅公司看来，培养领导人并不是仅仅是一种培训体系，更是公司的生存方式。优秀的理念造就优秀的企业，欧莱雅之所以能够屹立百年不倒，便是因为他们在经营过程中，形成了自己独特的人才管理理念。这是任何公司都无法复制和比拟的，因为这种"以人为本"的人才管理理念，不仅为欧莱雅打造了一届又一届实力强劲的领导班子，更为它未来的发展奠定了坚实的基础。

对于任何一个企业来说，当面临全球性经济危机时，他们大多数的反应都是裁员，似乎这就是他们的救命稻草，但欧莱雅却从未这样做过。因为他们拥有着强大的人才资源，他们足以克服经济危机所带来的各种挑战和考验。

欧莱雅中国总裁盖·保罗说："人才储备和培养是一项长期的可持续发展的战略任务，因此我们不会因为短期的社会经济问题而发生改变。"事实正是如此，从1909年到2011年，欧莱雅已经走过了百年历程，其人才管理之道非常与众不同。在这漫长的一百多年中，欧莱雅集团只经历过五任首席执行官，员工的平均在职年限达到14年。欧莱雅（中国）虽然进入内地只有10多年时间，可是，超过10年工龄的员工却非常普遍。人们很难想象一家公司的员工竟然会有如此高的忠诚度，这不得不让其他公司刮目相看。

欧莱雅在招聘人才时，有一套特别的招聘方式。为此，他们实施了创造性的招聘方式：不限专业、不设笔试、面试中不涉及行业专业知识，更关注求职者的个性特点。对此，欧莱雅（中国）副总裁、人力资源总经理乐雅说："优秀人才有很多，但并不是所有的人都适合欧莱雅。我们会选用多种创新方法寻找需要的人才。"

欧莱雅员工的年龄大多都在 30 岁左右，甚至很多中高层领导者也很年轻。欧莱雅百年发展形成的完善的企业人才培养体系，是公司员工快速成长的土壤。培训生管理模式是欧莱雅人才培养理念最具可操作性的实践，公司将之比喻为"温室"。对于新入职的管理培训生，公司设计了一整套必修课程，目的是让年轻人能够更快地完成从校园到职场的角色转换。

一般来说，管理培训生进入公司第一年，欧莱雅就会以系统的培训内容为他们打下坚实的基础，同时也通过市场、销售等多种岗位的实践帮助他们培养一种全局观，使他们对欧莱雅有更全面的了解，并能在今后工作中更好的换位思考。

员工在进入公司一年左右之后，欧莱雅会为每位管理培训生指派专门的工作导师负责指导其今后的成长。只要他们认为员工可以自己解决问题了，他们就会对他们委以重任，立即放手，给他们发挥自己能力的空间。

为培养未来的企业管理者，欧莱雅在巴黎、纽约、里约热内卢和上海分别建立了专门的管理发展培训中心。此外，每年他们还从各地选派高级经理到巴黎总部参加与欧洲著名商学院 INSEAD 合办的领导才能培训。

完善的人才培养体系，为欧莱雅员工成长与职位的升迁提供了巨大的空间。这正是欧莱雅持续竞争力的来源。

如今，"以人为本"已经成为了欧莱雅企业文化的核心。他们对于员工的关怀，甚至让很多人羡慕。法国政府规定，妇女享有四个半月的产假，而欧莱雅则在此基础上增加一个月，而且产后两年内任何时间都可以享受。薪资方面，每年年底，根据业绩表现，员工会得到相应的奖励。同时，每年公司还有利润分享计划，拿出一定比例的收益与员工分享。

为了让公司员工的亲属对欧莱雅有更深了解，欧莱雅还设置了"家庭日"，这一天，员工可以带自己的亲人和孩子到公司参观交流。每年三八妇女节，欧莱雅中国总裁盖·保罗都会给中国分公司每一位女员工送上亲笔签名的小礼品，有时还兴致很高地邀请员工到其家里做客，亲自煮意大利面招待。

第 11 章 欧莱雅公司
——以人为本,难以超越的竞争力

在欧莱雅,工作场所处处弥漫着人性化的氛围。在法国、德国和中国的苏州,欧莱雅的工厂设计都为员工着想,为让员工享受到和煦的阳光,工厂的顶棚和四周墙壁大多设计为玻璃板构成,车间亦被分隔成一个个的小空间,以便经理人与每一名员工随时随地自在地交流。

美国著名的《财富》杂志曾将欧莱雅评为全球"最受赞赏的 50 家公司"和"欧洲十佳雇主"之一。正是因为这样的人才管理方式,使得欧莱雅这艘航母在百年间一直以平稳的步伐向前行驶着。

第12章 米其林公司

——以科技为引擎,以创新为旗帜

米其林公司是全球轮胎领域的领导者,它成立于1889年,总部位于法国克莱蒙费朗。在漫长的历程中,米其林坚持"以科技为引擎,以创新为旗帜"为自己的经营理念。如今,公司在全球共有十万多名员工,产品行销世界各地,无疑,它已经成为了世界轮胎业的绝对霸主。

一切都可以变，除了信仰
百年品牌启示录

世界轮胎业的领导者

2011年4月21日，第十四届国际汽车工业展览会在上海新国际博览中心隆重开幕。此次展览会为期一个星期，众多中外汽车企业都受邀前来参展。在这些公司当中，有一个公司非常特别，它不是一个生产汽车的公司，而是一个专门生产汽车轮胎的公司，它就是国际著名的汽车轮胎生产企业米其林公司。

为什么这样一个非汽车生产企业也会来前来参展呢？对于任何一个熟悉汽车的朋友，大概对这家企业都非常熟悉。因为，像奥迪、宝马、奔驰、凯迪拉克、法拉利等这些闻名世界的豪华汽车身上，我们会经常看到米其林轮胎的影子。可以说，米其林公司所生产的轮胎就像是一双双高质量的鞋子，正是因为有了它，这些名车才得以在世界各地的每一个角落任意驰骋。

如今的米其林公司已经走过了一百多年的历程，在这一百多年的时间里，他们始终坚持着"科技是引擎，创新是旗帜"这一经营理念，从而使得公司最终成为了全球轮胎业独一无二的领导者。米其林公司对于创新技术的追求就像是猎豹追逐猎物一样，目标永远始终如一，浑身永远散发着干劲儿和活力。

在这次展览会上，米其林公司的参展主题是"引领进步之道，科技创造未来"，它完美地诠释了公司一百多年来不断进取的创新精神，形象地展示了公司的"选对轮胎，改变一切"的最新传播平台。此外，米其林3D电影也首次被搬上了银幕，它以全新的方式向中国消费者展现了米其林百年来不变的使命——"为人类及货物的可持续移动性作出贡献"。

其间，米其林中国投资有限公司总裁夏逸夫先生接受采访时说："我们非常高兴能够借此机会，向中国消费者展示米其林的最新科技成果。米其林始终一如既往地向中国消费者提供创新性的产品和服务，以满足他们多样化的需求。使广大消费者能够在得到更安全、更省油、更长里程的轮胎产品的同时，也能享受更多驾驶的舒适感和乐趣。"

正如夏逸夫先生所说,对于技术的创新精神一直以来都是米其林公司不断前进的动力,因为他们对创新技术的孜孜不倦地追求,使得米其林能够在提升产品某一方面性能的同时,丝毫不会牺牲其他方面的性能。也正因为如此,米其林的产品才能够在安全性、耐久性、节能省油这三个最重要的产品性能上做到面面俱佳,卓越平衡。而这正是令那些国际顶级名车最欣赏的地方,所以当这些名车在选择合作伙伴时,才会首当其冲地把目光投向米其林公司。

在米其林的3D动画电影中,观众能够更加细致地了解这个闻名世界的企业的卓越之处,还可以通过驾驶安全、耐久里程和节能省油三个主题,了解米其林公司是如何帮助驾驶者选择最适合的轮胎以摆脱困境,为他们提供放心无忧的驾驶体验的,从而可以更直观地感受米其林轮胎性能的卓越平衡,及其所带来的美好未来生活。

3D动画电影中展示的三个场景还将通过真实的三维立体模型展示在米其林展台中再次体现。

此次上海车展,米其林的旗舰产品逐一亮相,这些含有世界顶尖科技创新成果的产品就像是一场高科技产品的盛宴,充分展示了米其林公司在技术创新上的绝对实力和霸气。

"静音筋"技术使米其林 PrimacyLC 博悦轮胎驾乘感更宁静舒适,而勒芒24小时耐力赛冠军橡胶配方在米其林 PilotSport3 轮胎的应用赢得消费者广泛赞誉;提高冰雪路面驾驶安全性及里程寿命的米其林第二代 X-ICE 冬季轮胎则受到中国北方地区消费者的高度青睐和信任;而被冠以"世界上最快的赛车轮胎系列"之称的米其林 PilotSuperSport 顶级运动型轮胎即便在最极端的使用条件下,仍能保障最高的安全性能。1992年米其林绿色轮胎技术发明至今,在中国乘用车轮胎市场销售的70%均为绿色环保轮胎。

在车展期间,米其林公司还隆重发布了一款全新的卡客车产品 MichelinX-DA2+ENERGY。米其林 ENERGY 系列产品一向以燃油经济性和更长行驶里程

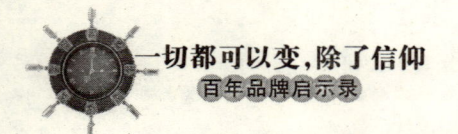

著称，同时展出的卡客车轮胎产品还有体现米其林独特创新精神的MichelinX-One。这些产品无疑都是引领当今世界轮胎业潮流的顶尖产品，它们虽然静静地躺在那里，却时刻都在享受着来自广大消费者和竞争对手的顶礼膜拜。

科技是引擎，创新是旗帜

要想在业内拥有别人无可匹敌的优势，就要时刻保持创新的激情，这是米其林公司一百多年来，始终都在高喊的口号。正所谓"科技是引擎，创新是旗帜"，高质量的产品来源于对顶尖技术的开发和应用，没有创新意识，没有对新技术的渴望，便不会生产出能够让所有竞争对手都望其项背的产品，想在行业中立足，也只是一个不可实现的美梦。对于这一点，米其林公司有着清醒地认识。

作为当今世界轮胎业的领导者，米其林公司就一直都是全球轮胎行业的技术领袖，凭借着无人能敌的技术，米其林公司在激烈的竞争中，叱咤风云，纵横驰骋，以绝对的实力在世界轮胎领域独占鳌头，这是一个让人瞠目结舌的奇迹。

2004年虽然在普通百姓眼里是极为普通的一年，但这一年却是引发世界航空界巨大震荡的一年。因为，正是在这一年，法国空中客车公司所研发的A380巨型客机正式面世了。

这款巨型客机是全球载客量最高的客机，被业内人士称为"空中的巨无霸"。A380为双层四引擎客机，最高密度座位安排时最多可承载850名乘客，在典型三舱等配置下也可承载555名乘客。2005年4月，飞机首次试飞成功，数月之后的2005年11月11日，该机首次跨洲试飞抵达亚洲的新加坡。

为什么这架客机的诞生能够引发国际航空界的巨大震荡呢？因为，这架飞机的诞生打破了由波音公司生产的波音747客机统治了长达35年的纪录。在国际航空界，一直以来都是由著名的波音公司占据着首席的位置，其他公司很难和这个庞大的航空集团抗衡。然而，A380客机的出现，打破了波音公司多年

第 12 章 米其林公司
——以科技为引擎,以创新为旗帜

来在超大型客机市场的垄断。

对于空客公司来说,这无疑是一个值得庆祝的大事,对于广大旅客来说,这架飞机的诞生将会让他们享受到更优质的服务。而对于米其林公司来说,这同样也为他们提供了再次吸引全世界眼球的机会。因为,A380 客机上的轮胎便是由米其林公司独家生产的。

这个世界上生产轮胎的公司不止米其林一家,为什么空客公司唯独选择了它呢?2006 年的 11 月份,米其林公司宣布,米其林将成为空客 A380 配套轮胎的第一家认证供应商。无疑,这是一次名副其实地强强联合。而空客公司之所以会选择米其林公司作为自己的合作伙伴,原因在于米其林公司拥有着领先于当今世界轮胎界的制造和研发技术。对于米其林公司的技术,空客公司充满着信任,他们相信米其林公司可以为乘客带去更加完美的旅途享受与安全保障,而对于米其林公司来说,这确实是它逾百年来始终坚持创新精神的极好体现。

这次,米其林公司为空客公司提供的轮胎,使得飞机总重减少了 360 公斤,最大限度的满足了大型空中客车对于自身严格的要求,同时确保了空客 A380 能够承载 33 吨货物并以 902 公里的时速安全飞行。在国际轮胎界来说,这是一项创新之举。和这样一个"以科技为引擎,创新为旗帜"的公司合作,空客公司没有任何理由会放弃它而去选择别的公司,所以当 A380 诞生的那一刻起,他们就向米其林公司伸出了橄榄枝。而在此之前,两家公司已经合作了整整九年的时间。

对于这次强强联合,米其林飞机轮胎中国区销售经理李栋先生说:"我们非常高兴能够成为世界著名飞机厂商空客 A380 飞机的第一家轮胎供应商。能够为 A380 这个空中'庞然大物'设计并提供轮胎是对我们在技术创新方面付出的最好回报,同时也确定了米其林在轮胎制造领域领先的研发实力。"

航空工业是一个对各方面技术要求都十分严格的领域,任何一个细节都可能会影响到旅客的生命安全。轮胎作为飞机的一个必不可少的部件,其质量的好坏、技术的高低直接决定着整架飞机的安全系数。出于对于安全和经济的考虑,米其林公司总会因其卓越的技术和优越的质量而成为很多公司首当其冲的

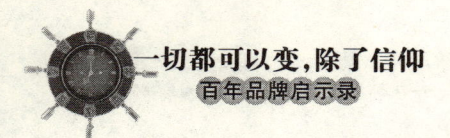

选择对象。对于米其林公司来说，这往往是巨大的利润的来源，同时，更是获得口碑和荣誉的最佳机会。

可以说，在公司长达一百多年的经营中，米其林公司一直在享受着来自外界的好评和盛赞。这一切都要归功于他们对于技术创新和科技领先的执著追求。

在米其林公司看来，永远保持科技创新才能够确保自己在行业内龙头老大的位子，否则公司就只能是昙花一现。

能够获得别人的信任和青睐，对于一个公司来说，绝对是一件值得庆幸的事。然而这种庆幸对于米其林公司来说，早已习以为常了。因为，他们从创立到现在，从来都是世界著名公司的首选目标。除了前面所说的空客公司之外，愿意并且和米其林合作的公司名称甚至可以拉出一个长长的名单来。

世界顶级名车奔驰公司便是米其林的合作伙伴之一。2006 年 10 月 15 日，米其林公司力压群雄，最终成为了梅塞德斯—奔驰 E 级轿车挑战之旅的唯一轮胎合作伙伴。10 月 21 日，33 辆奔驰梅塞德斯—奔驰 E 级轿车以巴黎为始发点，开始一段非同寻常的征程。这是一个由 350 个来自 35 个不同国家的人组成的车队，他们将驾驶自己的轿车从巴黎驶到 13600 公里之外的北京，这是一段漫长的挑战之路，车手们要在短短 26 天的时间里穿越 8 个国家，横跨欧亚两大洲。车辆将行驶将超过 450000 公里，其中包括跋涉东欧和亚洲地区的一些艰难路段。

这次挑战之旅的时间被设定在严寒的冬天进行，无疑，这不仅是对车手个人能力的考验，同时也是对车的轮胎性能提出了极大的考验。为了确保车的安全，梅塞德斯—奔驰公司规定，此次所有活动用车以及所有后备支援车辆都必须使用标有 MO 字样的米其林 PilotAlpin 轮胎。这种轮胎是米其林公司为梅塞德斯—奔驰公司的这次挑战之旅专门研发和设计的。

在这次洲际旅途中，路面和天气状况要求驾驶员、车辆和轮胎都要有最佳表现。正是由于这个原因，区别于该级别轿车的标准配置，所有参加活动的梅塞德斯—奔驰 E 级轿车都配备了完整的备用轮胎。此外，将有两位米其林技师驾

第 12 章 米其林公司
——以科技为引擎，以创新为旗帜

驶梅塞德斯—奔驰 Sprinter 全程跟随活动车辆，随时建立移动轮胎服务站。这部服务车配备了轮胎更换装置以及车轮平衡调教系统，同时还携带了 160 条备用轮胎。此外，在沿途的俄罗斯、哈萨克斯坦以及中国还设有三个轮胎仓库，可以提供所需型号的轮胎以保证活动安全顺利进行。

在这次挑战之旅中，梅塞德斯—奔驰公司将展示了其全新的 E 级轿车的高性能，以及先进的柴油技术所带来的经济环保优势。而作为此次活动的唯一轮胎供应商，米其林公司做研发的轮胎则是全力保证车辆发挥出其卓越性能，特别是在安全、舒适度以及油耗方面的强力保障。特别是在冰冻、湿滑的路面，PilotAlpin 轮胎也绝对可以提供绝对可靠的安全保证。此外，由于这种轮胎极其适合 E 级轿车的底盘，因此，车手在驾驶过程会感到非常舒适，同时，轮胎超低的滚动阻力也将帮助车辆节省燃油。

能够得到奔驰这个顶级豪车的信赖，这是充分体现了米其林公司在技术方面的领先优势。对于世界所有从事轮胎生产的公司来说，能够像米其林公司这样提供如此先进、高质轮胎的公司屈指可数。这是米其林公司实力的展现，同时也是他们多年来追求科技创新的成果。想要拥有别人无可匹敌的优势，就要努力做到最好。生产轮胎的企业是一个靠技术和质量吃饭的企业，倘若没有领先的技术和过硬的质量，任何一家公司都将难以摆脱失败的命运。市场竞争如群雄逐鹿，不是你死就是我活，能够成为市场上的常胜将军，是每一个公司的最大愿望。然而，多少年来，被竞争狂潮席卷的公司多如牛毛，然而，米其林公司却是一个例外。它不仅为自己在竞争激烈的国际市场站稳了脚跟，而且赢得了所有对手的顶礼膜拜。这一个不可复制的神话，而在这个神话的创造是米其林公司一百多年来坚持科技创新，技术领先的理念的结果。

另一个和米其林公司合作的企业便是著名的凯迪拉克公司。2009 年 6 月 16 日，凯迪拉克 VDAY 赛道征服日北京站的活动圆满结束，在这个活动中，凯迪拉克首席工程师约翰·海恩斯驾驶着公司高性能的豪华轿车凯迪拉克 CTS-V 创造了北京金港国际赛车场新的量产四门轿车单圈最快的好成绩。

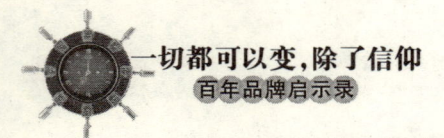

一切都可以变,除了信仰
百年品牌启示录

对于这个成绩,约翰·海恩斯激动不已,在活动后他对媒体说了这样一句话:"无论是在上海、珠海、北京,在我冲击赛道最快圈速的过程中,全新 CTS-V 原厂配备的米其林轮胎始终保持了优异的操控性和抓地力,确保了车辆在三条赛道上从容面对天气及各种路面条件的考验,并在激烈的驾驶中展现出优异的性能,这使得我更有信心赢得这次挑战。"

看得出来,他对于米其林公司所提供的轮胎十分满意。作为凯迪拉克的首席工程师,约翰·海恩斯对于米其林轮胎的褒奖无疑是最具有说服力的。

在这次活动中,全新凯迪拉克 CTS-V 高性能豪华轿车分别在上海、珠海和北京的三大国际赛道以 2 分 32 秒 80、2 分 22 秒 68(大雨)和 1 分 20 秒 86(湿滑路面)的单圈成绩创造了上海 F1 国际赛车场、珠海国际赛车场和北京金港国际赛车场新的量产四门轿车速度的记录。拥有 556 匹马力和 747 牛 1 米峰值扭矩的强大的机械增压 V8 引擎驱动着车辆在赛道上高速奔跑,这对于车辆的轮胎性能无疑是一种巨大的挑战。为了确保车的性能得以充分展现以及安全驾驶的考虑,凯迪拉克选择了米其林公司作为自己的合作伙伴,让其为自己提供 PilotSportPS2 高性能运动轮胎,这是因为这款轮胎,使得全新凯迪拉克 CTS-V 高性能豪华轿车表现出了出色的抓地性能,从而实现了对速度极限的挑战。

这款名为 PilotSportPS2 的米其林轮胎具有超强的运动操控性,能够为车手提供舒适的驾驶感受。轮胎外侧沟槽与橡胶花块比率约为 30%,这便增加了轮胎的橡胶和路面的接触面积,从而增强了车辆在运动驾驶中所需的横向抓地力。同时,轮胎宽大的花纹块设计将花块的蠕动减小到最低,确保了车辆在高速行驶时的稳定性。此外,轮胎还采用了可变化接地面积的技术,使得轮胎在转向或过弯时增加了轮胎的接地面积,克服了逐渐增大的横向离心力,确保了车辆良好的操控性和驾驶感受。

米其林公司为了进一步提高轮胎的抓地力,特别参考了 F1 赛车的设计,把这款全新的凯迪拉克 CTS-V 的前轮设计为 255mm,后轮设计为 285mm,后轮则增宽了 30mm,这样便增强了轮胎的抓地力,从而有效的防止了车辆打滑。而在

第12章　米其林公司
——以科技为引擎，以创新为旗帜

湿地性能方面，轮胎更多、更宽的沟槽和细小的花纹则有效了提高了轮胎的排水能力。在珠海站的比赛开赛时，天气下起了大雨，正是米其林的这款Pilot-SportPS2轮胎强大的湿地抓地力帮助了车辆在恶劣的天气条件下顺利地完成了对速度极限的挑战。

无疑，在这次大赛上，米其林公司凭借自己超强的技术和孜孜不倦地创新精神又一次出尽了风头，为自己做了一个免费的广告。像米其林公司这样一个以实业立足的公司来说，客户的信任便是对公司最好的宣传，而要想得到客户的信任，除了提高自己的研发技能和创新实力外，别无他法。

作为一家拥有百年历史的世界轮胎业的巨头公司，米其林从创始之初便始终站在技术革新的前沿，旨在为广大消费者提供安全、节油以及具有更长行驶里程的轮胎。毋庸置疑，他们的辉煌是建立在超一流的研发技术和超强的创新理念上的，在长达百年的经营过程中，"以科技为引擎，以创新为旗帜"早已经融入了公司每一个人的血液里。

米其林的故事

如今的米其林公司已经成为了世界轮胎业里当之无愧的霸主，然而，回顾公司的历史，我们会发现这个如今在业内叱咤风云的巨头，当初竟然只是一家不起眼的小工厂。这不免让人在感慨的同时，感叹它强大的创造力和持久的生命力。

米其林公司总部在法国中部的克莱蒙费朗，这是一个并不算大的城市，人口总数不过数十万。如果不是因为米其林公司诞生于此，恐怕世界上知道这个地方的人也不会很多。正是因为米其林公司总部坐落在这里，才使得它的知名度大大地提高了。这里的人们把米其林公司视为自己的骄傲，他们甚至把这座城称为"米其林城"。

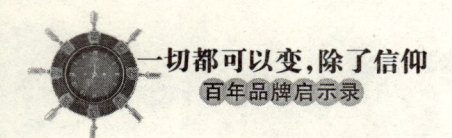

一切都可以变，除了信仰
百年品牌启示录

19世纪初的法国还是一个没有汽车的年代，马车是当时最时髦的交通工具。1832年，米其林兄弟的祖父巴比尔与其表兄多伯利合股，开办了一间小型的农业机械厂，起初只生产一些供小孩子玩耍的橡皮球玩具，之后便开始制造橡皮软管、橡皮带和马车制动块，并出口到英国去，这就是米其林公司的雏形。

1889年5月，爱德华·米其林继承了祖父的事业，在其兄弟安德鲁·米其林的帮助下创立了米其林公司，爱德华便是公司的第一个管理者。现代的米其林公司就是从此发展而来的。

1889年的春天，公司发生了一次巨大的转折，正是在这一年，米其林公司和轮胎结下了不解之缘。

在这一年的春天，一位骑自行车的旅行者来到米其林公司求助，因为他的自行车轮胎破了。这是一个充气轮胎，当米其林的创始人爱德华和他的工程师第一眼看到它时，就呆住了，这是他们有生以来第一次看到的。于是，爱德华和工程师立刻对它产生了浓厚兴趣。虽然他们从没有过修理这种轮胎的经验，但他们还是尽全力修好了。

可不巧的是，修好的车胎没走出多远又坏了。这个轮胎是由英国的邓禄普公司生产的，当时，这家公司生产的轮胎和轮辋是一体的，轮胎一旦破裂，就只能就地修理。这个旅行者无奈之下再次来到了爱德华的小工厂。经过一番仔细研究，爱德华灵机一动，如果能够发明一种可拆卸轮胎的话，岂不是会让广大骑车者方便很多？此后，爱德华便一头扎进了可拆卸轮胎的研究中，经过整整两年的研究，爱德华终于让自己的梦想成真了，就这样，米其林获得了可拆卸轮胎的专利。这种可拆卸轮胎能够在十五分钟之内拆换。这在当时绝对是独一无二的发明。

起初，米其林公司的名气很小，知道他的人并不多，尽管爱德华已经发明这种非常便利的可拆卸轮胎，但米其林公司依然无人问津。

让米其林公司从无人知晓到名声大噪的是1891年秋天举行的第一届环法自行车大赛。这项赛事历时数百小时，当冠军车手骑着自己的赛车冲过终点时，

第 12 章 米其林公司
——以科技为引擎，以创新为旗帜

人们发现，他所骑的自行车安装的是一家名叫米其林的公司生产的可拆卸轮胎。米其林公司就这样一举成名了。从此以后，米其林便开始了长达百年的专门生产轮胎之旅。

因为环法自行车赛的成全，从那以后，米其林轮胎便成了各项自行车赛事的抢手货。仅在短短的一年中，米其林轮胎就已经拥有了 10000 名使用者。爱德华是一个永远不会满足于现状的人，虽然公司已经因为可拆卸轮胎取得了巨大成功，但对于充满创新精神的爱德华来说，他的勃勃野心是需要寻找一个释放口的。

于是，几年之后，爱德华便把自己发明的轮胎装在了公共马车上，从而代替了传统的铁制车轮，这使得乘车人感觉十分舒适与安静。

到了 1895 年，由于汽车的出现，米其林公司陷入了困境，可即便如此，爱德华仍没有灰心丧气。起初，人们总是担心米其林公司所生产的硬质"轮胎"的安全性。因为，这种轮胎无法充分保护车轮的力学结构，而且还经常断裂。

对于米其林公司来说，研制和推广新式汽车充气轮胎便成了公司的目标所在。当时，所有汽车厂家都不敢在比赛中装备米其林的充气轮胎，为了宣传和证实产品的优点，米其林公司专门设计并制造了自己的汽车，该车装有 4 马力的戴姆勒发动机，最主要的是安装了可更换的米其林充气轮胎。在巴黎—波耳多—巴黎的汽车赛事中，米其林两兄弟亲自驾车上阵，结果顺利地跑完了全程，轮胎却毫发无损。消息一经传出，顿时在巴黎引起了轰动。甚至很多好奇心强的人竟然把轮胎切开，寻找其中的奥秘。经过这场比赛，米其林公司向世人证明了充气轮胎在汽车上的适用性，就这样，世界上第一条汽车轮胎在米其林兄弟的手中诞生了。

这一巨大成功对于米其林公司的影响产生了巨大影响，它彻底激活了米其林兄弟身体里的创新细胞，从那以后，两兄弟就像是被安上了发条一样，投入到了一个又一个引领超潮流的发明中去。

1899 年，一辆装备米其林加宽轮圈的电动汽车创造了 100 公里/小时的惊

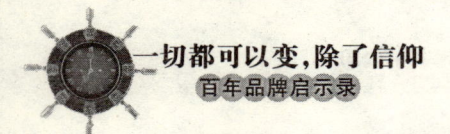

人速度；1906年，米其林发明了可拆换的汽车轮辋；1908年，米其林开发的后轮开始在载重货车和公共汽车上使用；1900~1912年，米其林的轮胎在所有大型国际汽车赛事中都取得了成功。与此同时，米其林公司也找到了一条为公司和其产品扬名的有效途径——汽车比赛。正是因为和汽车比赛的结缘，使得米其林公司从此走出了国门，走向了世界。他们那永无止境的创新精神不仅赢得了无数人的称赞，也为自己创造了别人不可复制的神话。

20世纪初，米其林公司开始围绕欧洲和北美主要的汽车制造中心建立起了自己的生产基地，目的就在于要紧跟世界汽车业发展的潮流，做到与那些汽车企业并肩而立。1906年，"米其林轮胎有限公司"和第一家海外生产厂同时在伦敦和意大利都灵成立，此时，米其林在费昂的员工已经发展到4000名。到1908年，美国Milltown的工厂也生产出了北美第一条米其林轮胎。

1914年，第一次世界大战拉开了序幕，受战争影响，此时的米其林公司开始为法国政府设计和生产轰炸机，他们生产的飞机能装载400公斤炸弹、能达到100公里/小时的速度和200公里的续航里程。据统计，从1915到1918年的三年里，米其林公司共生产了1884架飞机，而且还建造了世界上第一条水泥跑道。虽然第一次世界大战让人类蒙受了巨大的灾难，但对于米其林公司来说，第一次世界大战则成为了米其林充分展示自己领先技术的良好平台。

随着第一次世界大战的结束，米其林公司退出了军工生产领域，转而干起了自己的老本行。随着战后汽车数量的激增，世界轮胎业也开始蓬勃发展起来。这对于事业如日中天的米其林公司来说无疑是一个绝好的良机。为了能够紧跟时代潮流，在业内占据统治地位，米其林公司又开始了大规模的创新运动。在这一时期，他们用平行线层轮胎代替了橡胶帆布轮胎；随后又生产出了世界上第一只低压舒适型旅行轮胎，轮胎寿命延长到了15000公里；而在1927~1931年间，米其林公司先后在英格兰和德国建起了米其林工厂……此时的米其林就像是一架蓄势待发的战机，时刻准备着冲上云霄。

当时间步入20世纪30年代时，米其林公司又开始了自己的探索创新之

第 12 章　米其林公司
——以科技为引擎，以创新为旗帜

旅。这个十年，对于米其林公司来说是不断创新和进步的十年。在这段时间里，米其林公司不仅尝试了自行车、汽车和飞机的轮胎生产，还对火车轮胎产生了兴趣，并于 1929 年制造出第一条铁路轮胎，为铁路运输带来了安静、舒适、灵敏的加速和平稳的制动。

1930 年，米其林公司成功研发了嵌入式管状轮胎，并申请了专利，这是现代无内胎轮胎的祖先；1932 年，米其林又推出了胎压更低的超舒适型轮胎，寿命长达 30000 公里；1934 年，米其林研制成功了具有特殊花纹的超舒适制动型轮胎，这款轮胎能够最大限度避免汽车在湿滑路面上出现滑水现象；1937 年，米其林发明了宽截面的派勒（Pilot）轮胎，它有效改善了汽车在高速情况下的道路操控性，展示了当今低截面轮胎的最初形状；1938 年，米其林又做了一个创新举动，他们将橡胶和钢丝完美地结合在一起，成功设计出了钢丝轮胎，从而有效地改良了轮胎的抗热和热载荷能力，这使得米其林公司朝着子午线轮胎的发展迈出了重要的一步。

在 30 年代这十年的时间里，米其林公司经历了狂飙式的发展。然而，随后的第二次世界大战却又把米其林公司扔进了谷底。在这个时期，公司遭遇了有史以来的重大打击，不仅受到战争的破坏，还有创始人爱德华·米其林的去世，都让米其林公司有些寸步难行，可即便如此，米其林发展的脚步仍然没有停止。虽然战争期间的原料十分短缺，但米其林公司仍然在保证军需品供应的同时，秘密地进行着放射结构轮胎的研究，这为子午线轮胎的开发奠定了坚实的基础。

经过多年的研究开发，到了 1946 年，改变世界轮胎工业、举世闻名的子午线轮胎终于在米其林的工厂里诞生了。这是一次世界轮胎业的重大的技术革命。子午线轮胎一经面世，很快就席卷了整个市场，当时几乎所有车型都用它来当轮胎。

这种轮胎使用寿命长，驾驶者在驾车的时候，更舒适、安全，而且操控性能很好，另外，还可以节省燃油。正因为这些独特的优势，使得米其林公司在世界轮胎界确立了自己当家霸主的地位。

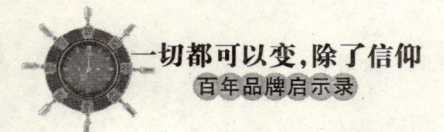

子午线轮胎的诞生不仅为米其林公司创造了巨额财富,更重要的是,它开启了米其林公司通向轮胎高科技的大门。

在子午线轮胎大获成功之后,米其林公司几乎是没有任何停歇地就开始了对其进行不断进化的历程,力图能够推陈出新,再创佳绩,进而引领世界潮流。到了1959年,公司推出了"X"型无内胎卡车及公共汽车轮胎,这种轮胎以高速持续行驶而不聚热见长;1965年,米其林公司又制造出了胎冠具有不对称花纹的XAS型轮胎,同时,子午线轮胎被第一次用到了越野车上。

为了满足赛车者的要求,米其林公司开始着手生产一系列比赛用和越野赛用的子午线轮胎;1968年,新型VR轮胎面世,它能使车速达到240公里/小时,极限速度甚至超过300公里/小时,安全和舒适性也同样十分出色;1976年,TRX轮胎的发明标志着子午线轮胎发展的里程碑,由于其与轮辋新的配合形式,加大了胎壁的变形区,性能大为改进;1980年,米其林又发明了供摩托车用的BIBTS型轮胎,继而又发展成从125cc到最大排量的摩托车系列轮胎,1985年,推出了M系列轿车轮胎,并将其一直发展演进至今。

回顾米其林长达百年的发展史,我们不难看出,他们对于科技创新的执著追求。他们正是凭借着这种永不停歇的创新精神,才得以在世界轮胎界屹立百年不倒,享受着无数敌手对他们的顶礼膜拜。

1906年ACF大奖赛在法国举行,这是真正意义上的第一次格林披治汽车比赛。整个赛程超过1200公里,这是对轮胎制造商的真正挑战,在这次比赛上,赛手们使用了由米其林公司提供的新型的可拆卸轮辋,它可令轮胎在破裂后容易更换。要知道,在当时,对于如此长距离的泥泞赛道,爆胎是经常发生的事。

当时,共有34辆汽车参加了这项赛事,米其林和它的可拆卸轮辋正在接受着严苛的实地的考验:比赛过程中,车手弗朗索瓦只用了3分钟便更换了损坏的轮胎,并且以超过101公里/时的平均速度最终摘得桂冠。比赛结束后,人们惊奇地发现,在跑完全程的11辆赛车中有5辆装备了米其林轮胎。这便是米其林辉煌的运动生涯的开始。

第 12 章　米其林公司
——以科技为引擎，以创新为旗帜

在过去的一百年多年的赛车史上，米其林一直是各个赛道上的焦点。今天，在米其林公司的竞赛部，每星期 7 天，每天 24 小时，150 人为赛手和车队不停地工作着；他们每年要组织规划 220 次试验，向世界各地运送 2400 吨轮胎……

在米其林公司参与赛车的整个历史过程中，米其林轮胎一直是很多车手和赛车生产商的宠儿。其中包括 82 次摩托车赛（公路和越野赛），总共 13 届世界越野车大赛车手和车队冠军，以及过去 13 年巴黎——达喀尔拉力赛各组别的冠军。

除此以外，米其林的 F1 赛事之旅更是令人心驰神往。在 1977~1984 年的 8 个赛季中，米其林共分享了 59 次分站冠军、三届车手和两届车队世界冠军。如此辉煌的成绩使得米其林在世界 F1 赛场上名声显赫。

由可拆换轮胎发展至最新的"胎唇垂直锚泊"轮胎，米其林公司的产品已经遍及许多领域，无论是汽车、工程、农业机械、悬挂系统，还是航天领域，处处都可以看到米其林的影子。在全球每一个国家的任何一种汽车，包括古董车、轻型客车、豪华轿车、四轮驱动越野车、各种级别的卡车上，都装配着米其林的轮胎，可以说，米其林公司在其一百多年的发展史中，已经使它的产品遍布全球了。对于一个公司来说，这是一个成绩，更是一种辉煌。

一直以来，米其林公司都在着力进行着环保与节能方面的技术革新，米其林人正在用百倍的热情向着使用寿命更长、耗油量更低、噪音更小的轮胎发起挑战。推动交通运输发展至更辽远的境界，这是米其林的境界！

"以科技为引擎，以创新为旗帜"，米其林公司正在这一理念的引导下，放眼未来，加速前进。

第13章　爱马仕公司

——品质至上,缔造手工神话

爱马仕公司成立于1837年,起初它只是一家以制造和分销马具用品法国高级马具店。经过多年的发展,如今的爱马仕公司已经成为了当今世界时尚界十大奢侈品牌之一。凯莉因其始终坚守传统的手工制作工艺,而受到全球各界名流的追捧。

声名赫赫的"凯莉包"

在浩如烟海的皮包世界里,有这样一款包,它的名字叫凯莉。这是一款声名赫赫的世界名包,因为它精致的剪裁,独特的手工制作,使得它浑身散发着高贵、优雅的贵族气质。它也因此称为是"皮包中的劳斯莱斯"。带着这样一个耀眼的光环,拥有这款包便成为了全世界所有女人的梦想。

当然,想要拥有它对于普通女性来说绝非易事,它那贵得让人发指的价格,使得很多女人都不得不对其望而却步。不过对于那些有实力消费买得起这款包的女人来说,想得到它,也没有那么容易。她们从订货那一刻开始,就不得不承受长达2年,甚至是5年的漫长等待。原因是这款包是全手工制作,其制作工艺极其复杂,没有几年的时间,是很难出厂的。

这款包的名字是从何而来的呢?它的名字来源于美国好莱坞巨星格蕾丝·凯莉(Grace Kelly)。这是一个一生充满传奇色彩的女人,说她传奇是因为她头顶上顶着两个让全世界女人都羡慕得光环:她是好莱坞第27届奥斯卡最佳女主角,她是摩纳哥史上最美丽的王妃和王后。她高雅的气质、超凡的美丽,足以让全世界所有自恃美丽的女人自愧弗如。

这位充满传奇色彩的女人是如何这款皮包结缘的呢?这款皮包的制造商是谁呢?它就是在世界奢侈品界赫赫有名的爱马仕公司。爱马仕的 Kelly 包正是因 Grace Kelly 而得名。

对爱马仕包情有独钟的格蕾丝王妃在出席各类活动时,经常是爱马仕包傍身。这便引起了爱马仕公司的注意,于是,公司便在1956年主动联络了摩纳哥王室,表示想要以王妃的娘家姓氏凯莉来重新命名这款包,结果得到了摩纳哥王室的同意。

从此,爱马仕女士包便有了新的名字。1956年,格蕾丝王妃受邀为美国某周

第13章 爱马仕公司
——品质至上，缔造手工神话

刊拍摄杂志封面，当时她挽着的便是这款以她的姓氏命名的Kelly包，结果，这款包从此一跃成为时尚明星，引起了很多名流的注意力。源源不断的Kelly包订单向雪片一样飞向了爱马仕公司。从那时起，爱马仕便开始了它走向世界的步伐。

为什么一个简简单单的皮包会受到如此巨大的关注度呢？一切都源于爱马仕公司一百多年以来，始终坚守的"精益求精，坚持手工制作"的经营理念。在爱马仕公司长达一百多年的历史中，这种纯手工制作可以说是缔造了公司的神话，从而使得爱马仕公司得以名扬海内外，成为各国时尚界、演艺界、政界等各界名流竞相追逐的品牌。

很多人说当你在购买爱马仕包时，你买来的不仅仅是手工艺术更是时间。每一款凯莉包，由采购人员从每年全球的拍卖会采购到上等的皮革，精选之后的每一块皮革只选最好的部分。手袋的缝制自始至终由一个师傅进行，全球定制这款手袋的奢侈品信徒们，必须等上六至七年后才有货可取，而它的市面炒价已经达到60000美元以上。

对于这款凯莉包来说，皮革材质只代表了它一部分的价值，其更有价值的是爱马仕工匠们在制作它多花费的时间以及耗于其上手工艺术。

能够将自己的产品经营成为一个备受全世界女性崇拜的符号，这对于爱马仕公司来说无疑是一种最好的赞赏和肯定。在这个世界上的任何一个皮包生产厂家，无不渴望自己的产品能够获得像爱马仕皮包那样备受推崇的荣誉，但事实上，多年来，真正能和爱马仕皮包一争高低的对手却寥寥无几。经常会听到有人抱怨爱马仕皮包如何如何昂贵，对于像爱马仕这样世界奢侈品王国里的奇葩来说，它昂贵的价格便是源于它那对精益求精的纯手工制作工艺的坚守和传承。

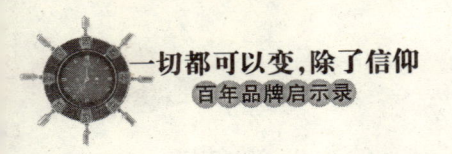

对手工制作的坚守

那么，这款在全世界范围内出尽风头的爱马仕凯莉包是如何被制作出来的呢？这是一个极其复杂而考究的漫长过程。即使你是一个急性子，恐怕在这款皮包面前也不得不压抑住自己的情绪，奉上百分之百的耐心才可。

爱马仕的工匠在缝制这款包时，采用的是公司传统而独特的马鞍针步：用一根线和两支针，来回穿过同一个孔，像捆绑东西一样进行缝制。这是一种防止马鞍松动，保障骑士安全的缝制方法。接下来，在皮革的接缝处要用蜜蜡固定，这样做是为了防虫蛀，另外还可以让使用者在触摸皮包时体会到柔软的质感。

在业内，爱马仕公司是出了名的"保守"者，因为，在其他各大品牌都纷纷采用批量生产的方式的时候，爱马仕公司却大有一种"我自岿然不动"的贵气。当很多公司都将自己的品牌的使用权出售给别家公司时，爱马仕却始终坚持在自己的巴黎郊外工场，生产自家产品。他们的信念之一便是，秉持传统，决不将自己的品牌假手他人。

1935年，爱马仕公司正式推出了规格为35厘米的凯莉包，此后又相继推出了25、28、32厘米，以及迷你尺寸等规格的包，用于制作该款的材质多达33种，超过209种以上的颜色。

如今爱马仕公司共有1200多个工匠，顾客就算想要定制35000人民币以上的普通手袋，也要等上起码两年的时间。

凯莉包选材之讲究，做工之精细，可以说已经达到了至精至美的程度。这正是爱马仕公司多年来一直坚守的经营理念。在他们看来，纯手工制作是他们公司在过去的一百多年里得以笑傲群雄的魅力的来源。坚持纯手工制作，不但可以生产出品质精良的产品，同样也可以以此证明自己的实力，同时还给公司带来了免费宣传的极好效果。对于一个公司来说，能够在长达一百多年的漫长的

第13章 爱马仕公司
——品质至上，缔造手工神话

经营过程中始终坚守自己的信条，这是极其困难的一件事。尽快推出产品，以迅速占领市场，这样才能够获得源源不断的利润这是很多公司的思维方式和价值观。在这样的思维方式的影响下，他们就必然会注重生产速度，从而就不可避免地忽略了产品的质量。而这种错误的观念正是爱马仕公司始终警惕的。他们认为，产品的质量就是一切，为了能制作出一款至精至美的产品，他们愿意让渡自己的经济利益，而让顾客等上几个月甚至是几年的时间。也许有人认为爱马仕公司的这种经营理念有悖常理，但对于这样的论调，爱马仕公司从来不会放在心上。他们从不会因为追求速度和利润，而放弃对精益求精、品质至上的经营理念的坚持，这是他们一个多世纪以来得以立足国际时尚界的根基。失去了这一根基，公司将难以维持。

正是因为爱马仕公司如此的坚持，才使得他们得以创造出了令人惊叹的手工神话，从而赢得了全世界众多忠实顾客的好评。而对于一个公司来说，这样的好评就是对他们最有价值的褒奖。没有哪家公司会拒绝这样的褒奖，对于像爱马仕这样将自身的品牌形象看得如此之重的公司来说，一句恶评就是对他们公司价值的彻底否定。

凯莉包分内缝和外缝两种。内缝，底线看不到缝线；外缝，缝线在外面，能清晰地看到缝线，因为缝线在外面的缘故为了照顾缝线美观，所以要更费工时，因而外缝的包要更贵一些。

凯莉包之所以成为凯莉包，又岂止是名牌加名人效应这么简单呢？它所代表的不仅是一个手袋，它更像是一个女人把她的安全感放进袋内，又从袋里寻找她的所需。这个手袋，保护了她的私人世界，就像格蕾丝王妃用一个大大的、黑色的凯莉包，保护了她怀孕期的身体线条一样。凯莉包恍如一个珠宝盒子，一个保管个人梦想的空间。

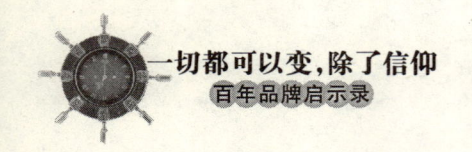

令人赞叹不已的"柏金包"

柏金包是爱马仕公司旗下的一个皮包系列。它的诞生与法国的一个女歌星有关。这位女歌星就是上20世纪70年代法国乐坛最著名的歌手Jane Birkin。作为当时法国乐坛最引人注目的歌星,Jane Birkin拥有着别人无法比拟的天赋,再加上她那令人赞叹不已的个人魅力,使得她顺理成章地成为了当时法国乃至全世界最受追捧的歌手。

而和大多数女星钟爱爱马仕皮包一样,Jane Birkin也是它的忠实粉丝。一次,Jane Birkin在搭乘飞机时,在飞机上碰巧遇到了当时爱马仕的总裁,两人交谈了起来。在交谈过程中,Jane Birkin对杜迈抱怨说凯莉包空间较窄,不能将婴儿的尿布、奶瓶等杂物一同放进去。

这个不经意的抱怨顿时引起了总裁的注意,于是他灵机一动,便以Jane Birkin的名字为名,设计了一款容量较大的柏金包。

那个时代的法国是一个到处弥漫着自由思想的国度,而生活在那个时代的女性,更是呈现出了以往时代的女性所没有的现代独立意识。伴随着思想的觉醒,众多现代女性开始不断崛起,她们对外面的世界充满了渴望,她们期待着自己能够摆脱家庭主妇的束缚,走出家门,去用自己的智慧和双手去闯荡一番。而这款柏金包则充分展现了现代女性的能力与自信,在那个对传统社会的陈规陋习进行大肆嘲讽的年代,柏金包甚至成了女权主义的象征。当这款包被推上市场时,一群又一群的顾客开始蜂拥而至。在这些粉丝的拥护之下,柏金包迅速成为了国际时尚界的另一个传奇。

英国著名球星大卫·贝克汉姆的妻子维多利亚一直是国际时尚界和娱乐界里最具吸引力的明星。作为时尚圈里大名鼎鼎的时尚辣妈,维多利亚从来都是各种时尚活动的受邀嘉宾。而她的每次亮相,都是各大媒体聚焦点。而最让人叹为观止的是，无论什么时候，她的手里总会提着一只看上去极富品位的爱马仕手包。看得出来，维多利亚是爱马仕皮包的绝对粉丝。

据说，维多利亚共有800多只柏金包，其中属爱马仕皮包的数量是最多的。很多人在睁大眼睛羡慕维多利亚的同时，都会问，她为什么会对爱马仕皮包情有独钟呢？其实爱马仕之所以拥有如此至死迷信的信徒，全因为它的产品绝大多数是手工制品。置身于自动化机械化批量的生活，何物能说明身份？它应该是数量很少的东西。要做到数量很少也容易，但既少又昂贵的，就只有手工奢侈品了。

每个爱马仕柏金包上面都标有制作年份和制作师傅的代号。对这款柏金包追捧得最猛烈的就要数那些大牌明星了。对于爱马仕birkin包的热爱，她们从未掩饰过。

久负盛名的丝巾

对于爱马仕公司来说，另一个让它久负盛名的产品便是它的手工刺绣丝巾。第一条爱马仕丝巾诞生于1937年，它是由骑师外套而引发灵感的杰作。

爱马仕丝巾不是一片片平平滑滑的丝绸，而是有细直纹的丝布，它是把丝线梳好上轴再编织而成，特点是不易起褶皱。爱马仕的工匠们为了使丝巾更具特色，通常会在编织过程中还会加上蜜蜂、马等这样的暗花图案。和柏金包、凯莉包一样，爱马仕丝巾自从诞生以来，也受到了全世界消费者的热烈追捧。而对于那些各界名流来说，一条爱马仕丝巾似乎更是身份的象征。在世界各国，每一个有身份、有地位的女人几乎每个人的橱柜里都会有爱马仕丝巾的身影。

爱马仕丝巾之所以如此受欢迎，这也是和它精良的手工制作工艺分不开的。可以说，爱马仕的每一条丝巾里都蕴含着设计师们的心血。它们是一件利润巨大的商品，同时，它们也是一件精美的艺术品。所以，它才会让那些星光闪闪的大牌明星们爱不释手。

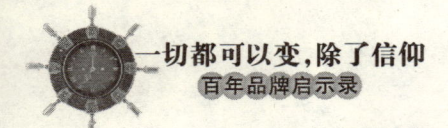

无疑，品质如此精良的丝巾，它的制作过程当然是极其复杂的。调色师在进行调色时，要严格按照设计师的设计，去挑选合适的颜料，而每种颜色都要用一个特制的钢架，然后运用丝网印刷原理，把颜色均匀的逐一扫在丝贴上。

每一块方丝巾需要扫上多少种颜料，这要根据设计图的要求而定，一般是12 到 36 种，最高纪录达到了 37 种。调色师在选定颜色之后，便开始印刷，印刷完毕后，再把布料裁成 90 厘米见方的丝巾。而为丝巾固定色彩同样是一项繁琐的工作，它需要经过漂、蒸及晾等程序，这样，它的色彩才不会脱落。最后，则由工艺部的人，人手卷缝，到此，一方飘逸出众的丝巾，才算完成了。

在丝网印刷这一环节中，其实是可以用电脑代替的，但爱马仕却要求所有工匠都要手工上色。卷边也不用缝纫机，而是手工缝制，对此，爱马仕的理论是：一幅完美的图画，最重要的事有一个相衬的优质画框将它固定下来才叫完美，丝贴的边缘一旦平伏，图案仿佛就流泻了，失真了。无论是凯莉包、铂金包还是丝巾，爱马仕始终做到了对细节的严格把握，在他们看来，完美的细节是良好品质的展现，只有把细节做好了，才可以让每一件产品的质量达到至精至美的效果。而这正是爱马仕公司生命力的源泉所在。

自 1937 年到现在，爱马仕已有 900 款不同的方形丝巾面世。爱马仕公司有个不成文的规定，就是每一年有两个丝巾系列问世，每个系列包含 12 种不同的设计款式，其中 6 款是全新的设计，其余 6 款，则是基于原有设计而作的重新搭配。

可以说，爱马仕丝巾的制作，汇集了无数精美绝伦的工艺，从设计到制作完成，从主题概念到图案定稿到图案刻画到颜色分析及造网到颜色组合到印刷着色到润饰加工到人手收到品质检查与包装都要严格按照工序要求来完成。

由于工序复杂，要求严格，爱马仕的工将门每制作一条丝巾，就要花上两年的时间才能完成。经过如此几乎苛刻的工艺制作程序所制作出来的丝巾，就像是一件件值得收藏的艺术品，永远散发着独一无二的魅力。

自 1937 年诞生以来，爱马仕丝巾的制作工艺就从未改变过。"这种手艺是有代价的，这代价就是时间。因为从设计图稿到丝巾完工，需要长达两年的时

间!"爱马仕女士丝绸系列创意总监 Bali 女士曾这样说。

爱马仕公司对于丝巾的设计十分重视,他们认为一条丝巾是否精美关键取决于它的设计。因此,爱马仕公司特意从世界各地招揽人才,专门为他们的丝巾进行设计。这些来自世界各国的设计师带着各自不同的异域文化,汇聚在一起,共同为爱马仕丝巾的制作贡献自己的力量。有了这些世界顶级的设计师,爱马仕的丝巾才得以名扬天下。

位于里昂郊外的 Gandit 图版雕刻公司一直以来都承担着爱马仕丝巾的制版工作。制版的第一步就是对图样的各种颜色进行分解,这个步骤叫铸版。在铸版时,制版师要坐在有灯光的桌子前,将一块透明纸贴到模型上,然后用中国油墨在透明纸上原样地描画出每种相同颜色的细节。一种颜色就是一张透明纸。如果一条丝巾有 40 种不同颜色,那就需要描画 40 张透明纸。绘图室的主管 Pierre 说:"通常,雕刻一块普通方巾需要花 500 到 600 个小时,但复杂的图样也有可能花去 2200 个小时。"蚂蚁般细慢的工作,却有着关键的意义,因为,完美的制版必然取决于完美的描画。

为了尽可能精确地描画图样,制版师傅们采用的是世界上古老的方法,使用的是毛笔和中国油墨。描画结束后,透明纸便被送进专门车间制成刻板。对此,Bali 说:"虽然现在大部分公司已经使用数字化喷墨工艺了,但是我们始终坚守传统,使用古老的丝网印刷技术。"一般来说,平均每条丝巾需要 30 个刻板,最多时甚至达到了 40 个。刻板制成后即被送至 AS 制作室以制备颜色及拓印。

繁复、浓重、强烈的颜色一直是爱马仕丝巾的标志性元素。在用来配制色彩的"颜料厨房"里,到处都是平底锅、刮铲、搅拌器以及秤称。爱马仕的工艺师们通过对水、天然树胶和色素进行精巧配量,在 40 种母颜色基础上发展出 74000 种有区别的色调。绵毛红、纤细黑、极光蓝、中性灰、信风蓝、甲苯黄……每种色调都有对应的编号,整个过程庞大而又繁杂,甚至已经超出了人们的想象。待颜料全都配制好后,注入相应的刻板,就要开始印花了。

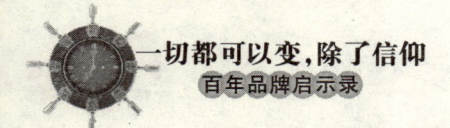

印花的原理很简单：先是把白色斜纹的丝绸布匹在印花机上滚动展开，然后将刻板压印上去，每压一次就是一种颜色。丝巾的图案随着刻板的压印逐渐呈现出来。然后，由作坊的主管检查每种颜色是否压印到位，是否有墨污出现等问题。压印方巾的沿边完成之后，要把丝巾挂在台桌上晾几小时，晾干后再用蒸汽炉定色，清洗掉树胶的残印，然后平放在地毯上用热空气烘干。最后的工序是手工裁缝师用手工来裁剪和卷边，这道工序平均每条丝巾要花大约45分钟的时间。

无疑，爱马仕公司如此繁复的手工制作缔造了他们长达一百多年的手工神话，使得他们的每一件产品达到了至精至美的境界。多少年来，爱马仕公司如此近乎固执的坚守，让他们在成就了辉煌的同时，也赢得了全世界所有消费者的认可。

关于爱马仕的故事

让我们很难想象的是，这样一个在当今世界叱咤风云的时尚帝国在一百多年前刚刚创立之初，却只是一个小小的马具制作作坊。关于爱马仕公司的由来，有这样一个故事：

1820年，埃米尔·查尔斯·爱马仕新婚不久，便搬进了象征爱马仕继承人资格的爱马仕家族的老屋居住。一次，埃米尔在祖父蒂埃里当年居住的卧室里，发现了一本尘封的日记。就在他准备把日记放进盒子里时，一条泛了黄了纸条从里边掉了出来。他打开纸条一看，上面写着这样一句话："如果再给我一次机会，我愿意满足卡洛尔所有愿望，这会让我不带任何遗憾离开！"里边提到的卡洛尔正是埃米尔的祖母。

此后，埃米尔时不时就会把这本日记拿出来看，里面被提及最多的是"萨克"这个名字，祖母卡洛尔则是在最末的几页才被提到。从日期上判断，这本日

第 13 章　爱马仕公司
——品质至上，缔造手工神话

记是祖父蒂埃里在晚年时写的。埃米尔十分纳闷，这个"萨克"到底是谁呢？为什么祖父总会提到这个名字呢？想来想去，埃米尔决定去问母亲。

原来祖父在早年的时候，曾从邻居的皮鞭下救下了一匹马，祖父十分喜爱这匹马，并给它取了"萨克"这个名字。从那以后，祖父便和萨克成了朋友，他们形影不离，无论祖父走到哪里，他都会把萨克带在身边。而给萨克修剪鬃毛、洗澡、为它量身定做马具，就成了祖父每天必做的事。

一次萨克生病了，祖父十分担心，睡不着觉，索性就睡到马厩里专门照顾它。自从萨克来到了这个家里后，祖父就把所有心思都放在了它的身上，这让埃米尔的祖母卡洛尔感到十分失落。可是，卡洛尔是一个心地善良的女人，很快她就从失落中走了出来，开始和祖父一起照顾萨克。从此，照顾萨克就成了他们生活最重要的事，直到卡洛尔因为肺病去世。

听了母亲的讲述，埃米尔十分不解。既然祖父母如此恩爱，那么为什么祖父会在日记中写下那句话呢？

之后不久，埃米尔的办公室里来了一位尊贵的客人———威尔士的王子，他想让爱马仕为自己制作一套皮衣。

爱马仕家族有一个祖训——只为马儿制作皮具。于是，埃尔米拒绝了威尔士王子，他借口说：爱马仕的匠人只会制作马具，不会为人做衣服。王子走后，一位老匠人不服气地告诉埃米尔，祖父当年曾心血来潮作过一只皮包。那只皮包的工艺和样式在当时堪称世界一流。

听了老匠人的话，埃米尔十分好奇。于是，在母亲的帮助下，埃米尔在保存完好的萨克的马厩里找到了那只皮包。皮包里还有一封信，上面写满了字。

原来，这张纸是祖母卡洛尔在病重时写给祖父的。祖父和祖母曾经因为这个皮包大吵过一次。那是在这个皮包做好后，祖母惊讶于它的精美，于是就想让祖父蒂为自己制作一个，可是祖父竟然一口拒绝了。从那以后，祖母再也没提过这个要求，这成了她一生的遗憾！

祖母的病逝，让一直痴心于马的祖父倍感愧疚，他虽然十分后悔，却又不

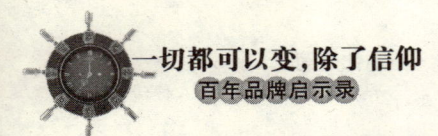

愿意面对自己的过失，一直到病重奄奄一息时，才含糊地表示，想满足亡妻的愿望。

祖父母的故事一直在埃米尔的脑间萦绕着，他为祖母没能得到喜欢的皮包而感到遗憾，也为祖父的固执感到可惜。一个声音一直在他的脑海里回荡着——为最爱的人，制作最好的东西。埃米尔心想，既然这是祖父的遗憾，那么，就让自己来替他弥补吧！

就这样，埃米尔将爱马仕工场改为了爱马仕皮具公司。一年多后，爱马仕制作出了世界上第一款爱马仕皮包。这款皮包工艺精良，完美无瑕，但埃米尔并没有把它们当成商品出售。他把其中一个当成了爱马仕公司制作皮具的标杆。埃米尔对他的工匠们说："如果今后爱马仕的产品无法达到这个标准，那么它唯一的归宿就是被销毁。"另外两个，他赠送给了自己的母亲和妻子。最后一个，则放在了祖母卡洛尔的墓地。

如果说巴黎是世界上艺术气息最浓郁的城市，那么爱马仕无疑是这座雅尚之都中最具艺术气质的顶级品牌之一。自1837年以来，爱马仕一直以其精湛的手工缔造着它品质至上的精品。

爱马仕拥有着长达170年的品牌历史，可以说，爱马仕公司的发展史，就是人类追求精致美学的缩影。如今，当资本大肆进攻世界奢侈品业，进而并购兼并推动行业快速演变之际，许多曾经拥有百年历史的家族品牌都成了各大奢侈品集团的囊中之物，而和这些家族品牌不同的是，爱马仕家族仍然牢牢地掌握着自己的大权，稳稳地占据着自己在世界奢侈品市场的地位。爱马仕公司不断宣称他们要"保持不变"。到底什么是爱马仕的生存制胜之道呢？简单来说，就是品质至上，坚持手工制作。

一百年来，这已经成为了爱马仕公司的传统，这一传统使得爱马仕公司能够在这个瞬息万变的时尚世界里一直占据着"奢侈品贵族"的称号。

"品质就是品牌的灵魂和生命"这是爱马仕公司在一百多年的时间里始终奉行的经营理念。对于任何一个品牌来说，在商品化日益严重的趋势下，始终保

第13章 爱马仕公司
——品质至上，缔造手工神话

持高品质无疑是一个巨大的挑战。在商品化浪潮大肆席卷之下，很多曾经风光无限的品牌都成了它的手下败将，爱马仕却是一个例外。原因就在于爱马仕一直在坚守着自己磨练了一百年的精湛手工艺技术。可以说，爱马仕对于手工制作的坚守甚至已经到了无以复加的地步。在他们看来，无论外界的时尚如何变迁，主力商品如何更换，他们都要坚持自己百余年的手工打造传统。

第14章 欧米茄公司
——卓越品质，缔造钟表业的传奇

欧米茄是希腊文的第二十四个，也是最后一个字母。它象征着事物的伊始与终极，第一与最后，代表了"完美、极致、卓越、成就"的非凡品质。追寻"卓越品质"便是对欧米茄公司多年经营理念的最好诠释。在国际钟表界，欧米茄是一个有着一百多年悠久历史的老牌钟表企业。在这长达一百多年的时间里，欧米茄凭借其先进的科技和精湛的制表艺术，一直稳稳占据着表坛的领导地位。

他们拿什么证明自己

在2008年的北京奥运会上,有两个人的名字被全世界人记住了,他们便是牙买加百米飞人博尔特和来自美国的泳坛名将菲尔普斯。

作为目前世界上跑得最快的人,博尔特分别以9.69秒和19.30秒的成绩一举夺得了北京奥运会田径比赛100米和200米两枚金牌。在那一刻,他震惊了世界,被人们亲切地称为"牙买加闪电"。而美国泳坛名将菲尔普斯则凭借着自己强劲的实力技压群雄,一举夺得了男子一百米蝶泳、200米个人混合泳比赛等八枚金牌,从而成为了除博尔特外,又一个震惊世界的体坛巨星。

当人们都在为他们所创造的辉煌成绩而欢心庆祝时,其实,大多数人都忽略了一个最重要的角色——比赛计时器。我们都知道,在像竞赛一百米和游泳一百米这样竞争异常激烈的飞人大战中,每一个获得决赛权的选手都是世界体坛的顶级选手,他们的成绩都十分接近,可以想象,当这些实力相差甚小的选手一齐冲向终点时,那种混乱的场面是多么让人惊心动魄。但是对于那些计时裁判来说,准确的记录他们的时间,将是一件十分困难的事。尤其是赛场上竟然会出现很多选手一齐冲向终点的情况。于是,他们便不得不依靠精准的计时器来帮助他们记录每一个运动员的成绩。

也许很多人都不知道,在2008年北京奥运会上,负责这项艰巨任务的正是来自瑞士的世界知名的钟表企业——欧米茄公司。

在国际钟表界,欧米茄是一个有着160多年悠久历史的老牌钟表企业。它的赫赫大名早在一百多年前,就已经扬名海内外了。

在这长达160多年的时间里,欧米茄凭借其先进的科技和精湛的制表艺术,一直稳稳占据着表坛的领导地位。欧米茄是希腊文的第二十四个,也是最后一个字母。它象征着事物的伊始与终极,第一与最后。代表了"完美、极致、卓越、成就"

第14章 欧米茄公司
——卓越品质,缔造钟表业的传奇

的非凡品质,追寻"卓越品质"便是对欧米茄公司多年经营理念的最好诠释。

对于一个钟表企业来说,产品的品质决定企业的兴衰成败。众所周知,瑞士是一个钟表生产大国,一直以来,在瑞士诞生的国际知名的钟表企业数不胜数。这些企业在当今国际钟表业内,都是响当当的名字。可以想象,对于任何一个钟表企业来说,如果没有精湛的技术和卓越的品质,要想在这样一个群星璀璨的钟表大国立足并且长久地生存下来是极其艰难的。

欧米茄作为众多著名品牌中的一个,它不仅站稳了脚跟,而且还获得了长久的发展,这是幸运吗?当然不是,幸运也许可以眷顾你一时,却绝不可能眷顾你一生。欧米茄长达160多年的辉煌,正是来自于他们在这漫长的岁月里,对于卓越品质的不懈追求。

如何才算得上是"卓越"?想要获得别人的认可,只有靠扎扎实实的产品质量说话。否则,难免有自我吹嘘之嫌。

那么,欧米茄是如何被全世界消费者所接受和认可的呢?在这长达160多年的经营历史中,他们究竟是靠什么证明自己的呢?

欧米茄与北京奥运会的合作不是它的第一次,它与奥运会的第一次结缘是在1932年的洛杉矶奥运会上。

在这届奥运会上,欧米茄成为了首家为奥运会提供并管控所有竞赛项目定时器的唯一品牌。此后,欧米茄便与这个全球最享负盛名的体育盛事展开了长期合作。

为了能够为各项比赛提供精准的计时服务,欧米茄特别选用奥林匹克追针计时表,来承担这个计时重任。这款追针计时表额外配备了一枚计时秒针,在正常情况下,它会随着中央计时秒针而移动,一旦按下按钮,它就会停止计时秒针,并开始额外计时(例如赛圈计时);无论追针计时秒针正在运行或是已经停止计时,只要再次按下此按钮,即可瞬间恢复与中央秒针的同步运转。

这款追针计时表的出色表现赢得了国际奥委会的高度赞扬与认可,这样的称赞对于欧米茄公司来说无疑是一个巨大的荣耀,为此,欧米茄公司特地在所

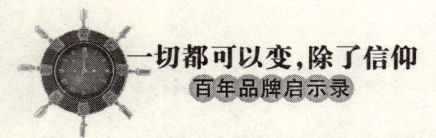

有使用的追针计时表中，选出了四只放在了欧米茄博物馆收藏。可以说，这是欧米茄公司在全世界范围内的一次精彩的亮相和盛大的表演。

在这届奥运会结束后，奥运会技术总监威廉·亨利曾致信欧米茄总部："……如果没有欧米茄时计在此盛大的国际赛事中提供精确计时，第10届奥运会便无法取得得空前的成功，也难以见证运动员出类拔萃的表现……在这届奥运会的所有运动赛事中，贵公司所提供的三十只追针计时表，是奥委会唯一允许奥运官方裁判使用的计时表。不论遭遇任何情况，这些计时表的表现始终不负众望，其无与伦比的精准度也备受使用者好评。"这句话便是对欧米茄公司产品品质的极好证明。

也就是从这一届奥运会开始，欧米茄公司便和奥运会展开了长期的合作。

和奥运会结缘

到了1948年的伦敦奥运会，欧米茄再一次成为了国际奥组委指定的唯一供应商。为了满足大赛需要，欧米茄公司特地研发了一部终点摄影照相机，这是照相机计时精确，功能强大，它能够帮助裁判准确裁定那些无法用肉眼判断的胜负之争，因此获得了"魔眼"的美誉。从此，它成为了此后历届奥运会田径项目中沿用至今的精准计时仪。"魔眼"因此成为了欧米茄帮助奥运计时技术不断突破的代名词。

这项创新具有着划时代的意义，因为它的出现，麦布里奇线从此逐渐退出了奥运赛场。由于这条线是与机械秒表相连的，所以，运动员只有奋力撞断它，秒表才会停止计时。而这种终点摄影照相机则大大地减轻了运动员的精神压力，同时也能准确的记录下每一个运动员的最好成绩。

到了1968年的墨西哥城奥运会上，欧米茄再一次展示了自己的最新研发成果——触摸垫。这是一种专门用于游泳比赛的计时器。有了它，参赛选手就无

第 14 章 欧米茄公司
——卓越品质,缔造钟表业的传奇

须再像从前一样,要亲自按停终点处的计时表了,而只需用手轻轻触摸终点的池壁即可。这样一来,每一个选手的比赛成绩都会被准确记录。除了这款触摸垫外,欧米茄公司还有一个壮举,那就是将欧米茄计时系统与发令枪、扬声器和开始信号连接了起来,如此一来,计时精度可达到 1/1000 秒。无疑,这又是一项划时代意义的发明,它宣告了计时员与终点裁判的分歧永远成为了历史。

欧米茄公司就是这样凭借着自己卓越的品质和精湛的技术借助奥运会这个引人注目的世界舞台,充分展示了自己的风采。如今,欧米茄已经成为了在全世界范围内最具知名度的公司之一,在世界上,每 10 个人中就有 7 个人知道它。

可以说,在世界体育运动专业计时历史上,欧米茄公司凭借着精湛的技术和卓越的品质创造了无可比拟的辉煌成就。到目前为止,欧米茄公司已经 24 次成为奥林匹克运动会官方指定计时。

2009 年 9 月 25 日,欧米茄公司和国际奥组委再一次签署协议,双方决定把这一合作延续到 2020 年。而除了为每一届奥运会担任计时工作外,欧米茄还将负责数据处理、场地赛果显示及向全球媒体发布赛果等重任。

由于国际奥委会对奥运会实行分级赞助商模式,赛场内不允许任何广告出现,只有欧米茄可以成为唯一的特例——在欧米茄为奥运会提供计时计分及数据分析保障服务的同时,欧米茄的 LOGO 和"OMEGA"字样也传遍了千家万户。

回顾欧米茄公司和奥运会结缘的 80 年,欧米茄公司在奥运计时技术方面的发展,直接推动了奥运会比赛的变革。从某种意义上说,欧米茄公司可以算是奥运比赛规则的改变者。

2012 年伦敦奥运会将是欧米茄公司和奥运会的第 25 次合作。欧米茄公司目前正为伦敦奥运会计时积极地准备着。如今各媒体对官方数据及统计数字的需求不断增加。为此,欧米茄计时员团队已额外招聘多名数据处理专家。另外,欧米茄公司表示,他们还将一如之前 24 届的奥运会一样,在 2012 年奥运会中引进全新的尖端科技。

而 2016 年的巴西里约热内卢奥运会,可能会和历届奥运会有所不同,在这

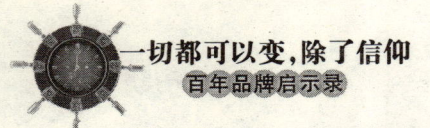

届奥运会上，高尔夫球将自1904年以后，首次回归奥运会，成为奥运比赛项目。说起高尔夫球，其实，它与欧米茄公司也有着千丝万缕的联系。在观澜湖高尔夫世界杯赛上，欧米茄公司就担任了其官方指定计时的重任。可以说，欧米茄公司在推动高尔夫入奥方面起了至关重要的作用。届时，在里约热内卢的奥运赛场，不仅田径场、游泳馆及其他场馆的计时计分和数据分析任务由欧米茄公司提供，在万众瞩目的高尔夫赛场，也将出现欧米茄的身影。

能够为体育计时领域完善重要技术的研发工作，并为世界上最出色的运动健儿提供计时服务，这对于任何一家公司来说都是一个莫大的荣耀，而欧米茄公司则以其精湛的技术和卓越的品质在向全世界证明，它是担当得起这份荣耀的。

如今，奥运会所有赛事皆采用电子计时设备，准确度可达百分之一秒，部分更可达千分之一秒。欧米茄为纪念奥运会这项运动盛事，精心打造了数款特别版腕表。

欧米茄公司所研发的超霸系列五环同轴计时表是永恒奥运系列之一，它完美地结合欧米茄的奥林匹克传统和最先进的制表技术。有如追针计时表一样，它以巴黎风格阿拉伯数字配搭红色欧米茄标志，与20世纪30年代创作的计时表互相辉映。

尤其值得一提的是腕表的五个计时盘，以举世闻名的奥运五环标志为设计蓝本。机芯是欧米茄自行研制的3888型同轴机芯。极度精准的超霸五环同轴计时表，已取得瑞士官方天文台认证。

欧米茄的超霸五环同轴计时表以及永恒奥运系列中的其他表款，为开展已逾80年之久的专业合作关系作见证。

第 14 章　欧米茄公司
——卓越品质，缔造钟表业的传奇

欧米茄的太空之旅

而另一个欧米茄卓越品质的最好证明便是欧米茄公司几次参与的人类探索太空之旅。让欧米茄人最为自豪的是，他们的欧米茄表是第一只也是唯一一只登上过月球的手表，它们在过去的岁月里曾陪伴着人类先后 6 次登陆月球。由于欧米茄表出色的性能，它被美国太空总部指定为"所有载人太空设计专用计时工具"。

1962 年，美国宇航局开始为人类飞向太空做起了积极地准备，为了找到一款高性能的手表，宇航局颇费心思。他们派了几个人专门到各个手表店转悠，要求每一个人各自买一只带回去。当这几个人把手表带回来后，他们便对这几块表进行极其严格的测试。

1965 年的 3 月 1 日是欧米茄公司历史上一个值得被纪念的日子，就在这一天，欧米茄总部接到了来自美国宇航局的通知，通知上说：欧米茄的超霸系列表已经成功通过了宇航局的严格测试，并入选为了美国宇航局太空任务的指定用表。

欧米茄表为何会被美国宇航局选为唯一指定用表呢？毫无疑问，这当然是因为它精湛的技术和卓越的品质。

而对于欧米茄公司来说，这只是一个开始。当欧米茄公司总部得知这一消息后，惊喜之下立即把欧米茄"超霸系列"更名为了"超霸专业系列"，目的是为了给这款手表打造一种专业的太空计时形象。

1969 年 7 月 21 日，阿波罗 11 号登上月球，宇航员阿姆斯特朗被誉为"第一个登上月球的人"，几乎就在同时，欧米茄的广告也开始宣传"欧米茄是第一个登上月球的手表"。正是这一次活动，使欧米茄跃居全球最显赫尊贵的钟表品牌。

从此，欧米茄便与人类的太空之行结下了不解之缘。而在 1970 年的又一次欧米茄太空之旅上，欧米茄手表竟然凭借着自身超前的性能拯救了阿波罗 13

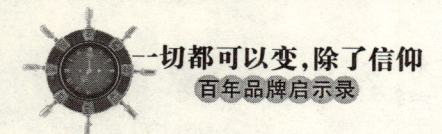

号。这是一次轰动全世界的事件,时至今日,当年参与这次宇航任务的美国前宇航员彼得·斯坦夫特仍然记忆犹新。他在回忆当时的情景时说:"当时,阿波罗 13 号的舱体发生了一次爆炸,当时我们正在返回途中,我们的电源极其有限,唯一的电源是收音设备,没有时间,一切都需要手动。我们不得不瞄向地球开动引擎,通过'欧米茄'表来测量返回地球的分分秒秒。"

对于那些热衷冒险的人来说,这似乎可以称得上是一次极其刺激的冒险之旅,但对于肩负着重大宇航任务的美国宇航员来说,这却是一次巨大的生命考验。就在他们命悬一线的时候,是他们手腕上的欧米茄手表给他们信心和勇气,使得他们最终顺利地返回了陆地。对于欧米茄手表来说,这无疑是一次证明自己性能的绝好时机,在那千钧一发之际,他们再一次让全世界领略了他们手表的风采。

为了感谢欧米茄表协助宇航员成功操作太空船重返地球,美国宇航局特地为欧米茄公司颁发了他们象征最高荣誉的史努比奖。对于欧米茄公司来说这样的褒奖意义重大,于是,他们把这个来自美国宇航局的宝贵的史努比奖,设计在了欧米茄"超霸月球表"的后盖上,以不断提示那段骄傲的宇航历险,同时也在激励所有欧米茄人,要时刻铭记公司的理念——打造欧米茄卓越的品质。

1975 年 7 月 15 日,这又是一个让全世界都应该铭记的日子,就在这一天,美国宇航局向太空发射了一艘名叫"阿波罗"的火箭飞船,它是"阿波罗联盟号计划"指令舱,而与此同时,另一个世界超级大国前苏联则发射了"联盟 19 号"。他们开启了人类探索太空的又一个新篇章。

两天之后,一个伟大的历史事件发生了:两艘分别代表太空竞赛两大敌对国的太空船成功完成了对接,两名美国宇航员和两名前苏联宇航员在中间点会晤,他们相互握手,并且进行了对话。

两只飞船在停驻了整整 44 个小时之后才彼此分开。这是不同国家所建造的太空船首次实现的对接,它标志着国际太空合作时代的开始。

此次美国负责执行此任务的宇航员共有两人,前苏联同样有两人。在这四

第 14 章　欧米茄公司
——卓越品质，缔造钟表业的传奇

位宇航员佩戴的手表都是欧米茄超霸系列专业腕表。这是苏联航天员首次佩戴欧米茄超霸表，超霸表也从此成为了苏联所有载人太空任务的指定计时表。在经过 217 个小时零 30 分钟的太空航行之后，"阿波罗联盟号计划"指令舱于 1975 年 7 月 24 日着陆。"阿波罗号"时代也由此宣告结束。直至 6 年以后，另一位美国宇航员才会登上可重复使用的航天飞机，再度遨游于太空。值得注意的是，航天飞机内的所有宇航员所佩戴的都是欧米茄超霸腕表。

1978 年，太空探索领域继续取得了新的突破。欧米茄超霸表在经过一系列严格的测试之后，再次被美国太空总署指定为官方计时表，协助总署执行全新的太空计划。

1993 年 7 月至 1994 年 7 月，超霸表在俄国和平号太空站经历了更为严峻的考验。和平号太空站全体工作人员为这次特殊测试的成功集体签名认证。超霸表成为世界上接受测试次数最多的腕表。

1998 年，俄国先锋和平号太空站再次成为轨道测试实验室，欧米茄 X-33 多功能计时表参与了这次任务。经过多项严格的测试之后，和平号太空站特意通过休斯敦太空中心的卫星传送，向大众在太空直播展示此款腕表。

如今，欧米茄 X-33 多功能计时表已通过美国宇航局及俄国太空机构的飞行认证，被列为所有宇航员的标准装备。富有传奇色彩的欧米茄超霸专业腕表，依然是宇航员执行舱外操作任务时必须佩戴的唯一腕表。

"双子星计划"是美国宇航局的第二个载人太空飞行计划，在 1965 年到 1966 年间，该计划共完成了 10 次载人飞行。"双子星"计划的目标在于研发先进的太空旅行技术，尤其是以人类登月为目标的"阿波罗计划"所需的技术。"双子星"任务包括美国的第一次太空行走，以及包括会合和轨道对接在内的最新变轨技术。

其任务是与其他环绕轨道运行的宇宙飞船会合和并完成轨道对接，以及就已轨道对接的宇宙飞船进行变轨操作。在这项任务中，宇航员要再次完善入轨操作，并且寻求让宇宙飞船在预定地点着陆的方法。该计划为期 20 个月，计划

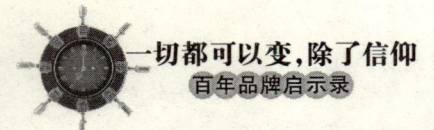

将 16 名宇航员送到太空，而他们所佩戴的都是欧米茄超霸表。

天空实验室是在 1973 年到 1979 年的六年时间里，美国宇航局又一次进行的太空计划。天空实验室是美国的第一个空间站。在其环绕地球轨道飞行的六年时间里，美国太空考察队曾三度到访，目的是为了推进进一步的太空探索。

该实验室是在 1973 年 5 月 14 日被送入 435 公里的近地轨道的。在其发射过程中，出现了严重破损，遗失了一个微陨星体防护盾和一个主要的太阳能电池板。而微陨星体防护盾所掉落的碎片把剩下的太阳能电池板卡在了一侧，导致其无法展开，这就使得空间站的电能严重不足。

1973 年 5 月 25 日，第一个考察队进行了太空行走，对空间站进行大规模的修复。考察队在"天空实验室"共停留了 28 天。在接下来的 7 月 28 日和 11 月 16 日，空间站又先后接待了两个考察队，他们在空间站里分别停留了 59 天和 84 天。最后一个考察队于 1974 年 2 月 8 日成功返回地球。

在长达 171 天 13 小时的飞行时间里，宇航员共进行了 10 次太空行走，完成了大约 2000 小时的科学和医学试验，其中包括 8 次太阳能试验。很多试验都是宇航员在长时间低重力状态下完成的。

与这些伟大的宇航员并肩作战的正是欧米茄手表。它们凭借自己超强的性能协助宇航员在那种极端环境下成功地完成了预定任务，如果说这些宇航员创造了人类航空探索史上的奇迹，那么可以毫不夸张地说欧米茄手表功不可没。

多少年来，遥远的太空一直在牵引着人类的想象，来自全世界各国的一代又一代宇航员一直在为揭开太空那神秘的面纱而努力着。然而，众所周知，太空无论是在地理环境、天气环境还是空气环境上，都是和我们赖以生存的地球有着天壤之别。正因为这些恶劣的环境，使得人类在探索太空的过程中尝尽了艰辛，同时，它也对人类探索太空所运用的各种工具器械提出了严格的要求。倘若这些必要的工具无法适应那种极端恶劣的环境，那么可以想象，人类的每一个太空探索计划将会面临多么大的困难。对于每一个担负重任的宇航员来说，时间意味着一切，但是他们只有佩戴能够适应各种恶劣环境的手表才可以确保他

第14章 欧米茄公司
——卓越品质，缔造钟表业的传奇

们准备地把握时间。于是，他们在众多手表中，选择了欧米茄作为他们每一次执行任务的指定手表。

为什么欧米茄手表能够在众多名表中脱颖而出，成为"月球表"呢？它是如何赢得美国宇航局这一大客户的青睐呢？原因只有四个字——卓越品质。

在真空的太空环境中，每一次宇航员转动手腕，腕表都会立即从阴影中暴露出来，经受太阳射线未经过滤的直射，并且温度会直增100°C以上。而月球表面的温度总在-160°C和+120°C之间波动。这就要求宇航局必须选择一种能够充分适应太空环境的极端挑战的手表才行。

为此，美国宇航局专门设计一个严格的测试程序，当他们拿到这些腕表之后，便对它们进行了一系列严苛的测试。测试内容包括：

A.在进入每一个测试之前，需立即将腕表上链。

B.在每一个测试中和测试间歇的时间段内，都需启动腕表的计时器功能。在每一个测试开始前和结束后，以及在2至6个小时的测试间歇时间段内如果发生了延迟，计时器功能都要立即归零。

C.在每一个测试开始前和结束后、测试进行中的每一个小时时间段（如果可能）、2~6个小时的测试间歇时间段内如果发生了测试延迟，都要对腕表的走时精准度进行检查。在每一次走时检查的开始，计时器功能都需启动，并要在起时间时记录如下数据：

腕表编号

参照时间(时,分,秒)

测试腕表显示时间(时,分,秒)

在测试阶段内对走时精准度进行检查时，计时器功能不能关闭，并对如下数据进行记录：

腕表编号

参照时间(时,分,秒)

测试腕表显示时间(时,分,秒)

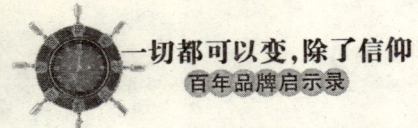

计时器运行时间(时,分,秒)

D.在检查走时精准度的同时,还需检测腕表的表壳、表镜、表盘、表带和计时功能按钮是否发生破损,以及表镜内侧的水汽。腕表的任何不正常现象都要一一记录下来。

E.如果出现如下故障,此只腕表将无法进入下一轮测试:

腕表整体运转故障,不具重新启动能力,

计时器功能整体运转故障,不具重新启动能力,

腕表出现任何同一功能的两次运转故障,即不具有重新启动能力,

表镜发生破碎或出现裂痕,

表冠或计时器按钮出现损坏。

在进行完以上测试之后,六只手表中,只有三只手表是合格的。对于这三只手表而言,还有接下来的 11 项检测在等着它们。而这 11 项检测堪称是钟表历史上的终极考验。其检测内容包括:

高温

160°F(71°C)中 48 个小时,然后 200°F(93°C)中 30 分钟。气压为 0.35 个标准大气压,相对湿度不超过 15%。

低温

0°F(-18°C)中 4 个小时。

温度—压力

最大舱内压力为 10-6 标准大气压,温度升至 160°F(71°C)。之后温度在 45 分钟内降至 0°F(-18°C),再在 45 分钟内升至 160°F(71°C)。这一循环需要进行 16 次。

相对湿度

在至少 95% 的相对湿度下,在共计 240 个小时内,温度在 68°F(20°C)和 160°F(71°C)之间变化。蒸气的 pH 值在 6.5 和 7.5 之间。

氧气环境

第14章 欧米茄公司
——卓越品质，缔造钟表业的传奇

检测腕表需要放置在 0.35 个标准大气压及 100% 的氧气环境中 48 个小时。规范之外的现象、走时偏差、可见的燃烧、毒气或臭气的产生、密封的损坏或是润滑油的泄漏都会导致腕表无法通过测试。周围温度需保持在 160°F(71°C)。

撞击
6 次 40G 的撞击力，每一次持续 11 毫秒，6 次不同的方向。

加速度
装置将沿着平行于飞船经线的轴在 333 秒内由 1G 线性加速至 7.25G。

低压
10-6 标准大气压的真空环境下，160°F(71°C)中 90 分钟，200°F(93°C)中 30 分钟。

高压
装置在 1.6 个标准大气压下保持至少 1 小时。

震动
3 个 30 分钟的循环周期（侧面、水平、垂直），在 15 分钟内，频率在 5 至 2000 周/秒之间变化，并回到 5 周/秒。每次震动的平均加速度至少要为 8.8G。

噪音
130 分贝，频率 40 至 10000 赫兹，保持 30 分钟。

这一套测试程序在 1965 年 3 月 1 日宣告完成。测试结果是，三个品牌腕表的计时器均能正常运转，但其中一个品牌的腕表在相对湿度测试中前后发生了两次故障，最终在抗热测试中被淘汰出局。而另一品牌腕表的水晶表镜则出现了变形，并在抗热测试中脱离了表壳。只有欧米茄超霸腕表通过了所有测试。

当时，宇航局测试人员的记录本上如此写道："对被选中的三个品牌腕表的操作和环境测试已经结束，测试的结果是：欧米茄腕表完全符合标准，并将配备给 GT-3（双子星泰坦 3 号）的三位宇航员。"

欧米茄超霸腕表能够成为唯一一个获准参与所有载人航天飞行任务的腕表，这对于欧米茄公司来说，是他们逾百年来始终如一地追求"卓越品质"的最

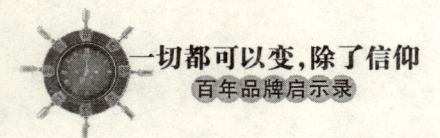

好报答,也是对他们手表性能的最好证明。与奥运会的历史和人类进行太空探索的历史比起来,欧米茄的历史则显得更加源远流长。

欧米茄的创立

欧米茄公司始创于1848年。当时,它的创始人路易士·勃兰特在瑞士西北部的拉绍德封办了一家装嵌怀表的小工厂。每年冬季大雪封山的时候,他就在工厂里生产怀表,到了春暖花开的时节,他便带着自己的手表远赴意大利、英国、北欧等地推销。

1879年,路易士·勃兰特去世,他的两个儿子路易士·保罗和塞萨尔继承了父业。鉴于当地其他作坊所提供的零配件质量不达标,于是,两兄弟决定自己动手生产全部零配件,同时他们还放弃了父亲原来那种传统的制表方法,而改用机械化生产。1880年,在兄弟俩的精心打理下,工厂的规模得到了扩展,为了进一步壮大工厂,两兄弟便在比尔地区重新建起了新厂。这个地区,无论是在人力资源、交通还是能源供应方面都十分便捷,这为欧米茄公司的进一步扩大奠定了坚实的基础。直到今天,这里仍然是欧米茄公司总部所在地。

1892年,世界上第一只能够报时、报刻、报分的三问报时表(Minute-repeater)在勃兰特兄弟手中诞生了。两年之后,他们又制造出了更加精密准确的19令机芯表,而且还以希腊字母"Ω"作为标志,欧米茄品牌自此诞生了。

Ω是希腊文的最后一个字母,其象征完美与成就。两年后,19令机芯获得了欧洲几家著名天文台颁发的精确计时证书,欧米茄自此名声大振。1903年,勃兰特兄弟先后辞世,此时的欧米茄公司已经成为了瑞士最大的制表商。

随着公司规模的不断扩大,他们的制表工艺也更加成熟起来。凭借着卓越的品质,欧米茄手表长达150多年的传奇序幕也徐徐拉开了。

对于每一个演员来说,能获得奥斯卡将是他们一生最大的渴望,而对于每

第 14 章 欧米茄公司
——卓越品质，缔造钟表业的传奇

一个制表公司来说，能够得到瑞士官方天文台的认证也是它们最大的向往，几乎每一个公司都会因为获得这个"奖项"而感到荣耀。所有人都知道，天文台表的计时通常都很准，能够得到这个美誉对于任何一个公司来说都不是一件容易的事。那么到底手表要达到程度才能获得它的认证呢？

瑞士天文台认证是由瑞士官方天文台测试组织针对手表准确性作的鉴定，所有检测合格的手表往往被称为 Chronometer。这个词来自两个希腊字的合成，一是 Khronos（时间），一是 Metre（计算、测量）。二百多年来，Chronometre 已经成为了"天文台表"，尽管它们并不一定送到天文台检验，更不是天文台用表。但它却是手表质量好坏的最好证明。任何一只被送去进行检测的手表，都会接受严格的检测，这其中不会有任何偏袒的成分。

瑞士天文台表的竞赛在 19 世纪下半叶的时候，每年举行一次，这是一个全世界所有手表展现自己品质的平台。每一个手表制造商都会带着自己最好的表前去参赛，为的是能够在竞赛中一举夺冠，以求蟾宫折桂。到 1951 年 11 月 15 日，瑞士钟表联会再加以准确阐述，指出天文台表必须"在多个方位及温度下作出精密调校，获得运作正常的官方证书"。后来，在石英表面世之后，它的准确度使机械表不容易与之比肩。于是，在 20 世纪 60 年代末，瑞士政府停止了天文台表的竞赛。

在钟表工艺中，高度的精确性是所有手表一致追求的目标。作为瑞士手表中的佼佼者，欧米茄当然也不会例外。天文台表将机械表可容忍的误差通常低于 15 秒，这就对参赛手表提出了更高的要求。而且，天文台手表检测与一般机械手表的检测有很大的不同，它不仅精度标准高，检测内容的设置也有很大区别，它能从手表走时稳定性的更深层次来判定手表的内在质量。天文台表特别讲究机芯、材质与手工技术，每日误差在 –4 至 +6 秒之间。在所有受检的手表中，每次都大约会有 2%~3% 遭到淘汰。

任何一只手表想要取得这一认证，必须连续 16 天接受不同的位置及温度的测试，其评估的项目包含平均每日速度、平均速度变化、最大速度变化、不同

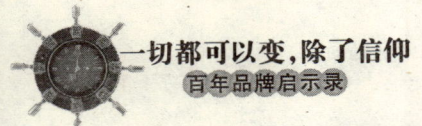

位置的速度差异、最大的速度差异、温度影响值、持续速度等。

  在所有参加测试的手表中，欧米茄所拥有的天文台表从来都位于前列。回溯过去，欧米茄公司已经凭借着自己的卓越的品质走过了整整一个半世纪，在这一个半世纪里，他们创造了属于自己的辉煌，缔造了一个钟表品牌的世纪传奇。如今的欧米茄公司已经成为了当今世界钟表业内里一颗灿烂夺目的明星，虽然历经百年，却依旧风采依旧。这是欧米茄公司一直以来追求卓越品质的结果，展望未来，他们必定还会高举自己的信念，去迎接下一个百年。

第15章 马狮公司

——"以人为本",成就百年老店

马狮集团是一家特色鲜明的百货集团,它所销售的所有商品都使用的是自有品牌——"圣米高"牌,多少年来,在这独具魅力的品牌形象之下,已经聚集了数量庞大的忠实用户。特别是在英国的普通大众心里,马狮集团更是他们生活中的陪伴者。和其他百货集团不同的是,马狮集团所销售的商品都是自己和供销商共同参与生产的商品,它也因此被称为是世界上最大的"没有工厂的制造商"。

马狮的历史

马狮百货集团是一家规模庞大的大型跨国集团，其连锁店遍布世界各地，总数多达260多家。它凭借着自己超强的盈利能力，多年来一直立足于世界500强之列。能够在强手如云的世界500强中占得一席之地，无疑，这是其强大实力的象征。

也许很多人不会想到，这样一个在世界百货业界如此叱咤风云的百货集团，最初却仅仅是一个专门销售价格为一便士的"一元便利"店。

马狮集团是一家特色鲜明的百货集团，它所销售的所有商品都使用的是自有品牌——"圣米高"牌，多少年来，在这独具魅力的品牌形象之下，已经聚集了数量庞大的忠实拥趸。特别是在英国的普通大众心里，马狮集团更是他们生活中的陪伴者。和其他百货集团不同的是，马狮集团所销售的商品都是自己和供销商共同参与生产的商品，它也因此被称为是世界上最大的"没有工厂的制造商"。

一直以来，"圣米高"品牌的货品在30多个国家出售，在英国零售商中其出口货品数量居首位。由于其具有巨大的盈利能力，马狮集团被称为是英国盈利能力最高的零售集团，其盈利能力以每平方英尺销售额计算，伦敦的马狮集团商店每年比世界上任何一家零售商店赚取的利润都要多。

如此一个庞大的百货集团，由于它身上所具有的传奇色彩，而经常成为人们互相谈论的对象。人们在一片赞叹之后，往往会发出这样的疑问：它是怎样成为世界百货业里的奇葩的呢？它是如何让自己屹立于世界百货业长达百年而不倒的呢？

熟悉马狮集团的人也许都知道，马狮集团一百多年来所坚持的"以人为本"的经营理念正是它基业长青的根源所在。在其长达一百多年的经营过程中，它

第 15 章 马狮公司
——"以人为本",成就百年老店

一直强化自己的人力资源管理,总是努力建立与顾客、供应商之间的诚信关系,这正是马狮集团强大的竞争力的根源所在,正是这样的坚守,使得马狮集团得以从一个名不见经传的"一元便利"店摇身一变成为了当今世界百货业里的佼佼者。在很多西方管理学家眼里,马狮集团被公认为是卓越的管理典范。

那么,马狮集团的历史怎样的呢?

马狮集团的前身始建于 1884 年,当时它还是一个专门销售价格为一个便士的"一元便利"店。到了 1894 年,马狮百货公司正式成立。又经过了一段漫长的发展之后,到了 1915 年,马狮百货公司最终发展成为了一家连锁零售店。这时的马狮集团还只是一个名不见经传的小零售店,在广大消费者心里的印象还远没有像日后那样鲜明。

马狮集团真正在英国的百货界崭露头角,从而进入辉煌期始于 1924 年。在这一年,时任公司总裁的西蒙·马克斯认为公司的很多旧有的、不合时宜的管理方法急待解决,否则公司将会不可避免地走向没落。为此,他特地前往美国,去实地考察美国百货商店的运作情况。

这次美国之行让西蒙大开了眼界,两相对比的结果就是马狮集团必要接受一次内部的"大革命"才行。就这样,马狮集团有史以来的第一次大变革发生了。如此空前绝后的变革,果然为马狮集团带来了活力,从此,马狮集团正式了步入了自己的辉煌时代。

马狮集团认为,在知识经济时代,"以人为本"的管理将决定企业的生存和发展,公司只有遵循"以人为本"的经营理念才能为广大消费者提供物美价廉的商品,才能为员工提供良好的工作环境,才能更好地服务于社会。只有把这些做好了,公司才会赢得良好的口碑,从而获得长远的发展。

马狮集团"以人为本"的理念表现在其经营管理的各个方面,从而形成了"以人为本"的经营观、"以人为本"的人才观和"以人为本"的供销关系。这是马狮集团强大竞争力的来源,它为马狮集团带来的是忠实的客户、忠诚的员工和在来自各个合作者的信任。对于世界上任何一个企业来说,想要让公司持久地

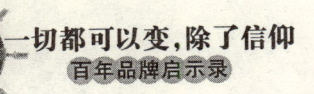

发展下去,这三个方面是缺一不可的。可以说,正是马狮集团的"以人为本"成就了它"百年老店"的辉煌。

"以人为本"的经营观

一百多年来,马狮集团始终把"以人为本"奉为公司经营的最高法则,他们认为顾客的光顾是公司利润的来源所在,而从长远来讲,顾客的口碑更是公司维持长久运转的保证。

20世纪30年代,马狮集团已经成为了英国百货界响当当的角色。这一时期,它的经营宗旨是:为目标顾客提供他们有能力购买的高品质商品。在这一理念的指导下,马狮集团开始应用先进科技大量生产消费品,这为制造商和零售商带来了巨大收益。在马狮集团的领导层看来,只有与制造商和零售商联起手来,才能够真正发挥优势互补的作用,才能最终让顾客获得实实在在的利益。

50年代初期,随着世界食品业的迅速发展,马狮集团为了紧跟潮流,专门成立了食品发展部,该部的任务十分明确,即依照最先进的科技生产,包括所有原料及各种生产以至包装和运销的方法,以此确保和提高公司出售食品的质量。

可以说,马狮集团这种"以人为本"的理念,使得马狮集团成功地建立了与顾客长期的、稳固的相互信任的关系,它不断满足了顾客需要,同时也为公司赢得了良好的口碑。如今,每天有数万人涌入马狮集团进行消费,这正是马狮集团与顾客之间所建立的稳固关系的写照。

在这个世界上,把顾客利益放在第一位的口号一直以来都在广泛流传着,然而,能够把这一理念切实贯彻到位的公司却少之又少。从某种程度上说,把顾客的利益放在第一位有时会意味着公司的运营成本增加,营业利润会相对减少,这正是导致很多公司最后放弃顾客利益的原因。但在马狮集团看来,这样做是非常不明智的。顾客是公司得以立足的根基,没有了顾客的支持,公司就无法

第 15 章 马狮公司
——"以人为本",成就百年老店

获得长远的发展。如果公司能够拥有一个稳定的、忠实的顾客群,这将是公司最大的财富。所以,宁可暂时丧失一部分利润,也要牢牢地抓住顾客,这是马狮公司百年来始终坚持不变的经营信念。他们坚信,有了顾客的光顾,利润的获得只是一个时间问题。

马狮公司在开始建立之初,就把自己的目标顾客定在了广大下层消费者身上。当时英国社会贫富差距极其悬殊,社会两极分化严重。当那些上流社会的人穿着时髦、精致的衣服出入于各种舞场、豪华的派对时,广大下层人们却整日衣衫褴褛、食不果腹、穷困潦倒。和上流社会的人们相比,下层社会的人数是相当多的,这让马狮公司看到了商机,如果能够为这些劳苦大众提供便宜商品的话,长久看来,这将是一个很有前途的潜在市场。

于是,公司决定将企业的经营策略改向了为处于社会下层的劳动阶层提供物美价廉的衣物上来。公司在把"目标顾客"确定为社会下层的劳动阶层后,便开始集中全部精力为广大下层的穷苦人提供满意的服务。为了能够更好地掌握这些人的具体需求,马狮公司专门派了几个小组深入底层前去调研。

在充分掌握了这些顾客的需求之后,马狮公司便开始不断的开发新织物和漂染原料,提供有吸引力的廉价服装,为了确保提供的衣物的标准能够不断改进,公司成立了质量控制实验室。公司不断去开发新款服装,最关键的一步是对"目标顾客"进行调查研究,以便了解他们对新款服装的反应,并确认他们的选择。

在当时那个贫富差距巨大的时代,广大劳动人们虽然人数甚多,但却不得不沦为社会的边缘阶层,由于经济上的匮乏,这些劳苦大众的各项权利都得不到维护和满足。然而,在马狮公司眼里,他们却把这些购买力低下的人们当成是自己的服务对象,并且不遗余力地为他们提供满意的服务,这是无疑是一个创新之举。

为"目标顾客"服务;提供"目标顾客"有能力购买的货品;提供高质货品是马狮集团为自己确定的三个服务标准。这被他们看成是公司所有行为的出发点。

马狮集团认为对于那些处于社会底层的人们来说,他们生活负担重,经济

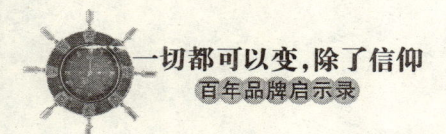

十分困难,这就决定了他们的购买力相对低下,价格昂贵的商品对于他们来说只是一个遥不可及的幻想。这让马狮集团意识到:公司所要给"目标顾客"提供的商品不仅是高质量的,而且还应该是人人都能买得起的。这些"目标顾客"只有买到"物有所值"甚至是"物超所值"的商品,才会感到满意。

为此,马狮集团在定价方法做了一次大胆的改革,即以"目标顾客"所能接受的价格来确定生产成本,也就是所谓的先确定售价,再进行生产。而不是传统的按制造成本加利润确定售价。这样一来,所有为公司提供货物的制造商必须要把成本控制在售价之下才有盈利的可能。

在马狮集团眼里,一件商品不管其市价是高是低,首先必须要保证售价要在"目标顾客"的消费能力之内,然后再下气力去寻找和创造出"目标顾客"所能够承受的定价,进而进行生产。

但是,马狮集团十分清楚,"目标顾客"真正需要的质量高而价格不贵的日用生活品在市场上是并不存在的。于是,他们便建立了一支自己的设计队伍,他们要与供应商密切配合,亲自参与各种商品的设计工作。设计工作是一种商业决策,其中牵涉到对各种潜在需求、市场趋向、与市场最紧密相连的成本和价格弹性,以及构想中的产品对现有货类的影响等方面所作出的判断。

为了能够最大限度的降低成本,为顾客提供物美价廉的商品,马狮集团在商品的设计和开发上每年都会投入大量的资金。

对于商品质量,马狮集团多年来一直都有着严格的要求和规定。为此,马狮集团实行了依规格采购,即先把质量标准做一个详细的规定,然后再让制造商按规定进行生产。和传统零售商销售多种商品的方式不同,马狮集团一百多年来,只零售"圣米高"品牌的商品。独具特色的"圣米高"品牌是马狮集团一直以来精心经营的品牌,它包括服装、食品及酒类、鞋类、家庭陈设品及用品、化妆品、书籍及家具点缀植物,等等。就如迪士尼公司的"米老鼠",米其林公司的"必比登"形象一样,"圣米高"品牌在经过马狮集团一百多年来的精心打造下,已经成为了马狮集团的标志,它的形象早已深入人心了。

第 15 章　马狮公司
——"以人为本",成就百年老店

为了确保"圣米高"品牌的质量,马狮集团要求自己所提供的商品90%以上都要英国的大大小小的协作厂家制造而成。由于马狮集团与供应商的紧密合作、并实行全面品质保证,加上其他策略的配合,如今的"圣米高"品牌已经成为了"物有所值"的象征。"圣米高"品牌优秀的质量而马狮集团带来了良好的信誉,任何一个马狮的顾客都对"圣米高"极度信任。因为这份难得的信任,使得马狮集团节省了很多广告费用,以及其他附件费用。如今,当人们提起马狮集团时,大多数人都会想到这样几个词:"物美价廉"、"品质优良"、"售价便宜"。可以说,"圣米高"品牌的产品不但为马狮集团带来更多的利润,而且也为马狮集团带来更高的荣誉,这让那些总是以广告扩大自己影响力的公司往往感到自惭形秽。

在马狮集团看来,零售企业所提供的"服务"就是把购自不同制造商的产品,通过门市提供给顾客选购。但是,顾客真正需要的并非是"应有尽有",提供适合顾客需求的、可遇而不可求的"物美价廉"的商品才是最重要的。

除此之外,马狮集团一直以来都在采用"不问因由"的退款政策,它的目的是要尽一切努力为顾客提供满意的商品。他们规定,顾客只要对商品不满意,就可以直接退换或公司会直接退款。马狮集团的领导者曾这样说过:"我们要尽一切努力让顾客觉得从马狮集团购买的商品是值得信赖的"。由于马狮集团长久以来,矢志不渝地坚持,使得马狮集团在广大消费者心里树立起了一个良好的形象,而正是马狮集团能够运营百年至今仍然屹立不倒的原因。

不仅如此,马狮集团还建立了专门从事顾客关系管理的机构,这个机构主要负责制定公司长期和年度的客户关系营销计划,制定沟通策略,定期向高层提交报告,落实公司向客户提供的各项利益,处理可能发生的问题,维持同客户的良好业务关系。

为了能够更好更详细地掌握顾客的情况,马狮集团建立了一个数据库,这个数据库包括了很多信息,比如交易信息,如订单、投诉、退货、服务咨询等;现实顾客和潜在顾客的一般信息,如姓名、电话、地址、传真、电子邮件、个性特点和一般行为方式;产品信息,顾客购买何种产品、购买频率和购买量等;促销信息,即企业做了哪些事,开展了哪些活动,回答了哪些问题,最终效果如何等。这些信息是马狮高层制定策略的重要依据,因为这些详细的信息,马狮集团才得以全面掌握顾客的情况。

马狮集团认为,顾客的信任就是公司的巨大财富。为了能和顾客建立起坚固的信任关系,马狮集团要求自己的经理人员必须要记住主要顾客及其夫人、孩子的生日,并在生日当天赠送鲜花或礼品以示祝贺;设法为爱养花的顾客弄来优良花种和花肥;经常邀请客户的主管经理参加各种娱乐活动。

经过多年的努力,马狮集团为自己聚集了一批数量庞大的"忠诚的顾客",在这些顾客的支持下,它的规模开始不断扩大,从而开启了它长达百年的辉煌之旅。

与供销商同谋共事

对待客户,马狮集团注重跟客户培养牢固的信任关系,而对待供销商,马狮集团也同样如此。他们认为,供销商是公司得以正常运行的基础,公司只有拥有了长期的合作伙伴,才能够确保公司获得源源不断、物美价廉的商品。而信任则是这种牢固的伙伴关系的纽带。对此,马狮集团提出了这样的口号:"同谋共事、携手合作"。

众所周知,世界上所有的零售企业都为如何减少中间环节,降低成本而大伤脑筋。而这一切都和公司与供销商的关系紧密相连。对此,马狮集团十分清楚,他们认为零售企业要想有效实现对顾客需求的满足,就一定要有供应商的协调配合才行。对于大多数的零售商来说,由于对利益的追逐,他们往往很难与供销商和谐相处,但这在马狮集团看来是无法接受的。在他们的眼里,所有为公司提供商品的供销商都是自己的伙伴,他们的利益与自己的利益息息相关。鉴于此,马狮集团一直以来都在致力于与供销商建立长期而紧密的合作关系。熟悉马狮集团的人都知道,多年来,马狮集团并不拥有供销商的任何股权,但令人惊奇的是,马狮集团与供销商之间的关系却十分和谐,彼此之间的信任坚如磐石。这种信任使得马狮集团不仅消除了传统的供销商与零售商之间的矛盾,而且还调动了原料供应商、货品供应商,从而使他们成为了满足顾客需要的整个运作过程的重要环节。

尽管马狮集团非常清楚"顾客到底需要什么",但是如果供销商不能生产出所需质优价廉的产品,便无法满足顾客需要,所以马狮集团非常重视同供销商的关系。零售业一向被视作一种技术要求不高的行业,但马狮集团却是个例外,他们对货品品质的要求极端严格,从原料到货品制造完成全部处于严格的质量控制之中,这使得马狮集团的经营拥有着强烈的"技术主导"的特色。

马狮集团一方面对供销商提出了严格的要求,但另一方面他们也尽可能地给供销商以帮助,甚至还试图将所节约的交易成本转让给供销商,这使得马狮集团在实现顾客满意的同时达到了与供销商的双赢。在商品价格不变的情况下,马狮集团提高产品标准的要求与供销商实际提高产品品质取得了一致,这种局面的最终受惠者便是消费者。无疑,这将会大大增加顾客对公司的满意度和商品对顾客的吸引力。

据统计,马狮集团与供销商的合作关系大多数都在 30 多年以上,有的甚至是"百年之好",供应马狮集团货品超过 50 年的供销商有 60 家以上,超过 30 年的则不少于 100 家。

员工是公司的财富

很多年前,马狮集团一位名叫科罗娜·苏里门的人事经理曾向总裁西蒙提出创设一项聘请医生定期到门市部巡回应诊的计划,结果得到了西蒙的同意。这是马狮集团为员工提供的保健计划的开始。从那以后,马狮集团在对待员工

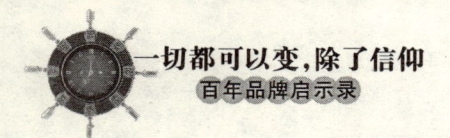

方面作出了很多具有独创性的计划。在这些计划的背后,我们看到的是马狮集团对于公司员工的重视。

对于任何一个公司来说,员工是公司强大竞争力的保证,拥有一支强大的员工队伍,很大程度上说,就是一笔巨大的财富。对于这一点,马狮集团一直以来都有着清醒的认识,并且在这一理念的指导下,他们采取了很多措施。

1973年,马狮集团在职保健计划推行牙齿健康教育活动,吸引了社会人士、传播媒介和牙医业界的广泛注意。

马狮集团认为员工是企业最重要的资源,他们深信公司强大的人力资源是成功压倒竞争对手的关键因素,所以,马狮集团一直都在致力于建立与员工之间的互信关系。他们把激发员工的工作热情、发挥员工的最大潜力看作是公司管理的重中之重。

马狮集团认为公司营销方面的人力资源指的并不仅仅是那些直接与顾客打交道的人,那些负责生产业务、管理工作、技术服务以及送货交货这样的工作的人也会和顾客发生关系,有时甚至接触更多,也就是说这些人员将代表着公司的形象,他们的一举一动、一言一行都会影响顾客对公司的评价。这让马狮集团意识到公司必须为员工塑造一种良好的工作环境和工作氛围,这样员工才能够对公司忠诚,并且带着愉快的心情工作。

为此,马狮集团提出了这样一项规定:"关心员工的一切问题;尊重所有员工;对努力和贡献作出赞赏和鼓励;全面和坦诚的双向沟通;坚持"员工为先",让全体员工了解并支持企业的方针、政策、计划和措施,并与员工共同分享公司信息,让员工参与到公司的决策中来。如此以来,员工的积极性就被充分地调动了起来。无论是在几十年前,还是在现在,马狮集团已经和员工建立起了一种牢不可摧的关系,与其说他们是雇用与被雇用的关系,不如说他们是合作愉快的工作伙伴。公司的每一个员工都把马狮集团当成是自己的家,他们想公司之所想,急公司之所急,这种休戚与共的关系在经过一百多年的沉淀之后,如今已经坚如磐石了。

第 15 章 马狮公司
——"以人为本",成就百年老店

马狮集团在任用人才时,采取的是唯才是举的用人之道。一直以来,他们不重资历,唯才是举。在他们看来,虽然像文凭、资历等因素可以在一定程度上反映一个人的能力和水平,可以作为选才用才的一个标准,但它绝不是唯一的标准。公司创始人米高·马格斯先生曾这样说过:"马狮信奉'人才主义',它的发展绝不依赖有学历而缺乏创造力的人来推动,我们看重的是员工灵活的头脑和创造性的思维。"同时,马狮集团不像其他公司一样看重员工的专业背景,他们看重的是员工们的专长,然后依据各自的专长,为其提供适合他的工作岗位。

曾有一个副总经理,他在学校里学习的是机械专业,慢慢地,公司发现他十分擅长股票投资,于是就把他提升为了公司的副总经理,让他主管公司的合并事务。对于员工的考评,马狮集团采取的是"考之以绩,责之以实"的方法,员工的实际工作绩效是他们评价一个人的标准,绩效高的人一定会加以重用,绩效的低人也绝不会委以重任。

如此一系列的人才选拔策略是马狮集团在长达百年的经营过程中,渐渐积累起来的。在这些策略的指导下,公司塑造了一个具有强大竞争力的团队,人才是公司得以发展壮大的决定性因素,正是在这些人才的推动下,马狮集团才得以成为了当今世界百货业里的领跑者。

很多人都认为任用亲人要比任用外人可靠得多,但这在马狮集团是绝对行不通的。一直以来,马狮集团都在坚决摒弃任人唯亲的做法。他们认为家族产业并不一定要由家族里的人来管理,家族的利益并不能代替公司的利益。任人唯亲将会严重影响公司的正常管理和运行。为此,马狮集团将所有权和经营权进行了有效的分离,多年来,他们一直在遵循着唯才是用,任人唯贤的管理原则,如此矢志不渝地坚守,为马狮集团的发展奠定了坚实的基础。

对于那些性格、行为迥异于常人的怪才,马狮集团更是爱不释手,呵护有加。他们认为这些"怪才"是公司不可多得的人才。因为这些人的行为总是与世俗之道显得格格不入,他们性情古怪,极富个性,对某一专业极为痴迷,这正是他们的特殊之处,一般来说,在他们怪诞的行为背后往往蕴藏着常人所没有的

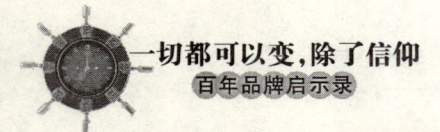

能量和奇思怪想。从某种程度上说,"怪"就意味着创造性。

"善于授权,用人不疑"是马狮集团的另一个用人之道。他们认为公司高层的工作就是作出重大决策,那些事务性的工作要交由下属去做。这样才能确保公司管理的高效。敢不敢放权,是衡量一个领导者用人艺术的重要标准。马狮集团的一位总裁曾这样说:"我在管理工作上,一直遵守着两条格言:一是决不让自己超量工作,二是授权他人然后就完全忘掉这回事,决不去干涉。"在长期的人力资源管理中,马狮集团总结出了一套行之有效的授权做法:

一、当众授权。有利于相关部门和个人清楚,老板授予了什么权、权力大小和权力范围等,避免在处理授权范围内的事时出现程序混乱及其他部门或个人"不买账"的现象。

二、择人授权。根据能力大小和个性特征等区别授权。如性格外向者让他解决人事关系及部门之间沟通协调的事容易成功;性格内向者授权他分析和研究某些问题则容易成功。

三、授权不"授责"。授权后并不要求被授权者承担对等的责任。授权的实质是请被授权者帮助办事,是一种委托行为。授权后,事情干得出色应当给予奖励和表彰;当事情干得不尽如人意时,授权者应该自己来承担责任,而不能将责任推给被授权者。

四、授权有根据。授权者以手谕、备忘录、授权书、委权书等书面形式。授权具有三大好处:1.藉此为证;2.明确授权范围,既限制下级做超越权限的事,又避免下级将其处理范围内的事上交;3.避免授权者将授权之事置于脑后。

五、授权有禁区。授权的禁区有:企业长远规划的批准权,重大人事安排权,企业发展方向决定权,重要法规制度决定权,机构设置、变更及撤销决定权,对企业的重大行动及关键环节执行情况的检查权,对涉及面广或较敏感情况的奖惩处置权,对其他事关总体性问题的决策权等。

六、授权要慎重。要保持一段时间的稳定,不要朝令夕改,稍有偏差就将权收回。否则,会产生"三不利":一是产生副作用,不利于工作;二是等于承认授权

第 15 章 马狮公司
—— "以人为本"，成就百年老店

有失误；三是下级会觉得不受信任，有一种被欺骗感。因此，在授权后，即使被授权者表现欠佳，也应通过适当指导或创造一些有利条件让人以功补过，而不必马上收权。

通过这样的授权方式，马狮集团打造出了一个管理高效的团队。对于任何一个企业来说，良好的管理将决定着公司运行的好坏，它是公司竞争力的保证。回顾马狮集团的经营管理史，不难发现，这种独特的授权方式是其在多年的发展过程慢慢地形成的。它就像是一个发动机，在时时刻刻为马狮集团提供着向前运转的动力。在它的强力推动下，马狮集团如此成为了业内名副其实的佼佼者。

此外，马狮集团把福利当作激励员工的重要方法，多少年来，他们在不断满足员工最基本生存需要的同时，还采取了各种措施让员工分享企业的利润。例如，让员工持股、增长工资、奖金等。此外，还设有更加温情的福利待遇，小到一顿饭一杯茶，大到住房、医疗等，长久以来，马狮集团都在为员工进行着精心地设计。

1934 年，马狮集团专门创立了福利委员会，这是一个十分独特的组织。该委员会由九个委员组成，他们全都不是公司的董事。委员会每周开一次会，从 1934 年到现在，从未间断过。他们平均每周要处理八组个案。这些个案大都是与员工本身或其家庭因意外或患病而要求特别援助有关，一般通过捐赠、贷款、长期休养或者减少工作时数等方法解决。

如果某个员工的家人在美国去世，那么，委员会就在第一时间为其准备好机票，并给以足够的费用；如果一个女员工在照顾孩子的同时还要照顾老人的话，她可以两年不来上班，但工资照发。在马狮集团里，福利委员会就像一个巨大的安全网，它将所有员工都保护了起来。

马狮集团的另一个最有独创特色的福利措施就要属他们的预防保健计划了。这是一项马狮集团坚持了数十年的计划，这个计划让马狮集团在业内获得了极高的声誉。

这项计划是马狮集团在 20 世纪 30 年代设立的。他们聘请医生定期到门市部巡回应诊，随着医生的数目不断增加，马狮集团的每个门市部都有一个特约

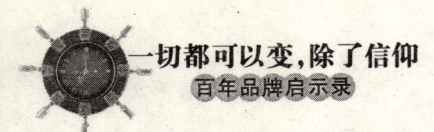

医生。如今，这项计划已经得到了全面的发展。保健服务由一位主任医生主持，职员有医生、护士、牙医以至物理治疗师及足科医师。一共有七位全职医生，每人都担负广泛的任务。另外有7名非全职医生，每人负责多个门市部的工作。特定的照射检查服务是保健部的预防服务项目之一，主要为员工很大比例的女性检查乳腺癌和子宫颈癌，检查延伸到男雇员的妻子，为员工及其家属的健康作出了贡献，保证员工能全身心地投入工作。

1977年，马狮集团推行了分红计划。该计划规定，所有在英国为马狮集团连续工作了5年的员工都可获公司分配的股份。每年，董事会都依照当年的盈利决定分配给员工的股份数额。他们把分配股份前必须达到的最低盈利额定为1亿英镑，按公司经营所得除税前盈利计算，在决定了要分派的股份数额后，董事会依据"员工占有股份=本年度该员工应纳税总收入/公司付出的应纳税总薪酬"计算。假如某个员工的总收入占所有可获分配股份的员工的总收入的千分之一，那么他便可以得到千分之一的股份分配。

正如马狮集团的前任董事长雷薛福先生所说："经理人员必须了解员工的困难并作出反应。高管理层应该知道员工的工作环境和各项福利措施的优劣程度。"数十年来，马狮集团在业内总以福利高而著称，他们为推行种种福利措施所花费的代价总会使试图模仿它的其他公司难以望其项背。这些福利并不单单是福利，它所表现出的是公司对员工的关心。在马狮集团的精心呵护下，每个员工都感觉到自己受到了公司的尊重。

作为英国最大且盈利能力最强的百货零售集团，如今，马狮集团已经成为了西方管理学界公认的卓越管理的典范。

也许到这里，我们就能明白，马狮集团的成功奥秘就在于它的"以人为本"。因为他为客户着想，所以得到了客户的认可；因为他处处为供销商考虑，所以得到了供销商的信任；因为他关心员工的一切，使得他得到了员工的忠诚。如此一个处处为别人着想的公司，怎能不成为一家百年老店？

第 16 章　奔驰公司

——一流的质量，一流的服务

在当今世界汽车领域里，奔驰公司是一个响当当的名字。公司自成立以来，以其完美的技术水平、过硬的质量标准、层出不穷的创新能力令人称道。而它的三叉星标志也已经成为了当今世界上最著名的品牌标志之一。

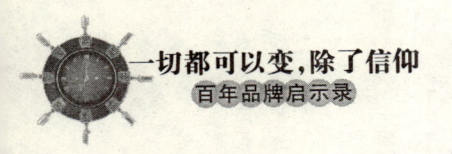

奔驰的前世今生

让三叉星徽在全世界闪耀是奔驰公司一个多世纪以来的梦想,也是他们矢志不渝的追求。走过了一百多年的历史,"奔驰"这两个字如今已经成为了全世界汽车行业里最具吸引力的品牌代名词。

奔驰公司是总部设在斯图加特的世界十大汽车公司之一。它的前身是戴姆勒—奔驰股份公司。多年来,公司的名称虽然几经改变,但人们一直习惯将其简称为奔驰公司。奔驰公司是世界上资格最老的厂家,以生产高质量、高性能的豪华汽车闻名于世。公司主要产品有轿车、载重汽车、专用汽车和客车等,年产汽车约60万辆。

如今的奔驰公司是一家大型集团控股公司,旗下设有四家子公司,梅塞德斯—奔驰汽车股份公司是其中最大的子公司。多年来,"奔驰"在人们心目中始终是等级、地位和权力的象征。在世界十大汽车公司中,奔驰公司产量最小,但利润和销售额却名列前五名。一直以来,奔驰公司始终把"良好的产品品质、优质的售后服务"奉为自己的经营宗旨,正是这一宗旨一直在推动着奔驰公司在世界车坛星徽闪耀,长盛不衰。

奔驰公司是世界汽车工业的鼻祖,它的历史最早可以追溯到1886年。奔驰公司的创始人是被誉为"汽车之父"的德国人卡尔·本茨和戈特利布·戴姆勒。奔驰汽车公司的名字便是以卡尔·本茨的姓名命名的。

卡尔·本茨1844年11月25日出生于德国南方小城卡尔斯鲁厄,他的父亲是一位火车司机。卡尔·本茨自幼就对发动机充满了兴趣,他曾作过制图员、设计师和厂长。1871年,他创建了自己梦寐以求的公司,并开始着手研制两冲程引擎。八年后,他终于获得了成功,很快就为自己的发明申请了专利。1883年,卡尔·本茨创建"本茨公司"。1886年1月29日,卡尔·本茨发明了"安装有汽油发

第 16 章 奔驰公司
——一流的质量，一流的服务

动机的交通工具"，这便是世界上第一辆汽车。这辆采用单缸发动机的三个轮子的汽车，时速最快为 15 公里。

兴奋的卡尔·本次为了向所有人展示自己的发明，便让自己的妻子开着这辆被命名为"奔驰 1 号"的汽车，前往一个 100 公里外的亲戚家做客。这次"汽车之旅"，对于本茨公司来说意义重大，它使得本茨汽车在当时迅速"走红"。1890 年，"本茨公司"共制造出了 603 辆汽车，其中有 341 辆被运往国外。从此，"本茨公司"就成为了当时世界上最大的汽车制造和销售公司。

公司的另一个创始人戈特利布·戴姆勒则于 1834 年 3 月 17 日出生在德国的一个面包师家庭。和卡尔·本茨一样，戴姆勒同样对燃气发动机兴趣浓厚。38 岁时，戴姆勒在当时著名的"道伊茨"公司担任技术经理一职。为别人打工当然不是戴姆勒的终极目标，他的梦想是要建立属于自己的公司。于是在 1882 年，他离开了"道伊茨"，建立了自己的工厂。工厂刚一成立，戴姆勒便全身心地投入到了小型高速四冲程引擎的研制工作中。

1883 年，戴姆勒发明了世界上第一台运转轻巧的快速内燃发动机，这台发动机每马力能带动 80 公斤重量，达到了 600 转/分。1885 年，戴姆把这种发动机安在了一辆两轮车上，这个带有单缸发动机的"骑式双轮车"就是世界上第一辆摩托车的雏形。1886 年，戴姆勒又成功地把发动机安装在了一辆四轮"美国马车"上，在这个发动机的带动下，这辆马车的速度达到了每小时 18 公里。世界上第一辆具有现代意义的四轮汽车就此诞生了。

四年之后，已经有了一定经验和实力的戴姆勒创建了"戴姆勒公司"。很快，公司就开始了"凤凰"牌汽车的研制。1900 年，戴姆勒成功地研制出了一款轿车，并给它取名为"梅赛德斯"。在西班牙语中"梅赛德斯"是祥和、幸运的意思。一年之后，这款汽车开始正式投入生产，并且获得了巨大成功，从而大大提高了"戴姆勒公司"的商业地位。

"梅赛德斯"汽车是由戴姆勒的好友威廉姆·迈巴赫设计的，它采用四缸发动机，功率为 40 马力，最高时速达到 75 公里。由于"梅赛德斯"汽车在多种赛车

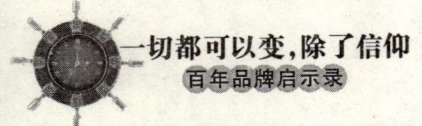

一切都可以变，除了信仰
百年品牌启示录

比赛中屡屡夺魁，"梅赛德斯"很快就家喻户晓了。

1918年以后，经济危机席卷了全世界，德国的汽车工业不可避免地受到了沉重的打击。而此时，大洋对岸的美国其汽车工业也开始蓬勃发展起来，对于德国来说，这无疑一个巨大的威胁。"戴姆勒公司"和"本茨公司"都在此时陷入了困境。

当时的美国汽车工业已采用了流水线作业，福特T型汽车自从问世以来，就因为低廉的价格对德国的汽车构成了巨大的威胁。随着T型汽车源源不断地涌入德国市场，"戴姆勒公司"和"本茨公司"开始意识到单凭自己的力量是无法与T型车抗衡的。为了应付挑战，共渡难关，两个公司在1924年达成协议，集中各自的优势共同生产汽车，以求降低生产成本。1926年6月29日，两个公司正式合并为"戴姆勒—奔驰汽车公司"。自此，世界汽车工业中的一颗耀眼的明星以及它的三叉星商标正式诞生了。

1933年，戴姆勒—奔驰公司进行了一次调整，将公司的名字改为了梅赛德斯—奔驰汽车有限公司。两年之后，奔驰公司便制造出了梅赛德斯—奔驰770型"布尔曼"轿车，该车采用7655毫升八缸发动机，功率为150马力，最高车速达140公里/小时，由于其良好的性能，使得它成为了日本天皇的专用车。

1957年，奔驰公司生产的奔驰300S，采用了排量为7升的增压发动机，它在保留使用燃油喷射的基础上，增加了三个化油器，并且体积只是普通发动机的一半，但是具有更加好的动力性能。

1959年，奔驰公司又在车身上获得了突破，开发了安全车身，将刚性车身和能量吸收变形进行充分结合，并且成功推出了"尾鳍车型"—奔驰220、220S和220SE。这是世界上首次进行安全车身设计的汽车。

奔驰公司从1965年到1988年间，先后设计和生产了五代梅赛德斯—奔驰汽车，每一代汽车都是经典，都代表和体现着当时的最佳的舒适性、安全性和可操控性，300SEL、450SEL、S600等的车型无疑是当时的顶级车型，代表着奔驰的理念。特别要提到的是1973年生产的"梅塞德斯450SEL619"轿车，更是因为其

第16章 奔驰公司
——一流的质量，一流的服务

所代表的当时的最尖端的技术，获得了"本年最佳汽车"的殊荣，成为汽车制造业的荣耀。在20世纪80年代中期，奔驰公司再次获得了突破，率先采用了前低后高，以弧形曲线为主的车型设计理念，引领了汽车业的发展。

梅赛德斯—奔驰中国有限公司首次登陆中国是在1986年，并且在香港落户。从20世纪90年代开始，奔驰公司再次在气缸技术上获得了突破，独家研制并采用了四油门汽缸技术，这种技术即可以缩小汽车容易，又能够增加马力。

但是1991、1992年，连续两年利润出现下滑。为了应对这种状况，奔驰公司在1993年开始了全面改革，并且将企业进行了新的定位，那就是成为广大普通家庭能够使用的物美价廉的中小型汽车，而不是单纯的高档汽车。并且在美国的阿拉巴马州建立了第一个海外轿车制造厂。

1998年，德国奔驰汽车和美国的克莱斯勒汽车公司进行合并，成立了了新的汽车公司，新公司命名为戴姆勒—克莱斯勒汽车公司。并且奔驰公司占有新公司股份的57%，克莱斯勒公司占有43%。这也成为了汽车历史上的最大的合并案。

2000年，奔驰汽车再次创造了一个历史，成功的研发出世界上首辆安装陶瓷制动器(C-Brake)的汽车，并且同步采用了Fleet.Board信息通信辅助网络服务。

2001年，奔驰公司首次把SBC电液制动系统成功应用于大规模生产。2002年，奔驰公司在新的S级汽车上，成功的推出驾驶员及乘客保护预防性安全系统(PRE-SAFE)。并且在同一年，由德国慕尼黑SEMION研究所主办的"2002年度德国品牌50强价值排序"中，"奔驰"荣登榜首，并且品牌价值高达334.25亿欧元。

在现代世界汽车领域，奔驰汽车无疑占据着举足轻重的位置。作为世界一流的高级汽车，奔驰汽车一直以来都是身份和地位的象征。也正因为这样，使得它成为了很多国家元首的首选座驾。

奔驰汽车是世界少有的几家有着百年历史的汽车公司，在一百多年的发展过程中，奔驰汽车始终以先进的技术、完美的质量、卓越的性能著称于世。一提

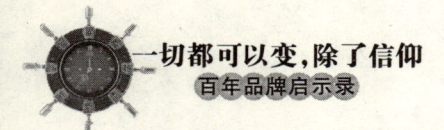

到奔驰,人们就会把它和"安全"、"品质"等词汇联系在一起。无疑,全世界所有汽车爱好者的心里,奔驰汽车都是一个充满了传奇色彩的神话。人们一方面感叹着它的辉煌,一方面又在疑问:到底是什么造就了奔驰汽车的成功?其实奔驰汽车的成功可以用八个字来概括,那就是:一流的质量,一流的服务。

一流的质量

对于任何一种汽车来说,好质量就意味着安全、舒适、美观、耐用。只有这样,才可以得到顾客的信任和青睐。那么,奔驰公司在长达一百多年的经营中,是如何打造一流的质量的呢?也许,我们在奔驰汽车的座椅上就可以看出一些端倪。

大多数人在观察一辆车时,通常都会把重点放在车的外观、性能、结构上,却很少有人会注意到它的座椅情况。这是一个很容易被人忽略的部位,然而在奔驰公司眼里,就算这么一个最不引人注意的地方,他们也要争取做到最好。

奔驰车座椅的面料大都是用新西兰进口的羊毛纺织而成,他们对于羊毛的粗细度的控制在23~25微米之间。细羊毛用于高档车,车主在驾驶时,可以感到十分舒适柔软;粗羊毛则用于中档车,既结实又耐用。另外,在进行纺织时,工人还要根据需要掺进从中国进口的真丝和从印度进口的羊绒。

而对于皮革座椅,公司更是费尽了心机。为了采购到质量最好的皮革,他们通常都是派专人到世界各地考察,经过对比之后,再最终确定供货商。南德地区是他们认为的皮革质量最好的地区,为了保证供应,公司就在那里设立了专门的供应点。为了保证皮革的质量,公司甚至要求所有供应商不可让牲畜受外伤,同时还要确保皮毛不生寄生虫。通常,一张6平方米的牛皮在正式生产时,只会用一半,太薄或太厚的部分都要刷掉。

能够在一个不起眼的座椅上下如此大的功夫,这便是奔驰公司独特之处。

第16章 奔驰公司
——一流的质量，一流的服务

可见，奔驰公司在一百多年里被人口口相传的质量绝不是空穴来风、无稽之谈。

为了保证生产出高质量的汽车，1939年，奔驰公司成立了世界上第一家汽车安全工程部，著名的"安全之父"巴仁尼先生是它的总负责人。巴仁尼一生共发明了2500多项安全专利，其中有许多直到今天仍然是汽车安全的标准；1959年，奔驰开始进行整车撞击试验，公司规定，像这样的撞击试验，每年大约要进行7000多次，其中有100余次是进行真车撞击。奔驰公司每年在这种撞击试验上的花费高达几万马克。

"世界元首使用最多的车"这是奔驰公司所有投资拍摄的广告中最为引人注目的一条。正如这条广告所传达的信息，奔驰公司一向将高品质看成是取得用户信任和加强自身竞争力的最重要的一环。所以，精工细作是他们一百多年来始终坚守不变的信念，高品质、信赖性、安全性、先进技术、环境适应性是他们造车的基本理念，公司规定，凡是公司推出的所有汽车都必须要达到五项标准才可出场，缺少其中任何一项或未达标准的车都将被视为缺陷品，不准出厂。

作为世界上历史最悠久的汽车公司，奔驰公司自1883年创建之日起，就始终处于执世界汽车业之牛耳的地位。一个世纪以来，世界汽车业几经沧桑，许多汽车公司在激烈的市场竞争中几度沉浮，然而奔驰汽车公司却以其绝佳的产品质量始终在世界汽车领域里叱咤风云，吉星高照。

有人曾这样说："奔驰车急似猛虎下山，缓似行云流水，开奔驰车是一种难得的精神享受。"如果仔细研究一下奔驰公司的管理制度的话，我们不难发现，它那近乎严苛的管理方式乃是其一流品质的保证。

在奔驰公司看来，产品的质量取决于公司全体员工的态度。只有全体员工高度重视产品的质量，产品的质量才有保证。所以，一直以来，奔驰公司始终都在努力营造严格质量意识的管理理念。

确实如此，高品质与员工的高素质是紧密相连，无法分开的。鉴于此，奔驰公司十分注重对员工的培训。据统计，奔驰公司在德国国内就有502个培训中心。接受培训的人员主要有两类，一类是年轻人，他们主要接受基础技术类的培

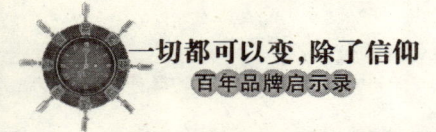

训；一类是经验丰富的工程技术人员、商业人员和技术骨干。

受基本职业训练的年轻人经常保持在6000人左右，他们大部分都具有十年制学校毕业的文化程度，进厂后要接受为期两年的培训。公司规定，这些人在培训过程中，除每周一天的厂外文化学习外，其余时间都必须在厂内接受车、焊、测等基本理论和实践的训练。所有学员只有在结业考试合格后，才能正式成功公司的员工。不及格者可以再申请一次重考的机会，若还不及格，就不得不接受被公司辞退的命运。同时，公司规定，所有新员工不得单独进行生产，必须要在老员工的亲自指导下进行。

奔驰公司的工程技术人员、商业人员和技术人员大约9300多人，占职工总数的2%。这些人是公司的骨干力量，一直以来，公司对他们的培训是不惜血本的。公司通过举办专题讲座，派职工外出学习，设立业余学校等形式对他们进行内容丰富的各种再培训活动，平均每年约有2至3万人参加这类再培训。

为了保证产品的高品质，奔驰公司设立了严格的检查制度。即使是一颗小小的螺丝钉，在组装到车上之前，也要事先经过检查才行。而在其整个生产过程中的每一个环节也都有固定的检查步骤，只有经专门技师总查后签字的车，才能开出生产线。

在一辆奔驰汽车的制造工程中，约有5%到10%的汽车零件是从别的公司购买的，其余都是由自己的分公司按指定的设计、原料和生产规格的详细范本制造的。公司里各个采购部的经理要都要对其经营范围的商品品种、规格和质量负全部责任。

为了检验新产品的质量和性能，公司除了有一套由计算机控制的设备外，还建造了一个占地8.4公顷的试验场，试验场里有由不同路面组成的15公里长的车道。公司每年都要把刚出场的新车放到这里进行各种实验。为了把好质量关，公司在美国、欧洲、加拿大、拉丁美洲、亚洲等地还专门设有质量检测中心。"中心"内设有大批质检技术人员及高质量的设备，据说，公司每年有上万辆汽车要在这里接受严格的检验。正是在这些措施的作用下，使得奔驰得以生产出

第 16 章 奔驰公司
——一流的质量，一流的服务

一辆又一辆耐用、舒适、安全的汽车。

如今，奔驰汽车早已在全世界无人不知、无人不晓。它的经营风格始终如一，和其他公司追求产量不同的是，奔驰汽车从 1926 年至今，从不追求汽车的产量，它的目标只有一个，那就是要生产出全世界质量最好的汽车。因为公司汽车产量相对较少，使得公司总是遇到供不应求的情况。订货买车的顾客经常要依次等候到几个月以后。那些接到提货通知的买主，要分批来到奔驰公司的接待处取车。

2011 年，德国汽车协会全德汽车俱乐部进行了一项全国汽车质量和安全方面的排名，结果，奔驰公司因其卓越的质量和安全性能在所有汽车品牌中得分最高，被评为德国汽车第一品牌。而在 2010 年九月份的这项调查中，奔驰也同样名列前茅。

这次评估共分五个档次，每个档次以分数表示。最好为 1，最差为 5。这次调查的对象选的是五千位有代表性的驾驶员，总共调查的项目有十四项，根据各项的相对重要程度进行单独调查，最终奔驰在七个项目中获得最高分，击败了宝马和奥迪成为第一品牌。特别是在产品质量这一项上，奔驰成了大多数驾驶员的首选，最终得票为 2274，分别多出宝马 1995 票和奥迪 1744 票成为最大的赢家。而在汽车安全标准方面，奔驰也以压倒性的优势排在首位，得票为 2326。

奔驰公司认为，公司提供给顾客的产品，不只是一个交通工具——汽车本身，它还包括汽车的质量、造型、维修服务等，即要以自己的产品整体来满足顾客的全面要求。

如果你稍加留意就会发现，奔驰公司通常很少做广告，对此，奔驰人的解释是："我们的质量就是最好的广告。""如果有人发现奔驰汽车发生故障被修理车拖走，我们将赠送你 1 万美元"。这是奔驰公司少有的几个广告之一，可以看得出来，奔驰公司对应汽车的质量已经到了令人叹服的程度。

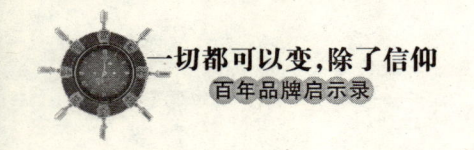

一流的服务

与良好的质量想对应的,奔驰公司的服务也是世界一流的。

奔驰公司在全球有一个完整而方便的服务网。这个服务网包括两个系统,一是推销服务网,分布在德国各大中城市。在推销处,人们可以看到各种车辆的图样,了解到汽车的性能特点。

顾客在订购汽车时,可以根据自己的意愿,提出自己的要求,如车辆的颜色、空调设备、音响设备、乃至保险式车门钥匙等。对应顾客的这些要求,奔驰的设计师和技师都会加以满足。

服务网中的第二个系统是维修站。维修环节是奔驰公司非常注重的一个环节。为了向每一个奔驰客户提供优良的维修服务,公司在德国共设立了1244个维修站,其工作人员约为5.6万人。在公路上平均不到25公里,就可以找到一家奔驰车维修站。而在国外的171个国家和地区,奔驰公司则共设有3800个服务站。在这些维修站工作的员工各个都技术熟练、态度热情、检修速度极快。

奔驰车在使用的过程中会有很多服务,这些服务,公司都会派人在第一时间办好。在换机油时,如发现某个零件有损耗,维修站还会主动打电话通知车主征求是否更换的意见。如果车子意外地在途中发生故障,开车人只要向就近的维修站打个电话,维修站就会派人在第一时间赶到进行修理,或是将车拉回维修站。

"星徽理念"是奔驰公司针对中国市场提出的一个具有全球化标准的服务理念。

目前,奔驰公司已经在中国大陆地区80多个城市建立起了170多家采用全球统一标准的授权销售与服务中心和展厅。与全球各地一样,每家奔驰授权销售与服务中心门外都有醒目的梅赛德斯—奔驰三叉星徽标识,他们既是奔驰公司高品质的象征，同时也是奔驰公司全球统一服务标准——"星徽理念"的显著标识。

奔驰公司坚信：购买汽车行为本身仅仅是公司与车主之间长期关系的开始，而让每位车主在日后都能够深切地感受到来自于奔驰公司的优质服务和贴心关怀，才是星徽服务的精髓所在。为此，奔驰公司授权销售与服务中心都全部配备了符合公司要求的测试和维修设施，并备有奔驰公司原厂出品的零配件。为了向客户提供及时的服务，奔驰已在北京、上海、广州建立了的三家零配件配送中心，每周为经销商补给库存。在紧急情况下，零配件配送中心甚至能够实现隔夜交付经销商所需配件。

同时，每一位技师都必须接受奔驰公司严格的培训，目的是要让这些技师们精通奔驰轿车中的每个复杂而精密的系统，能够为每位车主的爱车提供恰如其分的悉心呵护。

我们很难想象，如此高品质的服务，怎会得不到广大顾客的喜爱呢？

在奔驰公司的眼里，每一个顾客都是"上帝"，这不只是一句口号，这是所有奔驰人在长达一百多年的时间里对所有顾客的承诺。如果有顾客前去公司提车，公司不但会为他们提供住宿，还会安排专门的接待小姐引导参观。顾客首先看到的是介绍公司的录像，然后便会去观看轿车装配的每一过程。在装配线上，每一辆车上都标有买主的名字，车体颜色和内饰等都是严格按照买主所选择的模式进行装配的。

满足客户的每一个要求是奔驰公司永远的追求，他们要让奔驰车的每一个买主都能开上自己心中的汽车，都能体会到"上帝"的感觉。只有顾客买了奔驰车，奔驰公司就会为他建立一个内容详细的档案，这意味着这位顾客从此就成为了第奔驰家族中的一员，可以受到奔驰公司无微不至的全方位服务。

如果车主在路上遇到故障，只要打个24小时服务电话，半小时之内，维修站的工作人员就会赶到。

如今，奔驰公司已走过了百年的长路，从汽车的诞生直到今天，"奔驰"以它

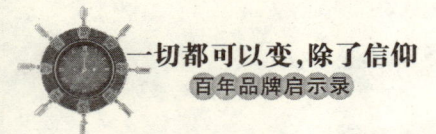

无限的生命力,创造了汽车史上无数个第一,而奔驰公司一流的服务则是公司锦上添花的一笔。

这是一个以消费者为中心的时代,满足顾客的需要是每一个公司都在努力追求的目标。对于奔驰公司来说,从顾客的需要出发,从产品结构、产品质量、销售方式、服务项目、服务水平等方面满足顾客的各种不同的需要,是公司一直以来不变的宗旨。

和大多数公司不同的是,奔驰公售后服务是从生产车间开始的。厂里在未成型的汽车上挂有一块块的牌子,写着顾客的姓名、车辆型号、式样、色彩、规格和特殊要求等。不同色彩,不同规格,乃至在汽车里安装什么样的收录机等千差万别的要求,奔驰公司都能一一给予满足。据统计,奔驰车共有3700种型号。任何不同的需要都能得到满足。

正如奔驰(中国)汽车销售有限公司售后服务总经理韦达利所说:"奔驰车主不仅仅是我们的客户,更是我们长久的合作伙伴;随着业绩的增长、客户数量的持续攀升,我们将使更多奔驰客户享受到一流的星徽服务。"

2009年,奔驰公司在北京举办了一次别出心裁的"星徽服务发现之旅"。数十家媒体驾驶着奔驰车,来到奔驰特许销售和服务中心,以车主身份切实体验了奔驰全球统一标准的高品质服务。

"星徽服务发现之旅"是从车主享受星徽服务的第一步——服务预约环节开始的。当一个事先办理了电话预约的车主刚把车开到服务中心时,门卫就已经已通过车牌号认出了他,并通知了接待人员。随后,接待人员在做完自我介绍后,引导车主进入服务中心。此时,车主和车辆相关的资料早已准备就绪了,只需几分钟,车主即可办完登记手续——整个接车过程周到、高效,规范有序。

工作人员在进行车辆保养时,车主可在休息区透过玻璃窗直接看到保养的全过程。服务结束后,工作人员会细心地将座椅等车内设置恢复到原样,然后再在车辆后视镜处挂上一张意见反馈卡。车主如果对此次服务有任何意见,可以写在上面,将其直接寄回奔驰售后服务管理部门。

第16章 奔驰公司
——一流的质量，一流的服务

另外，这次活动还安排了车间参观环节。在维修车间，工作人员将向所有参观者逐一介绍奔驰全球统一标准的服务设备。在参观到销售和服务中心的零部件仓库时，工作人员还会对奔驰公司的零配件配送体系进行详细介绍。

奔驰公司始终都在坚持一个信念，那就是：他们买的不仅是车，也是传承百年的服务。他们在长达一百多年的时间里，在用行动兑现着自己的承诺。

双面显示屏、与法兰克福一键相通的预检诊断体系、全球同标准的维修工序——仅仅从奔驰的维修车间内，就能发现许许多多的亮点。为了保证与客户沟通的无缝通畅，奔驰研发的双面显示屏将能令客户同时看到售后服务顾问的所有操作；在对车辆的预检当中，如果遇到疑难问题，诊断软件能够连通网络，让法兰克福的专家异地同时对车况进行诊断；在钣金喷漆等琐碎工序中，全国4S店所严格遵循的，是全球同标准的严苛工序。以上种种，仅仅是奔驰售后服务承诺中的微小组成部分，而这些细节汇聚起来，便是全球同标准化服务承诺的核心。

在此之后，通过全球领先的硬件设施配备、专业的培训及认证体系、强大的物流配送网络以及不断提升的客户服务水平，奔驰希望通过以实际行动支撑的品质承诺，"力求引领中国汽车售后服务行业的发展"。可以说，奔驰公司以其良好的服务稳固了它在同行业中的领先地位。

而今，奔驰汽车公司已成为了德国第一大汽车公司，目前拥有12个系列，百余种车型，年产量达到了近百万辆。它是高质量、高档次、高地位的象征。它不仅已成为社会名流必备的道具，甚至许多国家都采用奔驰汽车作为外交用车的标准车辆，"奔驰"已成了名副其实的名牌。

第 17 章　希尔顿酒店
——顾客至上,微笑服务

一百多年来,希尔顿饭店生意如此之好财富增长如此之快,其成功的秘诀就是其始终如一地坚持贯彻着"顾客至上,微笑服务"的服务理念,并把这一理念贯彻到了每一个员工的思想和行为之中。

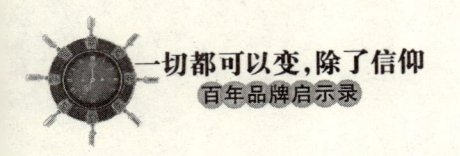

今天你微笑了吗

"无论旅店本身遭受的困难如何,希尔顿旅馆服务员脸上的微笑,永远是属于旅客的阳光。"这是世界著名酒店集团希尔顿酒店的创始人康纳·希尔顿曾经说过的话。相信任何一个旅客在听到或看到这句话时,心头都会感到一阵温暖和惬意。事实正是如此,哪一个顾客不希望得到一个良好的服务呢?一个良好的服务,往往代表的是商家对顾客的爱护和尊重,当成千上万的顾客感到自己受到爱护和尊重时,他们就会认为自己是世界上最幸福的人。那么,他们就会对为自己提供良好服务的商家大有好感,甚至成为一个至死不渝地忠诚拥护者。

在这个世界上,任何一个企业都希望拥有一群源源不断地忠实客户,因为当这些客户踏上门来的时候,他们将会带来巨大的利润。而利润则是每一个企业努力追求的东西。因为它决定着企业的兴衰成败。

如今,企业已经成为了这个世界上最普遍的组织,古今中外,诞生了众多企业。这些企业有的经营时间很长,几十年、一百年甚至是二百年;也有的经营时间很短,甚至还有一些公司就如流星一样,瞬间就消失了。为什么这些企业会有如此不同的命运?这是很多人都在考虑的问题,更是所有企业管理者一直以来都在思考的问题。

钢铁大王卡耐基曾说:"笑是人类的特权。"微笑是沟通人与人之间情感的桥梁,对于服务行业而言,更是至关重要,客人总是因为看到服务人员温和的微笑,判断对店铺的整体印象和办事态度,有时候,无声的微笑比语言更有力量。在生活中,再普通不过的一个微笑,若融入服务行业之中,将它演绎为一种工作态度,一种生活方式,那就能带来众多的商机和不可估量的经济效益。

在康纳·希尔顿看来,要想确保企业基业长青,其中一个最重要的因素就是要做到顾客至上。也正因为这样,"今天你微笑了吗?"这句话已经成了他的口头禅。

第 17 章 希尔顿酒店
——顾客至上，微笑服务

说起希尔顿酒店，相信在这个世界上，没有几个人会对它一无所知。哪怕是再孤陋寡闻的人也会在听到希尔顿这三个字时，立马联想到高级酒店这四个字。对于大多数人来说，希尔顿酒店一直以来所给人的印象，恐怕已经远非"酒店"这个名称所能涵盖的了，很多时候，它已经成了财富、地位、声望的象征。在希尔顿上百年的经营史上，希尔顿一直是各个国家政要、各界名流的首选之地。

它曾接待过各国政要，各界名流等足可以在人类历史上留名的人物。对于一个企业来说，这是利润，更是荣誉。

一个企业想要在市场上立足，靠的就是声誉。所以，在康纳·希尔顿眼里，声誉代表一切。拥有它，希尔顿酒店就可以名留青史，失去它，希尔顿酒店就会瞬间倒闭。正因为如此，他在创立希尔顿酒店之初，就把"顾客至上，微笑服务"这八个字当成了酒店经营的座右铭。

声誉从哪里来？声誉从一点一滴的经营细节中来。对于希尔顿这样的国际顶级酒店来说，声誉的好坏直接决定着酒店的成败。回顾希尔顿长达百年的经营史，我们不难发现，希尔顿今天的显赫声名其实就是他们崇尚"顾客至上，微笑服务"的结果。而希尔顿酒店的创始人康纳·希尔顿则是这个酒店的掌舵者。以希尔顿百年来的辉煌成功来看，康纳·希尔顿无疑是一个充满智慧的管理者。

对于一个国家来说，领导人思维观念的好坏会对一个国家的各方面产生直接或间接的影响，同理，对于一个企业来说，它的领导者的能力和智慧也会对这个企业产生决定性的影响。从这一点来看，康纳·希尔顿是成功的。他是一个铺路者，从酒店创立之初，他就在用自己的管理智慧为希尔顿酒店的未来铺路。事实证明，康纳·希尔顿当初的一切努力都没有白费，他一手打下的希尔顿酒店王国的江山，在历经上百年之后，仍然牢牢占据着世界酒店业头把交椅的位置，享受着来自其他同业者的朝拜以及全世界所有顾客的掌声。

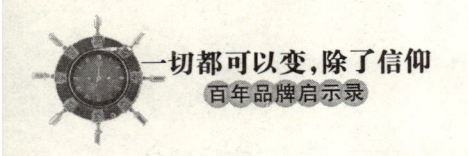

康纳·希尔顿传奇的一生

希尔顿酒店的传奇也印证了康纳·希尔顿的传奇。这个一手缔造世界酒店王国的人,到底如何成为传奇的呢?

很多人的成功都或多或少有幸运的成分,但对于希尔顿来说,幸运似乎并不垂青他。他的成功全都被磨出来的。回顾希尔顿的一生,正应了那句歌词:"不经历风雨,不能见彩虹,没有人随随便便成功。"

希尔顿在成功之路上所经历的艰辛是很多人都无法想象的。在这些艰辛面前,如果换成是其他人,也许他们早已当了逃兵,但希尔顿性格里与生俱来的乐观和坚毅品质却让帮他一次次跌倒之后又一次次站了起来。也许正如中国的一句古语所说:"天将降大任也,必先苦其心志,饿其体肤,空乏其志。"

希尔顿的父亲老希尔顿曾是一个经营皮货生意的皮货商。1907 年,希尔顿 20 岁,这一年对于希尔顿全家来说是一个不大乐观的一年,因为这一年的经济十分不景气,父亲的皮货店难以继续经营下去,为了谋生,希尔顿一家搬到一个小镇上,在那里,他的父亲开了一家旅馆,旅馆非常小,总共只有五个房间,所招待的都是些过路的客商。

此时的希尔顿成了父亲的得力助手,他的主要工作就是去火车站等车接客人。乍一听起来这好像是个很轻松的工作,但实际上却是苦不堪言。那是一个很小的车站,每天只有三班车,然而这三班车的时间却相当令人头疼,一班在中午,一班在午夜,另一班则在凌晨三点。这对于年轻的希尔顿来说,简直是一个不大不小的考验。为了接到客人,希尔顿不得不起早贪黑往车站跑。

当年这些痛苦的记忆,希尔顿一直都铭记在心,一次,他对一个朋友倒了苦水:"在寒冷的冬天,一夜之间从被窝里爬起来两次,冒着刺骨的冷风到车站去等客人,这种痛苦的滋味,在我心灵上留下永难忘怀的烙印。"希尔顿后来坦白

第 17 章　希尔顿酒店
——顾客至上，微笑服务

地说："当时我对旅馆生意产生了很恶劣的印象。"

除了接火车之外，他还有很多杂务要做。比如照顾客人吃饭，替客人喂马、洗车等。这些工作虽然不是什么苦力活儿，却对一个人的细心程度提出了巨大的挑战。为了给客人提供满意的服务，希尔顿付出了极大的耐心，每一个细节他都尽量做到最好。由于他细心周到的服务，给很多客人留下了深刻的印象。也许，正是从那时候起，"顾客至上，微笑服务"的服务理念已经开始慢慢渗透在他的血液里了。

他每天从早上八点开始工作，一直工作到晚上六点，夜里还要往车站跑两次，这样一来，睡眠严重不足。有时候，他差点睡过头，还是被别人叫醒的。

一年冬天的夜里，希尔顿又去接火车，可是他太疲惫了，走着走着竟然迷迷糊糊地掉到了小桥下面，幸亏水浅，只打湿了裤管和鞋子。但被风一吹，他冷得不得了，即便这样，他还是坚持走到了火车站，照样去接三点的车。

希尔顿是个很有野心的年轻人，他当然不甘于一辈子就做这些事，外面的世界对他充满了诱惑，他一心想着自己做点事出来。此时，他的愿望是当个银行家。

1919 年，希尔顿告别了家人，来到了得克萨斯州。他之所以会来到这里，是因为这里发现了大量的石油，很多人抱着发财的梦想，蜂拥而至。希尔顿当然也想在这里寻找机遇，大干一场。

于是，希尔顿揣着父亲留下的一小笔遗产，四处奔跑，联系了十几家银行，可是全都吃了闭门羹。无奈之下，他又来到了一个叫锡斯科的小镇。

到了小镇后，他找到了一家即将出售的银行，要价仅 7.5 万美元，希尔顿简直欣喜若狂，于是，他立即给卖主发了份电报，表示愿意出钱买进。

就在希尔顿盼望着可以达成最终协议时，没想到卖主回电改变了主意，将售价涨至 8 万美元。希尔顿气得火冒三丈，当即就彻底放弃了当银行家的念头。他后来回忆道："就这样，那封回电改变了我一生的命运。"

余怒未消地希尔顿来到了马路对面的一家名为"莫布利"的旅馆，准备投宿。结果，一个先生告诉希尔顿，旅馆已经住满了。说完，他就开始清理客厅，驱

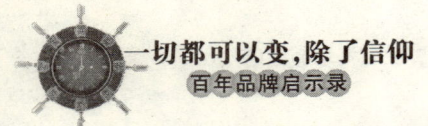

一切都可以变，除了信仰
百年品牌启示录

赶人群。希尔顿憋了一肚子气，忽然灵机一动地问："你是这家旅馆的主人吗？"对方看了他一眼，随即诉起苦来："是的，我陷在这里不能自拔了，经营这家旅馆根本赚不到几个钱，还不如抽资金去做点石油生意呢。如果谁打算出5万美元，我就把这旅馆卖给他。"听他这么一说，希尔顿的怒气立马就消失得无影无踪了，满脑子里想的都是如何把旅馆买下来。

于是，他把旅馆的账簿仔细查阅了一番，最终以4万美元的价格买下了这家旅馆。从此，希尔顿开始干起了旅馆业。希尔顿酒店辉煌的历史，也就从那一刻开始书写了。

希尔顿是一个经营天才，凭借着自己的聪明才智，小旅馆被他打理得有声有色，生意开始日渐兴隆起来。希尔顿是一个野心勃勃的人，他的眼睛一直都盯着外面更广阔的世界，从他买下这家旅馆开始，他就一直想着有一天要把旅馆的规模扩大。事实正是如此，仅仅过了六年，希尔顿就开始扩充他的生意规模了。1925年，希尔顿在达拉斯建起了一家以他的名字命名的旅馆。

其后便一发而不可收拾，到了1943年，希尔顿已经建成了首家联系东西海岸的酒店连锁集团。紧接着，他的酒店集团开始跨出美国，向全世界延伸。如今，希尔顿在全世界共有200多座豪华大厦。这个名副其实的酒店帝国包括纽约市的华尔道夫·阿斯托利亚大酒店，芝加哥的帕尔默大酒店，佛罗里达州的"枫丹白露"，美国赌城拉斯维加斯的希尔顿大酒店和法兰明高大酒店，以及香港的希尔顿大酒店，上海的希尔顿饭店等。希尔顿也被人们冠以"旅店帝王"的美名。

那么，希尔顿到底是如何打理酒店生意的呢？其实，他的成功只来源于一句话："你今天对客人微笑了吗？"

希尔顿自己共经营了将近50多年，在这50多年中，他经常世界各地四处跑。这和很多别人的老板很不一样，大多数老板通常都是待在办公室里，所有事宜都由专人打理。但这可不是希尔顿所崇尚的老板之道。要说他在这50多年中，待得最多的地方是哪里，恐怕就要数飞机舱里了。

他之所以这样不停地在世界各地游走，为的就是监督希尔顿各分店的工作

第 17 章　希尔顿酒店
——顾客至上，微笑服务

情况。通常，他每到一分店，都会问那里的职工同一个问题，那就是"你今天对客人微笑了吗？"这不是希尔顿心血来潮问出的一句话，这是他 50 多年经营经验的结晶。在他看来，他需要做的就是要把"顾客至上，微笑服务"这一服务理念打造成整个希尔顿酒店集团的工作"圣经"。

事实证明，这一"圣经"在希尔顿长达百年的经营史上，一直发挥着举足轻重的作用。它不仅为了希尔顿集团带来了巨大的利润，同时也为它带来了足够穿越时空的良好声誉。

20 世纪二三十年代对于美国来说，是十分不幸的时期。因为在这段时期，美国爆发了历史上著名的经济危机。在这场危机的影响下，美国的各个行业都陷入了一片萧条之中。服务业更是如此。在 1930 年，美国有 80% 的旅馆都因为不堪重负而倒闭了，希尔顿的旅馆也同样难免噩运。此时，酒店的日常经营不得不靠借债维持。尽管情况十分糟糕，希尔顿依然一副自信满满、胸有成竹的样子。他总是四处跑来跑去，不停地鼓励自己个员工要振作起来，和酒店一起共甘苦，共患难。

希尔顿对他们说："即使是借债度日，也要坚持"对客人微笑"。"他坚信，困难是暂时的，"希尔顿"事业一定会步入一新的繁荣时期。他向同事们郑重呼吁"万万不可把心中愁云摆在脸上。无论遭受何种困难，'希尔顿'服务员脸上的微笑永远属于旅客。"

他的信条也得到了员工的贯彻落实，在那段艰难的日子里，"希尔顿"的所有服务人员始终都把微笑挂在脸上，用慧心的微笑感动着每一个客人。这是一种任何困难都无法摧毁的力量。一百多年来，这种微笑在一直为希尔顿酒店做着免费广告，它让希尔顿酒店成了千千万万顾客心中的圣地，当这些顾客慕名而来时，他们可以享受到世界一流的服务。微笑是一种力量，因为它的存在，希尔顿酒店才能够在一百多年的时间里长盛不衰。

就在这样的坚持下，很快，希尔顿饭店就走出了阴霾，迎来了经营的黄金时期。当美好的未来摆在眼前时，所有工作人员在经历了这场灾难之后，都脱胎换

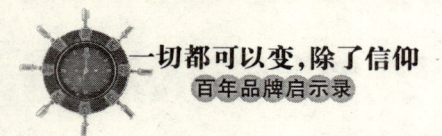

骨一般，变成了一个一个对未来充满信心，对希尔顿酒店充满信心的希尔顿人。他们发誓要和希尔顿一起同舟共济，要为希尔顿的未来贡献自己的力量。

紧接着，希尔顿又为酒店充实了一批现代化设备。此时，他又走到每一家饭店召集全体员工开会："现在我们饭店已新添了第一流设备，你觉得还必须配备一些什么第一流的东西使客人更喜欢它呢？"员工们回答以后，希尔顿笑着摇头说："请你们想一想，如果饭店只有第一流的服务设备而没有第一流服务人员的微笑，那些客人会认为我们供应了他们全部最喜欢的东西吗？如果缺少服务员美好的微笑，正好比花园里失去了春天的太阳与春风。假若我是顾客，我宁愿住进虽然只有残旧地毯，却处处见得到微笑的饭店。我不愿去只有一流设备而见不到微笑的地方……"

1936年，希尔顿所拥有的旅馆恢复到了八家。1937年夏天，希尔顿在旧金山看上了一家名为"德雷克爵士"的旅馆。这家旅馆高22层，里边共有450个房间，另外，还有一个价值30万美元的豪华夜总会。该旅馆的老板正急于将这家旅馆出售。火眼金睛的希尔顿立马就看出了这家旅馆的潜在价值，于是立即筹集资金，在1938年的1月份，将这家名叫"德雷克爵士"的旅馆买了下来。

此时的希尔顿就像是一个刚刚踏上征程的战士，浑身充满了力量，他相信希尔顿酒店的未来一定会更加美好。仅仅过了三年，他又买下了长堤的一家名叫"布雷克尔斯"的饭店。从而使得希尔顿酒店的规模进一步扩大了。就在人们都以为希尔顿这下可以好好休息一下时，希尔顿却并没有闲下来去享受一杯咖啡的悠闲，而是又把目光投向了更为广阔的世界。

在希尔顿的心里，有一个饭店是他做梦都想得到的，这家饭店就是当时号称是世界上最大的饭店——芝加哥的史蒂文斯大饭店。对于"饥饿"的希尔顿来说，这家饭店就像是一块肥肉一样，时时刻刻都在引诱着他向其发起进攻。

为此，他在1939年年底，亲自去该饭店进行了仔细的调查。这家饭店无愧是世界上最大的饭店，它包括有3000个带卫生间的客房，它的宴会厅大到一次可接待8000位客人，此外，饭店里还有小医院，可为患急病的客人提供方便的

第 17 章　希尔顿酒店
——顾客至上，微笑服务

治疗。这让希尔顿更加坚定了买下它的信心。尽管，此时该饭店的拥有者并无售出意向，但希尔顿却一直在暗中关注着它的动向。

1945年的一天，机会终于来了。希尔顿在得知该饭店老板有意出售时，立刻联系到了它的老板。两人经过三次讨价还价之后，最终希尔顿以150万美元的价格成功买下了这家饭店。不久，他又以1940万美元的价格买下了芝加哥的另一家豪华饭店——帕尔默饭店。随后，希尔顿便把目标瞄准了位于纽约的有"世界旅馆皇后"美誉的华尔道夫大饭店。该饭店位于纽约的巴克塔尼大街，整个饭店共43层，2000多个房间，曾接待过世界上许多国家的国王、王子、皇后、政府首脑和百万富豪，堪称世界上最豪华、最著名的饭店。

其实，希尔顿对这家饭店早就垂涎三尺了。那是1931年的时候，一次，希尔顿正在看报纸，当时刚刚建成不久的华尔道夫大饭店的照片就被安排在报纸的醒目位置，希尔顿一看它的图片，就被它的豪华气派给深深吸引了。兴奋之下，他把这张照片剪了下来，还在照片的下面写上了"饭店中的佼佼者"几个字。这是他梦寐以求的理想之物，他发誓一定要弄到手。由于当时希尔顿资金周转十分困难，他只好暂时搁置这个计划。这一搁就是十八年。虽然时间很长，但希尔顿却从未忘记过这个让他魂牵梦绕的饭店，于是经过整整十八年的努力之后，希尔顿终于如愿以偿了。1949年10月12日，这家饭店终于落在了希尔顿的名下。希尔顿为此兴奋不已，专门举办了一场大型晚宴，以此来庆祝这次收购的成功。很多年之后，希尔顿仍感慨地说："收买'华尔道夫'，是我生命中的一个转折点。"

到了1954年的10月，希尔顿又再接再厉，以1.1亿美元的巨资又将"世界旅馆皇帝"美称的"斯塔特拉旅馆系列"收入囊中。经过一番长达几十年的攻城略地之后，希尔顿终于实现了他独霸旅馆业的美梦，成了名副其实的美国旅馆业大王。

即便如此，希尔顿仍没有满足。此时的他又把目光投向了美国以外的广大世界。他成立了国际希尔顿旅馆有限公司，将他的旅馆王国扩展到世界各地。在

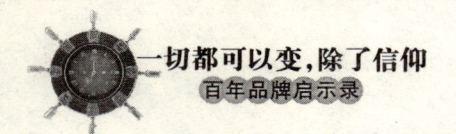

伊斯坦布尔、马德里、波多黎各、哈瓦那、柏林、蒙特利尔、开罗、伦敦、东京、罗马、雅典、曼谷、香港……一座座希尔顿饭店巍然耸立,这些酒店每天都在用优质的服务,美好的微笑招待着来自世界各地的旅客。

1979年,这位92岁的旅馆大王病逝于美国加州圣摩尼卡。他所创建的"希尔顿旅馆帝国",则由他的次子巴伦继承,并进一步地发展着。

顾客至上,微笑服务

人们也许会问,希尔顿的这种攻城略地的雄心到底来自于哪里?答案只有一个,希尔顿坚信自己的"顾客至上,微笑服务"的理念可以为他的酒店帝国梦提供源源不断的力量。在希尔顿在一次次向他的目标发起攻击时,很多同行都倒闭破产了。这是一个强烈的反差,为何在同行都难以逃脱破产倒闭的命运时,唯独希尔顿酒店能够生存下来?道理很简单,希尔顿酒店这种"顾客至上,微笑服务"的经营理念就是他的杀手锏。

曾有一家百货公司的经理表示,她宁愿雇佣一个小学文化水平但却有灿烂笑容的女孩子,也不愿雇用一个神情忧郁的哲学博士。可以说,微笑对于服务行业的影响是至关重要的,店员的笑容可以感染到每一个顾客,人们可以从一个人的笑容中看出这个酒店的服务态度和服务理念。精明的希尔顿当然对此了然于心。其实希尔顿的微笑理念也是有来由的。

一次,屡战屡胜的希尔顿难掩欣喜之情,跟母亲大肆炫耀起来。让他没想到的是,母亲并没有显示出多大的兴奋,她看着手舞足蹈的希尔顿,态度严肃地对他说:"孩子,钱多钱少对我来说,你跟以前没有什么两样……现在你必须把握比钱更值钱的东西:对于饭店经营来说,除了把顾客奉为上帝外,你还得想办法让在希尔顿饭店住过的人都对饭店留下美好的印象,住过一次,还想来住第二次。你得想一种简单、容易,又不花钱且能行之有效的办法来吸引顾客。只有这

第 17 章　希尔顿酒店
——顾客至上，微笑服务

样，你的饭店才有前途，也才能永续经营。"

听了母亲的一番话，希尔顿陷入了沉思。他仔细想了一下自己的饭店确实面临着这样的问题：很多顾客来了又走，永远都是一些陌生面孔，回头客少得可怜。如何才能既简单、容易，又不花钱且能行之有效地吸引顾客呢？希尔顿想了又想，始终没有想出一个好办法。

有人告诉他说：你可以多出去走走，取取经，了解一下别人是怎么做的，或许会得到启发。于是，希尔顿每天都跑到商店和饭店里参观，试图以顾客的身份来感受一切。经过长时间地观察，他终于得到了一个答案：微笑服务。他终于明白了，要想把自己的酒店打理好，就必须让自己的每一个员工都做到面带微笑的服务，因为，只有这样的服务才能真正地把顾客吸引过来。希尔顿酒店长达百年的"微笑服务"的经营策略就这样被希尔顿确立了下来。

希尔顿曾说："员工是酒店的一面镜子，他们的一举一动都是顾客评价酒店的依据。倘若他们态度不好，那么顾客一定会对酒店产生反感情绪"。因此，他为酒店员工制定了一套严格的服务标准。他要求每一个员工不管多么辛苦，都必须要和颜悦色，对顾客报以微笑。至于他自己，他也同样以身作则，随时都保持着微笑的姿态。

如今，在世界各地，无论你住进哪一家"希尔顿"大饭店，不仅会看到一流的设备，周到的服务，最主要的是，所有的客人只要住进希尔顿饭店，就会有一种温馨和煦的感觉，希尔顿的服务生能记住每个客人的名字，脸上永远挂着发自内心的微笑，让你如沐春风，客人内心所希求的目的几乎没有达不到的。

顾客永远是上帝，要站在顾客角度考虑问题，给顾客最满意的服务！舒适、亲切，宾至如归，温馨和煦如沐春风，这是每一个客人都喜欢的感觉。所以微笑服务是服务行业最根本的制胜法宝！

一百多年来，希尔顿饭店生意如此之好财富增长如此之快，其成功的秘诀就是其始终如一地坚持贯彻着"顾客至上，微笑服务"的服务理念。它把这个理念贯彻到了每一个员工的思想和行为之中。

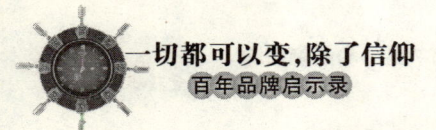

一切都可以变，除了信仰
百年品牌启示录

生活中缺少了微笑，犹如花园没有阳光。为了让员工更深刻地理解微笑服务的意义，希尔顿的管理者，制订出了一套完整的步骤和规则。例如，他们根据只有发自内心的微笑才是诚恳的和可亲的这一心理印象，首先，培养员工热爱酒店、把客人当亲人的思想感情；其次，把微笑及态度和蔼、语言温馨、举止规范礼貌等素质纳入量化考核，实行奖惩制度，把微笑这个"软件"提高到比任何"硬件"都重要的位置予以呵护。

微笑是一种天然资源，它给人留下的是宽厚、谦和、亲切的印象，表达出的是对顾客的理解、关爱和尊重。微笑不需要投资，但微笑的价值是无限的，微笑可以增加利润，微笑更能创造成功和奇迹。

希尔顿曾写过一篇名为《宾至如归》的书。他认为：旅馆是一个服务和款待的行业，为了满足顾客的要求，希尔顿帝国除了到处都充满了微笑外，在组织结构上，希尔顿尽力创造一个尽可能完整的系统，成为一个综合性的服务机构。因此，希尔顿饭店除了提供完善的食宿外，还设有咖啡室、会议室、宴会厅、游泳池、购物中心、银行、邮电、花店、服装店、航空公司代理处、旅行社、出租汽车站等一套完整的服务机构和设施。客房分为单人房、双人房、套房和为国家首脑级官员提供的豪华套房。餐厅也有高级餐厅和方便的快餐厅。所有的房间都有空调设备。室内设备，诸如酒柜、电话、彩色电视机、收音机、电冰箱等应有尽有，使到希尔顿饭店寄宿的旅客真正有一种"宾至如归"的感觉。

一个企业的精神风貌是由它的企业礼仪展现出来的。企业礼仪通常包括：待客礼仪、经营作风、员工风度、环境布置风格以及内部的信息沟通方式等内容。良好的企业礼仪往往会形成一种固有的传统和习俗，从而体现着企业的经营理念。它将赋予企业浓厚的人情味，对培育企业精神和塑造企业形象起着潜移默化的作用。希尔顿集团之所以能够保持基业长青，关键就在于它的"顾客至上，微笑服务"理念已经在长达百年的经营过程中形成了希尔顿集团固有的，独特的传统。传统是一种习惯，而习惯是在一点一滴的经营细节中培养出来的。

为什么希尔顿每次外出视察，都会问员工："你今天对客人微笑了没有？"这

第 17 章 希尔顿酒店
——顾客至上,微笑服务

个没完没了的问题?原因就在于,他意识到了微笑服务对于希尔顿酒店以后发展的重要性。不仅希尔顿自己是这样做的,希尔顿集团的其他接班人也是这样做的。当他们从自己的前任接过接力棒时,他们也同时接过了继续创造希尔顿辉煌的重任。他们都是"顾客至上,微笑服务"的大力倡导者,他们不遗余力地把这种服务理念融入到每一个管理细节中去,从而造就了希尔顿酒店独特的企业文化。

无疑,在当今世界酒店业,希尔顿集团是当之无愧的伟大领袖。这种伟大植根于它一直以来的服务理念。它以百年不变的微笑,呈现出了希尔顿集团强大的生命力。如今,希尔顿的辉煌仍在继续,也许他们正朝着下一个奇迹发起冲击。